Kathrin Asper / Renée Nell / Helmut Hark

Kindträume – Mutterträume – Vaterträume

Kathrin Asper

KINDTRÄUME

Renée Nell

MUTTERTRÄUME

Helmut Hark

VATERTRÄUME

Walter-Verlag Olten und Freiburg im Breisgau

Satz: Jung SatzCentrum, Lahnau
Druck und Einband: Grafische Betriebe
des Walter-Verlags
Printed in Switzerland

ISBN 3-530-02367-1

Inhalt

VATERTRÄUME
Von Helmut Hark

Vorwort

Hiermit möchte ich Sie, verehrte Leserin, und Sie, verehrter Leser, einladen, die nächtlichen Inszenierungen Ihrer Seele in den Träumen näher kennenzulernen und darin zu sehen, wie der Vater, die Mutter oder ein Kind in den Träumen erscheinen. Die Elternbilder oder auch ein Kind werden in einem Symbolisierungsprozeß in den Träumen verinnerlicht und wirken auf diese Weise auf unser Selbstverständnis und können ferner zu einem erweiterten Verständnis vom Vater, der Mutter oder den Kindern beitragen.

Das Besondere und manchmal auch Hoffnungsvolle an diesen Traumbildern ist, daß sie nicht nur widerspiegeln, was wir in bestimmten Lebenssituationen mit dem Vater, der Mutter oder einem Kind erlebt haben, sondern daß uns diese Traumbilder auch häufig hilfreiche Impulse vermitteln, wie wir werden können. Neben der kausalen Aufklärung über die prägenden Erfahrungen mit den Eltern oder Kindern sowie anderen Beziehungspersonen, hat vor allem die Zukunftsperspektive mit den weiteren Entwicklungsmöglichkeiten eine besondere Bedeutung. Unter diesem Gesichtspunkt erweisen sich unsere Träume als die ganz persönlichen »Entwicklungshelfer« auf dem Wege zu unserer wahren Väterlichkeit, Mütterlichkeit und/oder Kindlichkeit. Während in unserer Gesellschaft durch viele Klischees die Rollen von Vätern, Müttern und Kindern festgeschrieben sind und es häufig dadurch zur Selbstentfremdung kommt, versuchen uns die Träume unser wahres Selbstbild vor Augen zu stellen.

Gerade in einer Umbruchzeit wie der unseren, in der die traditionellen Rollen von Vätern, Müttern und Kindern zerbrechen und damit eine starke Verunsicherung vieler Menschen eintritt, brauchen wir zur Lebensorientierung und für das neue Selbstverständnis auch überzeugende Innenbilder, die aus der Weisheit der Seele und dem Selbst hervorgehen und in den Träumen erscheinen. Eine Generation, die sich mit überholten Rollenklischees kritisch auseinandersetzt, sowie verunsicherte Väter und Mütter, die neue Selbstbilder und ein neues Selbstwertgefühl suchen, können wichtige Puzzleteilchen dazu in ihren Träumen finden. Durch unsere Träume werden wir ins Bild darüber gesetzt, welche Vielfalt an neuen Selbstbildern für unsere Väterlichkeit, Mütterlichkeit oder das Kindsein in uns schlummern und in die verantwortliche Lebensgestaltung eingefügt werden könnten.

Anregend und spannend sind die Träume vom Kind zu lesen und das Deutungskonzept dazu von Frau Kathrin Asper, nämlich den Traum als eine Anfrage an den Träumer und die Träumerin zu sehen und durch weitere Fragen an den Traum dessen Sinn zu erschließen. Ich teile mit Frau Asper die Erfahrung in der Traumtherapie, daß wir durch den fragenden Umgang mit dem Traum uns befreien aus der einengenden bewußten Optik und damit dem Traumgeschehen die nötige Ehre erweisen.
Das Kind ist häufig in den Träumen ein Symbol für Erneuerung und Verjüngung, für wiedererwachende Lebendigkeit und Spontaneität. Bevor diese neuen Erlebnismöglichkeiten sichtbar und wirksam werden, bedarf es der «Seelenschwangerschaft», indem die neue Lebensqualität in den Träumen ausgebrütet wird und im Sinnbild des Kindes in das bewußte Leben integriert wird. In dem abschließenden Kapitel «Kinder setzen sich durch» zeigt die Autorin eine hoffnungsvolle Perspektive auf mit der Unzerstörbarkeit des Kindes und der Kindlichkeit, die in der eigenen Seele weiterleben, auch und gerade deswegen, wenn in der Realität viele Kinder gequält oder getötet werden. Das Inbild des Kindes und seine Symbolik scheint «unsterblich» zu sein.

Den zweiten Teil mit Träumen von der Mutter beginnt die amerikanische Kollegin Renée Nell, Leiterin einer therapeutischen Wohngemeinschaft für emotional gestörte junge Menschen in Connecticut, mit einem eigenen Traum, der die Autorin an die vernachlässigte eigene Mütterlichkeit erinnerte. Nach meiner Anfrage, ob Frau Nell einen Beitrag über Träume von der Mutter schreiben wolle, imaginierte sie vor dem Einschlafen verschiedene Mutterbilder aus Märchen und Mythen und hatte dann den eindrucksvollen Traum von der im KZ umgekommenen Mutter. Da die weiteren Traumbeispiele von Patienten und Patientinnen stammen, ist es nicht ungewöhnlich, daß das Mutterbild überwiegend problematisch erscheint. Zum Abschluß von Therapien oder von anderen («normalen») Träumern gibt es auch eine große Vielfalt von positiven Mutterbildern, in denen sie als liebevoll, bergend oder gütig empfunden wird.
Durch den Beitrag und die Beispiele von Frau Nell lernt der Leser weitere Verstehensmöglichkeiten für den Umgang mit den eigenen Träumen kennen, zum Beispiel, daß der erste Satz des aufgeschriebenen Traumes oder die erste Szene das Thema angeben. Ferner wird deutlich gemacht, daß uns die Erlebnisqualität des Mütterlichen nicht nur in personalen Symbolen begegnet, sondern auch in Tieren, Pflanzen und Elementen, die Sinnbilder sind für den mütterlichen Urgrund des Lebens.

Im letzten Teil dieses Buches bringe ich Träume von Männern und Frauen, die vom Vater oder einem verinnerlichten Vaterbild handeln, und zeige auch, was diese für die Lebensgestaltung bedeuten und bewirken. Den Hauptanteil bilden Träume von Analysanden, doch interpretiere ich auch einen besonders eindrucksvollen Traum des bekannten Dichters Hermann Hesse. Ein Frageraster am Beginn dieses Beitrags und einige Fragen zur Deutung am Ende umrahmen die Vaterträume und sollen dem Leser beim Umgang mit ihren eigenen Träumen helfen.
Die Träume vom Vater, die in diesem Buch vorgestellt werden, bringen etwas von dem verborgenen Wissen unseres inneren

Menschen und der tiefen Weisheit der Seele zum Ausdruck. An den verschiedenen Beispielen sollte deutlich werden, daß sich in den Träumen nicht nur die vielfältigen Auseinandersetzungen und Beziehungskonflikte mit ihm widerspiegeln, sondern daß die Träume darüber hinaus sehr wesentlich zur Ichentwicklung, zur Bewußtseinserweiterung und schließlich zur Ganzwerdung beitragen.

Die verschiedenen Beiträge machen deutlich, daß das Träumen eine grundlegende und wesentliche Lebensäußerung unserer Seele ist. Als Väter, Mütter oder als Kinder können wir durch unsere Träume viele verborgene Seiten unserer Persönlichkeit kennenlernen und dadurch unser Leben lebendiger und ganzheitlicher gestalten.

Wir danken all jenen Menschen, die uns ihre Träume und ihre Gedanken dazu für die Veröffentlichung überlassen haben. Selbstverständlich wurden die persönlichen Daten so verändert, daß der Träumer oder die Träumerin nicht erkannt werden können.

Helmut Hark

KINDTRÄUME

Von Kathrin Asper

Zum Thema

Die nachfolgenden Ausführungen haben nicht den Zweck, das Erscheinen des Kindes im Traum vollständig auszudeuten. Dafür ist das Kindsymbol zu facettenreich. Vielmehr möchte ich Anregung geben, wie die Traumkinder umkreist werden können und auf welche Weise sich ihr Sinn erschließen läßt.

Das Thema dieses Kapitels wird durch mein Buch «Von der Kindheit zum Kind in uns» (1988) vertieft. Während dort vor allem die großen Symbolbedeutungen des Kindes dargestellt werden und das Kindsymbol auch in seiner religiösen Ausrichtung zur Sprache kommt, geht es mir hier um die bunte Variationsfülle dieses wichtigen Symbols. – Beide Publikationen ergänzen sich, behandeln jedoch je andere Träume und können unabhängig voneinander gelesen werden.

Danken möchte ich allen, die mir die Erlaubnis gaben, ihre Träume zu verwenden. Ich fühle mich durch diese Gaben reich beschenkt. Selbstverständlich wurden die biographischen Daten so verändert, daß die Personen nicht zu erkennen sind.

Ein Kind in Not

Eine Frau, ich nenne sie hier Marie-Rose, träumte zuzeiten von ihrer bereits erwachsenen Tochter. Die Träume ähnelten sich in ihrer Motivik, zudem trugen sie den Charakter von Angstträumen. In den Träumen ist ihre Tochter Ines in großer Not, ruft die Mutter um Hilfe, doch diese kann nicht helfen. Zwei dieser Träume seien angeführt:

Ines, meine Tochter, sitzt auf einer Schaukel. Sie schwingt sehr stark und fliegt immer höher hinauf. Ines ruft: «Mami, Hilfe! – Hilf!» Ich stehe dabei und kann nicht helfen. Schweißgebadet wache ich auf.

Ich stehe in der Nähe eines Schwimmbads. Im Wasser ist Ines. Wellen kommen und gehen und tragen meine Tochter immer weiter hinaus. Ines ruft verzweifelt um Hilfe. Ich bin vor Schreck erstarrt und kann nichts zur Rettung unternehmen. In Angst und mit starkem Herzklopfen wache ich auf.

Diese Träume, die scheinbar ganz unvermutet und auch ohne ersichtlichen äußeren Anlaß auftauchten, beschäftigten Marie-Rose sehr. Spontan nahm sie an, daß die Träume von ihrer eigenen Tochter Ines handelten, und sie fragte sich wiederholt, was sie in bezug auf dieses Kind falsch mache, worin wohl der Grund für diese Hilferufe liege. Kurz: Sie machte sich große Sorgen.
Da einem Kinder, auch wenn es ihnen gut zu gehen scheint, trotzdem unablässig zu Besorgnis und Befürchtungen Anlaß geben können, neigte Marie-Rose dazu, auch dort Schwierigkeiten zu sehen, wo keine waren. Psychologisch interessiert und

durch entsprechende Lektüre gebildet, kam sie schließlich zum Schluß, die Träume würden ihrer noch nicht gelösten Bindung an die nunmehr 30jährige Tochter entspringen. Sie begriff die Träume als Botschaft des Unbewußten, Ines doch endlich freizugeben, sich innerlich von ihr zu lösen und einzusehen, daß diese ihr eigenes, unabhängiges Leben führen wolle.

Uns Eltern bereitet die Ablösung von den Kindern in der Tat Schwierigkeiten, und wir meinen häufig, unsere Söhne und Töchter auch dann noch begleiten zu müssen, wenn sie schon längst erwachsen sind. Obschon man weiß, daß Überbesorgnis eine ungute und unfruchtbare Übermutterung bedeutet, die dem Kind zur Bürde werden kann, legen wir uns die Situation oft trickreich zurecht. Wir reden uns ein, das Kind brauche uns noch, es renne in sein eigenes Unglück, wenn wir nicht rettend einspringen, und schließlich greift man bisweilen auf ein so beruhigendes Sprichwort, wie «La peur des mamans protège les enfants» (die Angst der Mütter beschützt die Kinder), zurück, das Ängste und Überbesorgnis rechtfertigen kann.

Der Schluß, den Marie-Rose aus den Träumen zog, war sicher richtig: Loslassen und nicht Binden war ihrer Tochter gegenüber angezeigt.

Indes: Sind Träume, die von unseren Kindern handeln, wirklich lediglich auf diesen einfachen Nenner zu bringen? Stehen die eigenen Kinder im Traum tatsächlich immer für die realen, leiblichen Kinder? Und: Sind sie nur objektstufig zu verstehen? Unter einer Deutung auf der Objektstufe versteht man, daß die im Traum vorkommenden Figuren als äußere Realität aufgefaßt werden. Subjektstufig sind jene Interpretationen zu nennen, wonach die geträumten Personen als Teile der Persönlichkeit des Träumers verstanden werden. Subjektstufe und Objektstufe beziehen sich jedoch nicht allein auf Personen, sondern auf alle im Traum auftauchenden Motive. So kann ein geträumter Hund sowohl auf den Hund des Nachbarn hinweisen, als auch unsere Hundeseite bedeuten.

Auch bei den Träumen von Marie-Rose stellte sich die Frage, ob

Ines im Traum nicht über die Objektstufe hinaus auch noch auf Seiten der Träumerin selbst hindeutete. Zur Beantwortung dieser Frage ließen sich zunächst einmal folgende Fragen im Zusammenhang mit den Träumen stellen:
Habe ich eine Seite, die Gefahren nicht sieht?
Kann ich bei körperlicher Betätigung, in Spiel und Sport beispielsweise, nicht stoppen, beziehungsweise, weiß ich nicht, wo meine Grenzen sind?
Welche junge Seite in mir braucht dringend Hilfe?
Sehe ich etwa Gefahren, wo eigentlich keine sind? Schließlich kann eine Schaukel auch wieder in die Ruhelage zurückfinden, und letztlich ist ein Schwimmbad nicht die hohe See, und Ines kann ja schwimmen!
Bin ich blockiert und kann ich mir selber nicht helfen, wo es doch not täte?
Versucht man, in ein Verhältnis mit seinen Träumen zu kommen, und will man sich ihrem Sinn annähern, so ist es von großem Nutzen, Fragen aus dem Traum zu ziehen und diese einmal ganz absichtslos in den Raum zu stellen. Die Formulierung von Fragen erlaubt Distanz zum Traumgeschehen und macht freier in der Suche nach der Bedeutung der Traumaussage. Wandelt man Träume nicht in Fragen um, so besteht die Gefahr der Einseitigkeit: Das Bewußtsein löst sich zu wenig aus dem Traum heraus und bleibt zu sehr mit dem Traumgeschehen emotional verbunden. Marie-Roses erste Reaktion auf die Träume gipfelte denn auch in der trüben Feststellung, sie mache alles falsch, was sie in unfruchtbare Grübeleien brachte. Erst die Fragen machten sie für eine förderliche Auseinandersetzung frei. Schließlich neige ich auch deshalb dazu, Träume in Fragen umzuwandeln, weil man grundsätzlich davon ausgehen muß, daß man den Traum doch nie bis zum letzten verstehen kann. Fragen befreien uns in heilsamer Weise aus einer zu engen Optik und tun dem Traum die nötige Ehre an. Träume bergen häufig eigenständige Aussagen in sich, um deren Sinn man sich durch Fragen bemühen kann.

Marie-Rose wußte zu allen Fragen den einen oder anderen Kommentar anzubringen. Zwei Fragen waren es jedoch, die sie besonders beschäftigten und sie nicht mehr so bald loslassen sollten. Die eine kreiste um die junge Seite in ihr, die eventuell Hilfe benötigt, und die andere beschäftigte sich mit der Blockierung und ihrer Unfähigkeit zur Hilfeleistung. Marie-Rose hatte tatsächlich eine junge Seite in sich, die sich nach Veränderung sehnte, jedoch nicht wußte, wie das zu bewerkstelligen sei. Ihre Kinder, sie hatte neben Ines noch zwei Söhne, waren von zu Hause ausgeflogen, und ihr Alltag ließ sich nicht mehr so leicht wie bisher mit den täglichen Pflichten um das Wohl der Familie füllen. Marie-Rose hatte seinerzeit früh geheiratet und von diesem Zeitpunkt an ihre Energie und Hingabe dem Mann und den Kindern, einer großen Verwandtschaft, Freunden, Bekannten und sozialen Verpflichtungen zufließen lassen. Nun aber machte sich das Loch der fünfziger Jahre bemerkbar, und sie fühlte sich, um die Traumbilder zu gebrauchen, von vielen Ideen, Plänen und Phantasien «verschaukelt». Auch erfuhr sie sich «schwimmend» und ohne sicheren Boden unter den Füßen. All ihre Ideen von einem neuen Lebenshorizont schienen nämlich zunächst dadurch begrenzt zu sein, daß deren Umsetzung in die Realität an vielen Sachzwängen und widrigen Umständen zu scheitern drohten. Der Einstieg ins Berufsleben gestaltete sich wegen ihres fortgeschrittenen Alters schwierig; zu einer weiteren Ausbildung fehlte ihr das Abitur, und schließlich fand ihr Mann, sie habe es doch nicht nötig, nach neuen Ufern aufzubrechen, außerdem verdiene er genug. Sie begegnete also der klassischen Situation vieler Frauen um die Lebensmitte (vgl. Asper 1988, S. 85ff.), aus der es nicht leicht einen Ausweg gibt und mit der sich manche Frauen legitimerweise schwertun. Es war also das aufgestaute, junge Leben in Marie-Rose, das um Hilfe rief, das «verschaukelt» war von hochfliegenden Plänen und in unbewußten Phantasien unterzugehen drohte. Ines in ihr fand den Boden in der Realität nicht, um ihre Pläne in die Wirklichkeit umsetzen zu können. Marie-Rose war indes nicht die unselbständige und hilflose Frau, als die sie sich in den Träumen erlebte. Sie nahm in der Folge ihr Leben tatkräftig in die Hände, engagierte sich vermehrt im sozialen Bereich in der Gemeinde, ließ sich als Hilfskraft in einem Altersheim einstellen und stand dort den Pflegerinnen in der Fürsorge um die Alten und Kranken zur Seite. Schließlich nahm sie ihre vielfältigen künstlerischen Interessen ernst und schrieb sich an der Universität als freie Hörerin ein, um auf diese Weise ihr Wissen zu vertiefen.

Aus der Rückschau wurde es deutlich, daß die Ineströume die Funktion gehabt hatten, sie wachzurütteln und sie zu ermutigen, nach Wegen aus der schwierigen Situation einer Frau um die Fünfzig zu suchen. Das Kind in Not, das sich in den Träumen zeigte, hatte also im übertragenen Sinne eine Mutter in ihr selber gefunden, die sich des Problems annehmen konnte.

Die Frage nach der Blockierung berührte indessen tiefere Ebenen und führte in die Vergangenheit. Marie-Rose hatte ihre Mutter im Alter von sieben Jahren durch einen tragischen Unfall plötzlich verloren. Ein früher Muttertod ist ein tiefgreifender Einschnitt in das Leben eines Kindes, ist Tod zur Unzeit und setzt das Überleben des Kindes mannigfaltigen und herben emotionalen Schwierigkeiten aus. Dies ist besonders dann der Fall, wenn das Kind nicht in die Trauer der Erwachsenen einbezogen wird (meist aus falscher Rücksichtnahme auf das Kind) und wenn ihm keine neuen Bindungsmöglichkeiten angeboten werden (vgl. Brocher). Wie es in so vielen Fällen geschieht, wurde auch in Marie-Roses Familie nicht über die verstorbene Mutter gesprochen. Seine Trauer und seinen Schmerz mußte das Kind in sich verschließen, wohlwissend, daß es einer Tabuüberschreitung gleichgekommen wäre, über den Tod der Mutter zu sprechen (vgl. Riedel). Wie im Märchen bauen Kinder auf diese Weise eine verbotene Kammer auf, in die sie all ihren Kummer und ihre Sehnsucht einkerkern. Es bleibt dann auch in der Zukunft eine solche Kammer, die man nicht öffnen darf, weit bis ins Erwachsenenalter bestehen, und der nicht ausgetrauerte Mutterverlust fährt unbewußt fort, prägend auf das Selbstverständ-

nis einzuwirken. Die Verlusterfahrung von Marie-Rose blieb im Unbewußten auch deshalb unbetrauert weiter bestehen, weil sie zur Stiefmutter, die der Vater geraume Zeit nach dem Verlust seiner Frau heiratete, keinen Bezug herstellen konnte, und weil die Gegenwart dieser Frau das Tabu, über die Mutter zu sprechen, begreiflicherweise noch verstärkte. (Stiefmütter werden oft nur deshalb so negativ gesehen und können nicht zu echten Ersatzmüttern werden, weil der Trauer des Kindes nicht wirklich Raum gegeben wurde.) Ein früher Mutterverlust bringt es außerdem häufig mit sich, daß die Kinder außerordentlich tüchtig und selbständig werden (vgl. auch S. 54f.) und verfrüht Leistungen erbringen, die ihrem Alter nicht entsprechen.
Beim Betrachten der Inesträume unter diesem Gesichtswinkel ging es uns auf, daß das Kind in Not auch auf das Kind, das Marie-Rose einst war, hinwies. Dieses auf so tragische Weise früh verlassene Kind (vgl. Asper 1987) rief nach Hilfe. Dieses Kind hätte damals gerne eine Mutter gehabt, die ihm beim Schaukeln, Schwimmen und all den anderen Aktivitäten zugeschaut hätte und wenn nötig eingesprungen wäre. Die Sehnsucht danach hatte in Marie-Rose weitergelebt, doch in einer so verborgenen Weise, daß sich die Psyche nur in der Verschiebung der Not auf die Tochter Ines ausdrücken konnte. Diesem Schmerz gegenüber war Marie-Rose in einer gewissen Weise blockiert. So wie ihr damals niemand half, die Tote zu betrauern, so war sie innerlich gehemmt, dieses Kind nun als Erwachsene wirklich anzunehmen und ihm zu Hilfe zu kommen.
Den Dialog zum Kind in Not in uns drinnen können wir nur dann wieder aufnehmen, wenn es gelingt, zum einstigen Schmerz vorzudringen und im Erwachsenenalter die Trauer, die damals unausgedrückt blieb, nachzuholen.
Wie notwendig und fruchtbar ein solcher Schritt ist, zeigt uns das Märchen «Aschenputtel» (KHM 21). Wir erinnern uns: Einem kleinen Mädchen stirbt die Mutter. Fortan geht es täglich zum Grab und weint dort, und, so fährt das Märchen fort, «als der Winter kam, deckte der Schnee ein weißes Tüchlein auf das

Grab. Und als die Sonne im Frühjahr es wiederherabgezogen hatte, nahm sich der Mann eine andere Frau.» Diese Frau ist die Stiefmutter: Sie bringt gleich noch zwei Stiefschwestern ins Haus, und diese drei tun Aschenputtel jedes «ersinnliche Herzeleid» an. Es muß alle schwere Arbeit verrichten, wird verhöhnt, trägt die schlechtesten Kleider, muß Erbsen und Linsen aus der Asche klauben und darf abends in kein Bett, sondern muß in der Asche schlafen, weshalb es Aschenputtel genannt wird.

Keiner half Aschenputtel zu trauern: Der Schnee kam zu schnell und deckte alle Gefühle und Sehnsüchte mit einer kalten Decke zu. Gerade das geschieht häufig mit Kindern, die einen Elternteil zu früh verlieren: Ihre Gefühle werden eingefroren. In der Folge entwickeln sich Überzeugungen, nicht richtig zu sein, und es ermangelt einer gesunden Basis für Vertrauen. Dieses Manko machen die Kinder und späteren Erwachsenen oft durch Leistung wett – wie Aschenputtel, das unablässig fleißig ist –, damit können sie recht gut überleben. Es geht ihnen jedoch das warme Gefühl für sich selber ab, und sie tragen eine chronisch latente Depression in sich herum. Ihre Integration in die Gesellschaft gelingt meist erstaunlich gut, und sie passen sich, wenn auch in einer überfordernden Weise, den Man-Werten der Gesellschaft an, bleiben also, um es mit dem Märchen zu sagen, «fromm und gut». Aschenputtels Weg aus der Verlassenheit erfährt die entscheidende Wende dadurch, daß ihm der Vater einen grünen Zweig nach Hause bringt. Es pflanzt ihn auf das Grab der Mutter, geht dreimal täglich hin und weint dort. Das Naß der Tränen gibt dem Zweig Nahrung, er verwurzelt sich und wächst zu einem schönen Baum heran.

Der grüne Zweig steht für eine Wandlung in Aschenputtels Selbstverständnis, es besinnt sich auf einen «grünen Zweig», will sich vielleicht auch auf einen «grünen Zweig» bringen; mit anderen Worten: Es mißt sich endlich auch ein Lebensrecht zu. In diesem Zusammenhang nimmt es die Beziehung zur früh verstorbenen Mutter auf und führt den einst drastisch unterbrochenen Trauervorgang zu Ende. Der Baum, der aus dem Zweig entsteht, kann als Symbol des Lebensbaumes aufgefaßt werden. Er weist auf die durch die Trauerarbeit neu gefundene Verwurzelung in sich selbst hin. Von diesem Moment an geht es mit Aschenputtel, trotz noch bestehender Schwierigkeiten, aufwärts, und es findet hin zu einer liebenden Bezogenheit zu sich selber, die durch den Prinzen dargestellt wird. Es heiratet den Prinzen, das heißt, es geht eine feste Verbindung zu der Seite in sich ein, die es bejaht. Den garstigen Schwestern werden von den Tauben die Augen ausgepickt. Anders ausgedrückt, kann man sagen, daß die negative Sicht auf sich selber durch die Blendung der Schwestern an Wirksamkeit abnimmt. Aschenputtel findet zu seinem Lebensrecht und ist aus der Unbehaustheit seines Lebensanfangs in die Würde und Bejahung seines Personseins hineingewachsen.

Für Menschen, die einen Elternteil früh verloren haben, ist es wesentlich, daß sie zu einem Zeitpunkt ihres Lebens die unterbundene Trauer wieder aufnehmen. Zwar machen sie dadurch den verstorbenen Menschen nicht wieder lebendig, doch kann es geschehen, daß ihre unters Eis gefallenen Gefühle wieder geweckt werden. Das Kind in Not kann dadurch erlöst werden und wieder am Leben und an der Lebensentfaltung des Erwachsenen teilnehmen, was eine große Bereicherung bedeutet.

Kind und Verjüngung

Denkt man an Verjüngung, so fallen spontan die verjüngenden Wasser und der Jungbrunnen ein. Der Jungbrunnen, ein beliebtes allegorisches Motiv, birgt in sich die belebenden Wasser, welche die schwindenden Körperkräfte regenerieren und die Sorgen des Alters vergessen lassen. In diesem Zusammenhang erinnere ich an das berühmte Bild «Der Jungbrunnen» von Lucas Cranach d. Ä. (1472–1553) in der Gemäldegalerie Berlin. Auf ihm werden zuhauf Alternde und Kranke auf Wagen zum Brunnen geführt, tauchen in ihn ein und verlassen ihn verjüngt, verschönt und kerngesund. Die Wasser des Jungbrunnens stehen in Verbindung zu den Quellen, die aus der Mutter Erde hervorsprudeln und sind der lebensspendenden Kraft der Großen Mutter eng verbunden. Nicht von ungefähr kommt es deshalb, daß im Volksglauben auch die kleinen Kinder aus dem Wasser, dem Teich oder dem Brunnen hervorgehen (Bächtold-Stäubli, Bd. IV, Sp. 1349ff.). Die Jugendkraft des Wassers äußert sich unmittelbar in seiner die Bresten des Alters aufhebenden Qualität und mittelbar im Hervorbringen von Kindern, dem Symbol neuen Lebens schlechthin (vgl. Asper 1988). Zur Verjüngung gehört auch die alte Idee, wonach gewisse Speisen jugendliche Spannkraft zurückbringen können. Erwähnt seien die Äpfel der germanischen Göttin Idunn. Der Genuß dieser Früchte verjüngt die Götter und bewahrt sie vor Siechtum und vorzeitigem Alter. Insofern auch die Äpfel mit der Muttergöttin in Zusammenhang stehen (man spricht auch vom Kind als einer Leibesfrucht), sind Wasser, Kind und Früchte Sinnbilder, welche die Sehnsucht des Menschen, unsterblich sein zu wollen, symbolisieren und an die zyklische Erneuerung alles Lebendigen erinnern.

Die Träume bedienen sich in bezug auf den Gedanken der Verjüngung gerne und oft des Kindsymbols. Es sollen uns in diesem Kapitel zwei Aspekte des Kindes als Verjüngungssymbol beschäftigen: zum einen die Verjüngung in geistiger Hinsicht und zum andern die Verjüngungsimpulse in einer Liebesbeziehung.
Der Traum, der vor mir liegt, stammt von einer heute 30jährigen Frau. Sie ist verheiratet, lebt in gesicherten Verhältnissen, hat zwei wohlgeratene Kinder und ist teilzeitbeschäftigt als Sozialarbeiterin. Der Traum handelt vom Tod und der Beerdigung eines Patriarchen; er lautet:

Ich ging zu einer Beerdigung. Es war ein bekannter, alter Mann gestorben. Ein Patriarch. Die ganze, große Familie ging zur Beerdigung. Eltern von Schülern waren auch dabei. Wir warteten auf den Pfarrer. Auf Kieferbrettern rings um den Sarg standen Figürchen. Bastelsachen, wohl von den Enkeln. Ich fand das seltsam für einen Verstorbenen als Geschenk.
Der Pfarrer kam. Man konnte noch einen Blick auf den Toten werfen. Ich blickte in den Sarg: Da war aber ein ganz kleines Kind. Und das lebte noch. Ich erschrak und dachte: Das ist ja ganz verkehrt. Das lebt ja noch. Zweifel. Ob man die Trauerfeierlichkeiten jetzt abbricht? Man muß ihm noch eine Chance geben. Man kann doch kein lebendes Kind beerdigen. (Vgl. Asper 1988, S. 97f.)

Der Mann, der im Traum gestorben war, war Jutta, so will ich die Träumerin nennen, unbekannt. Zu Patriarch fiel ihr ein: «Patriarchat, Einengung, Man- und Soll-Werte, Gefühle gelten nichts, Irrationales und Träume werden von so einem Mann nicht ernst genommen.» Aufgrund dieser Einfälle zum Traum war es offensichtlich, daß hier im Traum eine lebensverneinende und beengende Macht ihre Herrschaft abgibt. In der Tat war Jutta trotz ihres emanzipierten Lebensstils innerlich sehr in kollektiven Wertvorstellungen befangen. So dachte sie bei vielen Unternehmungen immer zuerst daran, was wohl die Leute sagen würden. Auch hielt sie streng darauf, daß sich ihre Kinder höflich und angepaßt gaben, und schließlich erlaubte sie sich selber keine Gedanken, die irgend etwas Ungewöhnliches zum Inhalt hatten. Ihr Mann, ein Beamter, war ebenfalls sehr angepaßt und lebte sein Leben nach strengen, moralischen Maßstäben. Da war denn wenig Lebensraum zum Atmen im übertragenen Sinne, und da gab es wenig «Luftlöcher», durch die Phantasien aufsteigen konnten.

Juttas Kindheit war in die Nachkriegszeit gefallen und war geprägt vom Ernst und der Sorge um den Wiederaufbau. Sie war also bereits als Kind von ihren kindlichen, spontanen Seiten abgekommen und war, zu früh erwachsen und selbständig, geradelinig ihren Weg gegangen.

Nun stirbt im Traum dieser Patriarch. Man könnte sagen, daß zunächst einmal im Traumerleben die Befreiung von allzu strengen und einengenden Vorstellungen bedacht wird. Im Traum stirbt sozusagen der patriarchale Überbau ihrer Persönlichkeit, der sie zu sehr an einem freien und eigenständigen Leben hinderte. Wir nennen einen solchen patriarchalen Überbau in der Analytischen Psychologie C. G. Jungs «negativer Animus». Er kann nach neuerer Auffassung sowohl Männern wie Frauen anhaften und sie an ihrer Spontaneität und Lebensfreude hindern. Im Traum wird der übermächtige Patriarch begraben, viele Menschen nehmen an der Beerdigung teil. Mit anderen Worten: Alle Persönlichkeitsanteile Juttas sind versammelt und nehmen Abschied von einer bedrückenden Übermacht. Um sich der patriarchalen Unterdrückung zu entledigen, ist es nötig, daß die ganze Persönlichkeit auf den Plan gerufen ist, denn das Unternehmen «Autonomie» fordert den Menschen in seiner ganzen Vollmacht heraus.

Jutta wirft noch einen letzten Blick in den Sarg und sieht zu ihrem maßlosen Erstaunen ein kleines Kind in ihm liegen. Darauf wehrt sie sich vehement gegen sein Begräbnis. Was hier aufleuchtet, ist die Idee der Verjüngung, der zyklischen Erneuerung alles Lebens schlechthin. Althergebrachte und heilig gehütete Überzeugungen können nicht einfach für immer über Bord geworfen werden. Damit der Zusammenhalt der Persönlichkeit gewahrt bleibt, braucht es neue Werte, frische Richtlinien. Diesem Gedanken versuchte der Traum durch die Verwendung des Kindsymbols Ausdruck zu geben.

Im Umfeld dieses Traums zeigte sich bei Jutta eine neue geistige Ausrichtung: Sie nahm die unkonventionellen Ideen der feministischen Theologie auf und setzte sich mit ihnen in fruchtbarer Weise auseinander. Dabei wurde sie sich über vielen «alten Kram», wie sie sich ausdrückte, bewußter, den sie unhinterfragt und unreflektiert jahrelang in ihrem seelischen Haushalt mitgeschleppt hatte. Doch noch war ihre Neuorientierung über lange Zeit hinweg schutzbedürftig und erforderte die gleiche Fürsorge wie ein kleines Kind. Allzu schnell und ohne sich dessen zu versehen, passierte es Jutta, daß alte Überzeugungen in ihrer einengenden und patriarchalen Macht wieder auftauchten und sie niederdrückten. Die Beerdigung des Patriarchen war demzufolge nicht eine ein für allemal zu leistende Handlung, sondern mußte in bewußter Auseinandersetzung je und je erbracht werden.

Ein paar Monate vor dem Traum hatte Jutta einige Träume gehabt, in denen ebenfalls vom Sterben die Rede war. Zwei Träume seien hier aufgeführt; in beiden wird ihr eine Leiche gebracht:

Etwas Schreckliches. Mein Mann hat mir eine halbverweste Leiche in meinen Garten gesetzt. Ich fand das entsetzlich, und ich protestierte: Das muß hier weg, das halte ich nicht aus.

Unsere alte Nachbarin ist gestorben. Wir wollen uns nicht von ihr trennen und bewahren ihren Sarg im Keller auf. Ich beschuldige meinen Mann, den Sarg in den Vorratskeller gestellt zu haben, der voll von schönstem Obst und Gemüse ist. Ich schimpfe sehr mit meinem Mann, weil die Vorräte verderben. Der Sarg ist klein wie ein Kindersarg und wir tragen ihn gemeinsam hinaus.

In beiden Träumen hat der Umgang mit den Toten mit ihrem Mann zu tun. Ohne nun im einzelnen auf die zwei Träume eingehen zu wollen, kann doch so viel gesagt werden, daß Juttas männliche Seite, dargestellt durch ihren Mann, mit Totem in Verbindung stand. Schon damals zeigte sich ihr Widerstand gegen das tödliche Element ihrer patriarchalen Seite, doch wußte sie gemäß den Träumen noch nicht, wie mit den Toten umgehen, und es konnte noch keine Beerdigung stattfinden. Immerhin zeigte sich das Verjüngungsmotiv bereits im zweiten Leichentraum, wo der Sarg der Nachbarin so klein ist wie ein Kindersarg. Aus der Rückschau läßt sich sagen, daß damals noch nichts Neues da war, das in organischer Weise die heiligen Überzeugungen und einengenden Gedanken hätte ablösen können. Erst als sich Jutta intensiv mit der Frauenfrage und auch mit ihrer eigenen Psyche in der Analyse zu beschäftigen begann, wurde neues Leben möglich und konnte altes begraben werden: «Le Roi est mort – vive le Roi!» (Der König ist tot – es lebe der König!)
Geistige Verjüngung kann nur da geschehen, wo auch neue Inhalte bereits keimhaft vorhanden sind. Das Schöne an der Verjüngung sind die tragenden neuen Impulse, die es uns erleichtern, aus alten Denk- und Verhaltensmustern herauszuwachsen. Dafür benutzte der Traum Juttas das Kindsymbol.

Der Traum, der uns nun beschäftigen soll, stammt von einer Frau, die bereits in ihrem fünften Jahrzehnt stand:

Ich war nackt und hochschwanger. Mein Freund stand rechts von mir. Wir streichelten beide meinen Bauch, und damit begann die Geburt... Ich konnte sehen, wie das Köpfchen langsam herauskam, und zu meinem großen Erstaunen sah ich zuallererst, daß das Kind kurze, graumelierte Härchen hatte. Ich wußte, daß ich ihn, meinen Freund, gebar. Und es war ein ganz eigenartiges Gefühl, ihn als neugeborenes Kind im Arm zu halten und gleichzeitig als erwachsenen, älteren Mann neben mir zu haben.

Nach einer sehr schwierigen Zeit, einer Scheidung und einem beruflichen Wiedereinstieg, fand Karin zu einer beglückenden Liebesbeziehung. Die neue Liebe war indes weder für sie noch für ihren Partner einfach zu leben, durfte aus mancherlei widrigen Umständen noch nicht ans Licht der Öffentlichkeit treten und mußte sich im Verborgenen abspielen. Das Versteckspiel machte beiden sehr zu schaffen, besonders Karin fühlte sich in ihrem Stolz und ihrer Freiheitsliebe gekränkt und hätte die Beziehung lieber in aller Freiheit gelebt.
Im Traum gebiert sie nun ihren Gefährten. Er verjüngt sich, ist aber gleichzeitig alt, was sich in den graumelierten Härchen des Kindes ausdrückt und außerdem dadurch unterstrichen wird, daß er auch als Erwachsener im Traum vorhanden ist.
Karin war außerordentlich beglückt über diesen Traum, und es kam ihr die spontane Idee, daß die Beziehung nunmehr nach langer, verborgener Wachstumszeit ins Leben hineinkommen und real werden dürfe. Gleichzeitig faßte sie den Traum auch als Mahnung auf, das neugeborene Leben wie ein Kind zu schützen, war es doch noch so zart wie ein solches. Der Traum darf außerdem durchaus auch als Aussage über den Freund aufgefaßt werden, indem er nämlich Karin die eventuelle Bedeutung aufzeigte, die sie für ihn einnahm. So sagte dieser denn selber ganz spontan, als Karin ihm den Traum erzählte: «Du hast mich wiedergeboren, und so ist es in Wirklichkeit auch!» Es ist immer gut, wenn wir um den Stellenwert wissen, den wir für einen anderen, uns besonders nahestehenden Menschen haben. Das kann uns vor vielerlei Gefahren schützen. Da Karin nun aufgrund des Traumes ahnte, welche wichtige Verjüngungsrolle sie für ihren Freund spielte, wurde sie auch davor bewahrt, dieser Rolle gänzlich zu verfallen und ihn vielleicht übermäßig zu bemuttern. Der Traum sagte denn auch ganz deutlich, daß er als erwachsener Mann auch noch neben ihr steht. Karin selber erfuhr in dieser Liebesbeziehung eine Verjüngung und dadurch eine Bereicherung ihres Lebens.
Noch einmal war ein Aufbruch angezeigt. Erneut war ihr Leben

geschenkt worden. Das Traumkind symbolisierte die Beziehung, Karins verjüngende Bedeutung für den Freund und stellte schließlich den als glückhaft erlebten, neuen Lebensimpuls dar.

Das Naturkind

Geraume Zeit nach seiner Pensionierung träumte ein älterer Mann, Albert, den folgenden, beeindruckenden Traum:

Vor mir sehe ich ein lebendiges, argloses Kind, voller Natürlichkeit, Vitalität, Neugier und Lebenslust. Ich frage mich – immer noch im Traum –, wie es denn kommt, daß ein solches Kind im Laufe des Lebens verlorengeht – oder, anders formuliert: Wann im Leben beginnt der Verlust des Kindes?

Das Kind, das in aller Natürlichkeit vor dem Träumer steht, scheint die Seele in ihrem lebensvollen Naturaspekt zu symbolisieren. Es ist recht eigentlich ein Naturkind, dem er begegnet, das Kind in seiner ganzen Unverfälschtheit und Spontaneität, seiner Lebenslust und Vitalität.

In seiner Frage, wie es denn komme, daß ein solches Kind – ein Versprechen auf Lebendigkeit – im Laufe des Daseins verlorengehe, nimmt Albert indirekt an, daß ihm die im Traumkind repräsentierten Qualitäten wirklich verlorengegangen sind. Das war nicht nur für diesen Mann wahr, es geschieht den meisten Menschen, daß sie ihre Verbindung zur Natürlichkeit verlieren. Erziehung, berufliche Ausrichtung und Anpassung an gesellschaftlich verbindliche Normen bringen es mit sich, daß wir uns von unseren natürlichen Wurzeln entfernen und häufig künstlich und einseitig werden. Dazu schreibt C. G. Jung: «Das differenzierte Bewußtsein ist immer von Entwurzelung bedroht, weshalb es der Kompensation durch den noch vorhandenen Kindheitszustand bedarf» (Jung, S. 177).

Der Traum regte die Gedanken Alberts in verschiedener Hinsicht an. Zum einen gab das Traumbild Anlaß dazu, seine Lebensgeschichte noch einmal im Hinblick auf Anpassung und Beengung durchzugehen. Zum andern unterzog er seine gegenwärtige Lage einer Prüfung und wurde dabei auf seine Neigung aufmerksam, manchmal allzusehr erdrückenden Konventionen und Man-Forderungen zum Preis seiner spontanen Herzlichkeit den Vorrang zu geben. Auch brachte der Traum eine abermalige Auseinandersetzung mit dem Alter und dem Verlust der Jugendkraft. Trotz aller Wehmut fühlte sich Albert durch das sprühende Leben dieses Naturkindes in seiner Stimmung gehoben und von Hoffnung erfüllt.

Im ganzen betrachtet, legte ihm der Traum letztlich einen fruchtbaren Widerspruch nahe. Das Naturkind ist selten eine gelebte Wirklichkeit, stellt es doch eine göttliche Möglichkeit dar, die sich in unserer Seele nur spiegeln und sich in unserem Dasein nur in Maßen erfüllen kann. Näher betrachtet: Das Heidi der Johanna Spyri beispielsweise, das so ganz die Züge glückhafter Natürlichkeit aufweist, kann nur zuzeiten und punktuell in gelebter Wirklichkeit Entsprechung finden. Es ist aber Ausdruck des Wissens der Seele um diese ewig menschliche Möglichkeit. In diesem Sinne nun enthielt das Traumbild den genannten Widerspruch: Man kann sich auf diese Qualitäten zwar beziehen, voll integrieren können wir sie jedoch nie zur Gänze. Das Wissen um diesen Widerspruch ist deshalb fruchtbringend, weil wir uns dann einerseits um Natürlichkeit bemühen können, gleichzeitig aber auch unsere menschliche Realität im Auge behalten dürfen, nach deren Gesetzen es nicht angeht, sich völlig mit den Wesensseiten des Naturkindes zu identifizieren. Wer letzterem verfällt, wirkt oft lächerlich und infantil. Das sieht man vor allem dann, wenn versucht wird, dem pseudopsychologischen Ruf nach Natürlichkeit und Ausleben aller Impulse nachzuleben.

Von einem anderen Naturkind berichtet der folgende Traum einer 35jährigen Frau, die ich hier Anneliese nenne:

Ich gehe durch verschiedene Stockwerke in den Keller eines Hauses hinunter. Die einzelnen Stockwerke stehen jeweils für eine Kulturepoche: Klassik, Barock, Renaissance, Mittelalter. Zuunterst treffe ich auf ein etwa zwei- bis dreijähriges lächelndes Kind, das mich außerordentlich freundlich anblickt. Es ist im Begriff aus der Erde zu entstehen, seine Händchen sind noch mit der lehmartigen Masse verhaftet; es ist, als zöge es sie aus ihr wie aus einem Teig heraus.

Anneliese träumte diesen Traum zu Beginn ihrer Analyse. Sie befand sich damals in einer sehr gestreßten Zeitspanne. Im Streß sind wir über Gebühr gefordert; dabei ist es nicht einmal so sehr die Menge der Arbeit, die uns zu schaffen macht, vielmehr handelt es sich darum, daß wir in Zeiten der Überlastung die Verbindung zur Natürlichkeit und Arglosigkeit des Kindes in uns innen verlieren. In solchen Phasen vergeht uns die Lust an der Arbeit, wir sehen nur noch Termine, spüren lediglich den Druck unserer Vorgesetzten und kommen bei solchen Belastungen nicht mehr zu uns selber. So erging es auch Anneliese; beruflich in verschiedener Hinsicht überfordert und herausgefordert, hatte sie den Bezug zur kindhaften Natürlichkeit in sich innen verloren. Ihre Tätigkeit als Sozialarbeiterin brachte es mit sich, daß sie häufig mit Jugendlichen zu tun hatte. All die Ziele, denen diese Jugendlichen durch den Erfolgszwang der Gesellschaft ausgesetzt waren, griffen auch auf Anneliese über und brachten es mit sich, daß sie auch den Bezug zum Kind in diesen jungen Menschen aus dem Blickfeld verlor.
Im Bild der einzelnen Stockwerke erinnerte sie der Traum daran, die gesellschaftlichen Zwänge vermehrt als relativ zu betrachten. Jede Zeitepoche hält andere Verhaltensnormen hoch, doch nur so lange, bis sie wieder von anderen abgelöst werden. Letztlich befindet sich hinter all den kulturellen Leistungen, zivilisatorischen Errungenschaften und gesellschaftlichen Konventionen ein Kind, so wie es vom Schöpfer in seiner Natürlichkeit gemeint war.

Das Kind in Annelieses Traum entstand aus der Erde. In vielen Schöpfungsmythen wird der Mensch aus Erde, aus Ton, geschaffen. Diese Mythen sind weltweit verbreitet und kreisen in mannigfaltiger Variation um den Schöpfungsvorgang. Auf reizende Weise wird diese Tat in einem westafrikanischen Märchen geschildert, wo der Gott Obatala Menschen wie Brötchen formt und in seinem Rausch nicht merkt, wie manche von ihnen mißraten: «Er beschloß, Menschen zu schaffen. Er grub Lehm aus dem Boden, formte menschliche Gestalten und legte sie zum Trocknen an die Sonne [. . .] Aber weil Obatala so viel Palmwein getrunken hatte, waren seine Figuren ungeschickt, und ein paar Gestalten mißrieten. Einige hatten krumme Rücken oder krumme Beine oder zu kurze Arme. Andere hatte nicht genügend Finger, wieder andere waren verkrümmt statt gerade. Obatala merkte nichts» (Westafrikanische Märchen, S. 224f.).
Annelieses Traum wies in seiner Symbolik darauf hin, daß in ihrer Seele ein Kind im Entstehen war, das ihr Wesen unverfälscht darstellen sollte. Als Anfangstraum einer Analyse enthielt er sozusagen ein langfristiges «Programm» und kündete von der Möglichkeit, daß Anneliese zu ihrer ureigensten Natur werde finden können. Es zeigte sich außerdem aus der Optik der aktuellen Lage, daß Anneliese über eine große Naturverbundenheit verfügte. Wann immer es die Zeit erlaube, entfliehe sie in die Natur, gehe zum Fluß, ruhe sich in einer Wiese aus, unternehme Wanderungen und bisweilen herausfordernde Hochgebirgstouren. Doch nun habe sie auch dazu keine Zeit mehr. Sie wurde sich durch den Traum ihrer innigen Verbundenheit zur Natur bewußter und war daran gemahnt, doch ja diese Möglichkeiten zur Selbstfindung nicht zu vergessen.
Der Traum hatte eine kompensatorische Funktion, das heißt, er balancierte mit dem Kindsymbol die einseitige und beengende Bewußtseinslage der Träumerin aus und war als Versuch der Seele zu werten, das Gleichgewicht wieder herzustellen.
Es ist sehr wichtig, um die Lebensräume zu wissen, in denen es uns möglich ist, das Kind in seiner ganzen Natürlichkeit spüren

zu können. War für Anneliese die Natur das «grüne Plätzchen», wo sie Atem schöpfen konnte, so finden andere Menschen im Sport, in der Handarbeit, der Musik oder im Laientheaterspiel die ihnen gemäßen Orte, wo sie auftanken können. Wer sein «grünes Plätzchen» kennt, ist verbunden mit dem inneren Kind und soll diesen Freiräumen wie einem Kind auch Sorge tragen.

Das letzte Traumbeispiel zum Thema Naturkind entnehme ich einer literarischen Quelle. Es ist dem Lebensbericht der schwäbischen Dichterin Anna Schieber (1867–1945) entnommen (Kießig, S. 136ff.). Die im Traum geschilderten Situationen beeindrucken durch ihren poetischen Zauber. Man möchte diesen in seinen tiefen Ernst lehrreichen Traum jedem Menschen in sein Traumbuch schreiben, der wegen der Hektik unserer Tage den Bezug zur Natürlichkeit zu verlieren droht. Der Traum trägt die Überschrift «Das Bübchen und der Apfel»:

Es ging gegen Morgen hin. Ich lag in meinem Hotelbett, glaubte aber aufgestanden und ausgegangen zu sein. Ich war spät in der Nacht angekommen, und ich hatte für den Tag vieles vor, und es war gut – meiner Meinung nach –, daß ich früh auf dem Wege war. Drüben auf dem freien Platz in der Nähe stand ein römischer Brunnen, zu dem eine Anzahl steinerner Stufen hinaufführten. Ich tauchte die Hände in das kühle Wasser und sah zu, wie sich vom innen aufsteigenden Quell die Schalen des Brunnens füllten, und wie sie, eine aus der anderen, überquellenden, trinkend, immer neu sich verschwenderisch füllten und leerten in ein rundes Becken, das die Überfülle dann wieder in die Tiefe verschwinden ließ.
So strömte und strömte es fort, und es war mir, als ob ich in dieses lebendige Bild hinein versinken sollte, und als ob dieser Brunnen mein erwünschtes, ersehntes Ich wäre, das voller Überschwang des Empfangens und Mitteilens sein müßte, wenn es zu seiner Vollendung käme.
Aber als ich so versunken stand, zupfte mich etwas leise am Ärmel

meines Kleides, und da war es ein Bübchen, schmal, fast durchsichtig, im ärmlichen Kittelchen, das ein schmales dünnes Händlein, eigentümlich durchschienen, zu mir hinstreckte mit bittender Gebärde. Aber viel bittender noch waren die Augen, tiefblaue, große Augen, die ich schon einmal irgendwo gesehen haben mußte, in einem anderen Menschengesicht. Und auch sie sagten ohne Worte: gib.

Ich suchte erschrocken nach einer Gabe, die ich ihm reichen konnte. Aber aus meinen Taschen quoll, als ich sie durchstöberte, nichts als Papier, leeres und auch beschriebenes Papier. Es wurde immer mehr, und das Schlimmste war, daß ich immer in Gefahr war, das wartende Bübchen zu vergessen, da mich das Geschriebene interessierte und gefangennehmen wollte.

Ich sagte: «Warte nur, es findet sich wohl etwas», aber unerschöpflich quoll die papierne Flut und häufte sich auf den Stufen des Lebensbrunnens, als den ich ihn beschämt erkennen mußte, da ich so schlecht vor ihm bestand.

Da, als ich mich so arm finden mußte, sah ich zu meiner Erleichterung, daß drüben über dem Platz ein Haus stehe, in dem ich zur Zeit wohne. Dort wußte ich in einer Schüssel auf einem Tische schöne Äpfel stehen, und ich sagte zu dem Bübchen, es möge mit mir kommen, ich wolle ihm seine Händlein füllen.

Dann war ich in dem Zimmer. Die Äpfel aber waren nicht mehr auf dem Tische, auch die Schüssel war verschwunden, und ich suchte sie in allerlei Schränken und Schiebladen. Aber je mehr ich ihrer öffnete, je mehr fand ich darin mir fremde Gegenstände, die mich interessierten und mich ablenken wollten. Ich schob sie auf die Seite, bis ich die Äpfel gefunden haben würde, da ich jetzt das Bübchen auf der Straße warten wußte. Es wurde aber immer mehr des Wustes. Kleider waren da und schöne Wäsche, auch Bücher und Briefe, die ich sogleich lesen sollte, und auch Blumen waren da. Sie standen in einer Schüssel, ähnlich der, in der die Äpfel gewesen waren. Ich wühlte alles durch, es konnte nachher geordnet werden, denn jetzt kam es nur darauf an, daß ich die Äpfel finde, da mich die bittenden Augen des Bübchens aus allem ansahen, was ich in die Hand nahm. Aber ich fand die Äpfel nicht. Mein Herz klopfte stark und hart, denn es war schlimm, wenn ich sie nicht fand. Das Klopfen wurde lauter und stärker, da war es aber der Wecker, der rasselte, und es war Zeit zum Aufstehen und Hinuntergehen. Ich hörte mich laut sagen: nur noch einen Augenblick laßt mich schlafen, sonst wartet das Bübchen umsonst.

Wir sind bereits im Kapitel «Verjüngung» auf den engen Zusammenhang, der zwischen Kind, Wasser und Frucht besteht, aufmerksam geworden (vgl. S. 22f.). Hier begegnen wir erneut dem Wasser in seinem uralten, ewig neuen zyklischen Lauf als Sinnbild des Lebens, als Wasser des Lebens, aus dem alles hervorgeht. Die überfließenden Wasser der Brunnen haben schon manchen Dichter angeregt. Conrad Ferdinand Meyer hat in seinem Gedicht «Der römische Brunnen» (Meyer, S. 805) diesem Symbol ein unvergeßliches Denkmal gesetzt:

> Auf steigt der Strahl, und fallend gießt
> Er voll der Marmorschale Rund,
> Die, sich verschleiernd, überfließt
> In einer zweiten Schale Grund;
> Die zweite gibt, sie wird zu reich,
> Der dritten wallend ihre Flut,
> Und jede nimmt und gibt zugleich
> Und strömt und ruht.

Ganz im Gegensatz zur Überfülle des Schöpferdranges stehend, den die Träumerin im Bild der fließenden Wasser erlebt, erweist sich der zweite Teil des Traumes. Hier ist die Rede von einem Bübchen, das inständig um eine Gabe bittet. Die Träumerin findet nichts als Papier, eine «papierne Flut». Sie wird davon gefesselt, droht das Kind zu vergessen, erinnert sich wieder an es und geht schließlich in ein Haus. Dort will sie ihm Äpfel geben. Doch statt dessen wird ihre Aufmerksamkeit erneut von einer Menge Wust und Ballast in Anspruch genommen: Kleider, Wäsche, Bücher, Briefe. Dazwischen denkt sie wieder an die flehen-

den Augen des Kindes und setzt ihre verzweifelte Suche nach den Äpfeln fort, die sie jedoch bis zuletzt nicht finden kann.
Was dieser Traum in seiner spezifischen Aussage für Anna Schieber meinte, kann nicht gesagt werden. Soviel dürfen wir ihm aber auch für uns entnehmen, daß er wohl die Mahnung ausspricht, über all dem Kram, der uns tagtäglich zu ersticken droht, das Kind und die Äpfel nicht zu vergessen.
Der Apfel hat vielfältige Bedeutung. Jene, die mir für das Verständnis des Traumes wesentlich erscheinen, seien aufgeführt. Der Apfel ist ein Natursymbol, bedeutet unverfälschte und natürliche Speise, die erfrischt und zugleich nährt. «An apple a day keeps the doctor away» (Ein Apfel am Tag erspart dir den Arzt), sagt der Engländer und weist mit diesem Sprichwort auf die gesunde Naturkraft des Apfels hin. Darüber hinaus ist uns der Apfel vor allem aus der Genesis bekannt (1. Mose 3,1–24). Es ist der Apfel der Erkenntnis von Gut und Böse, für dessen Genuß Adam und Eva aus dem Paradies vertrieben wurden. Schließlich ist der Apfel ein Symbol des Eros, der liebenden und begehrlichen Zugewandtheit. Man erinnere sich an das Urteil des Paris, der von den drei Göttinnen Hera, Athena und Aphrodite zum Richter im Wettstreit der Schönheit aufgerufen war. Er gab den Apfel Aphrodite, der Göttin der Schönheit und der Liebe, weil sie ihm die schönste Frau versprach (Pauly, Bd. 4, Sp. 514f.).
Nehmen wir die verschiedenen Bedeutungen des Apfels zusammen, so kann man sagen, daß es von größter Wichtigkeit ist, dem inneren Kinde natürliche Nahrung zukommen zu lassen, ihm liebend zugewandt zu sein und es schließlich auch an unserer Fähigkeit teilhaben zu lassen, Gutes von Bösem zu trennen.
Der Hunger des Kindes ist ein natürlicher Hunger: Er zielt nach Erkenntnis und damit nach Unterscheidung von Wesentlichem und Unwesentlichem. Es ist aber auch ein Hunger nach Liebe und Zuwendung und letztendlich ein Begehr nach dem Gesunden und Nahrhaften. Sofern wir unserem inneren Kind diese Nahrung im übertragenen Sinne zukommen lassen, befriedigen wir zugleich die tiefsten Bedürfnisse, die in der Natur des Men-

schen liegen. Die Entscheidung darüber, was ihm nottut, muß der einzelne je und je erneut herausfinden, denn was uns heute guttut, kann morgen schon ein Zuviel sein. Die Hinwendung zu unserer eigenen, inneren Natur verlangt Verbindung zum Kind in uns und bedarf sorgfältiger Beobachtung unserer Tagestätigkeiten und bewußten Ansichten sowie auch der Hinwendung zu den Träumen. Gerade sie sind es oft, die Winke zu einem heilsamen Ausgleich zwischen unserer seelischen, geistigen und körperlichen Befindlichkeit geben können.

Seelenschwangerschaft

Häufig sagen wir von einem Menschen, der sich intensiv mit etwas beschäftigt, «er gehe schwanger» oder er «brüte etwas aus», und bezeichnen dann das Produkt seiner Anstrengungen mit Ausdrücken wie: er habe «ein Ei gelegt» oder «ein Kind geboren».

Es wird also oft auf Schwangerschaft und Geburt Bezug genommen, wenn sich jemand in schöpferischer Absicht betätigt und entsprechende Resultate aufweisen kann. In diesen sprachlichen Wendungen klingt das uralte Wissen darum an, daß neben unserem bewußten Einsatz die Seele maßgeblich an Veränderungen und kreativen Leistungen beteiligt ist. Auf einer noch tieferen Ebene kann man gar von einer Seelenschwangerschaft sprechen, dies vor allem dann, wenn Reifungsschritte und Wandlungen lange vor den bewußten Prozessen bereits in Träumen angekündigt und vorgeprobt werden.

Die Seele an sich ist schöpferisch und kann Hoffnungen, Neues und ungeahnte Kombinationen anbieten, wenn wir nur hinzuhorchen gewillt sind. Es ist nicht immer unser logisch vernünftiges Tagesbewußtsein, das Lösungen findet, sehr oft zeigt das, was ich als Nachtbewußtsein bezeichnen möchte, Wege aus schwierigen Situationen und Krisen auf. Wenn es heißt, der Herr gebe es den Seinen im Schlaf, so bedeutet das nichts anderes, als daß Träume manchmal mit einem Wissen in Verbindung stehen, zu dem unsere Vernunft keinen unmittelbaren Zugang besitzt. Diesen Zugang finden wir vor allem durch die Träume. Doch auch unsere Phantasien und Eingebungen stehen mit dem Nachtbewußtsein in Verbindung, das sich nicht allein in den im Schlaf geträumten Träumen abspielt; wir können ihm auch im

Wachen angeschlossen sein. Wenn wir unsere Gedanken schweifen lassen und nicht auf etwas Bestimmtes abzielen, haben wir bisweilen plötzliche Einfälle oder hängen Vorstellungen nach, die, schauen wir sie genauer an, durchaus etwas für unser Leben Wesentliches enthalten können.
In diesem Zusammenhang möchte ich den Traum einer am Ende ihres vierten Lebensjahrzehntes stehenden Frau anführen. Evelyn, so will ich sie hier nennen, träumte in einer kritischen Zeit von einer schwangeren Frau. Der Traum, der sie tief beeindruckte und noch über lange Jahre begleiten sollte, lautete:

Ich befinde mich in einem Spital. Hier liege ich eng umschlungen mit einer mir unbekannten Frau auf einer Liege. Die Frau ist hochschwanger, und da wir uns so eng umfassen, spüre ich ihr Kind wie ein eigenes in meinem Leib. Sie sagt mir, ich solle ins Hotel Zentral nach Sidney gehen, dort werde ich auch ein Kind gebären.

Die Krise, in der sich Evelyn damals befand, hatte schon Jahre zuvor begonnen und betraf ihre Ehe. Sie war unglücklich verheiratet und erlebte sich in dieser Verbindung unerfüllt. Eine Scheidung wurde erwogen, doch der Entschluß zu diesem einschneidenden Schritt fiel ihr sehr schwer und brachte auf emotionaler Ebene sehr vieles in Bewegung.
Angesichts solcher weitreichenden Entscheidungen ist jeweils unser ganzes Wesen auf den Plan gerufen; nicht selten passiert es, daß auch wichtige und eindrückliche Träume im Umfeld damit auftauchen. Wie tief Evelyn in diesem kritischen Lebensabschnitt betroffen war, zeigte sich im Traum. Bereits damals, als sie noch nicht genau wußte, welchen Weg sie künftig einschlagen würde, sprach der Traum von einer Schwangerschaft und damit von Hoffnung. Nicht sie war schwanger, sondern eine bislang noch nie gesehene Frau. Anders ausgedrückt, bereitete sich in einem Teil ihrer selbst neues Leben vor. Diesem ist daran gelegen, in Kontakt mit dem Traumich zu kommen, um ihm durch

die innige Umarmung die Botschaft des werdenden Kindes mitteilen zu können. Evelyn spürt das Kind der anderen wie ihr eigenes. Im Traum wird sie darauf hingewiesen, daß Leben sich erneuert und weitergeht. Bei dieser Traumszene ist an die Begegnung von Maria und Elisabeth, der Mutter von Johannes dem Täufer zu denken (Lukas, 1,39–56). Kurz nachdem Maria vom Engel erfahren hat, daß sie vom Heiligen Geist werde schwanger werden, sucht sie Elisabeth auf, die bereits in Erwartung ihres Kindes ist. Wie Maria sie begrüßt, spürt Elisabeth ihr Kind in ihrem Leibe hüpfen und sagt zu Maria: «Denn siehe, als der Klang deines Grußes in mein Ohr drang, hüpfte das Kind mit Frohlocken in meinem Leibe» (Lukas 1,44). Maria bleibt drei Monate bei Elisabeth, die nicht allein das Kind trägt, das als Vorläufer Christi gilt, sondern auch jene weibliche Figur ist, die Maria in schwesterlicher Fürsorge weibliche Solidarität erweist.

Auch Evelyn begegnet im Traum einer Mitschwester, die ihr Hoffnung auf die Zukunft einflößt und in tiefem Gemeinsinn mit ihr leibhaftig verbunden ist. Die unbekannte, schwangere Frau ist Evelyn voraus. Im unbewußten Seelenleben war also bereits eine Seite, die neues Leben in sich trug und dem Traum-ich kundtat, wie es auch zu einem Kinde kommen könne.

Gleichgeschlechtliche Traumfiguren wie die schwangere Frau des Traumes bezeichnet man in der Analytischen Psychologie C. G. Jungs als Schatten (Jacobi, S. 168ff.). Unser Schatten umfaßt all jene Persönlichkeitsanteile, die uns nicht bewußt sind. Das können zum einen negative, dunkle Seiten sein, die wir vom Bewußtsein ausschließen, weil sie nicht mit dessen Wertsystem zusammenpassen; aber auch auf positive Aspekte läßt sich der Begriff des Schattens anwenden, gibt es doch Potentiale in uns, über die wir uns nur unzulänglich bewußt sind. Schließlich deckt der Schatten auch Zukünftiges ab. Besonders deutlich wird dieser Zug in Evelyns Traum in der günstig gezeichneten Schattenschwester, die sich ihr als Vorbild anbietet. Das Erscheinen dieser weiblichen Gestalt ist als ein Versuch der Seele zu werten, der Träumerin den Sinn für Zukünftiges zu wecken und Ausblick zu vermitteln.

Nun sagt ihr diese Frau, sie solle nach Sidney ins Hotel Zentral gehen, da werde auch sie ein Kind bekommen. Diese Traumaussage mutete Evelyn zunächst rätselhaft an, hatte sie doch weder zu Australien noch zu Sidney irgendeine Beziehung. Sie trug indes den Traum weiter mit sich herum, und plötzlich fiel ihr ein, daß Sidney ziemlich genau auf dem ihrem Wohnort gegenüberliegenden Pol der Erde liege; die Menschen dort waren ihre Antipoden, ihre «Gegenfüßler». Der Traum schien auf einen Gegensatz hinzuweisen. Dorthin zu gehen, könnte sich als fruchtbar erweisen, gab doch der Traum das Versprechen für ein Kind ab.

Es ist eine alte Weisheit, daß man in Zeiten, wo man weder ein noch aus weiß, sich auch einmal auf Gegensätzliches und auf den Gegensatz beziehen soll. Oft ist es fruchtbringend, wenn wir uns von Gedanken, Dingen und Tätigkeiten anrühren lassen, die nicht in unsere tägliche Routine fallen. Das mit ihnen verbundene, ungewohnte Element kann ebenfalls zum Schatten gerechnet werden. Ungewohnt ist uns das, was im Rande des Schattens unseres Daseins steht. Sich darauf besinnen, kann zuweilen hilfreich sein. Nun hatte Evelyn schon lange immer wieder den Gedanken gehegt, sich einer weiteren Ausbildung zu unterziehen und nochmals nach neuen Horizonten aufzubrechen. Sie hatte jedoch dieses Ansinnen nie ganz ernst genommen. Die damit verbundenen Gedanken waren gewissermaßen Schattengedanken, die sie nur schwach und vereinzelt wahrnahm, war doch ihr Alltag von den ehelichen Sorgen geprägt und der drängenden Frage ausgefüllt, ob oder ob nicht es zu einer Scheidung kommen sollte. Eine weitere Ausbildung – Evelyn dachte entsprechend ihrer Neigungen an einen sozialen Beruf, was in ihrer Lage wirklich antipodisch, gegenüberliegend war, rückte in die Nähe. Der Traum bestärkte sie in diesen Gedanken und animierte sie, an diesem Plan weiterzubauen.

Nun hieß es im Traum außerdem noch, sie solle ins Hotel Zentral

gehen, da werde sie ein Kind bekommen. Das verstand Evelyn als einen Aufruf zur Zentrierung und Mittung; aus der Mitte heraus, da könne sie fruchtbar werden, da gelänge es vielleicht, segensreichen Zeiten entgegenzugehen. In Krisenzeiten fühlen wir uns nicht zentriert, und es ist uns nicht vergönnt, aus einer selbstverständlichen Mitte heraus zu leben. Wir haben meist den Boden unter den Füßen verloren, und das Vertrauen in einen glückhaften Fortgang unseres Daseins ist häufig bedenklich erschüttert. Der Traum riet zur Mitte und damit zur Besinnung auf das eigene Wesen und die angestammten Möglichkeiten und Begabungen. Natürlich war in diesem Traum kein konkretes Kind gemeint, es bedeutete gemäß dem Traum ein Kind aus der Mitte. Das Kind aus der Mitte ist ein inneres Kind, eine Vorausnahme einer tiefen seelischen Wandlung, die uns erlauben kann, vermehrt mit unserem innersten Wesen in Beziehung zu stehen.
Die Traumbotschaft bedeutet also: über den Gegensatz, das heißt über den Schatten, zur Mitte finden.
In der beseligenden Traumbegegnung mit der schwangeren Frau erlebte Evelyn – zwar nurmehr im Traum, doch in einem inneren Sinne wahr und wirklich – eine hoffnungsvolle, neue Gestimmtheit. Die Umarmung der Mitschwester schenkte ihr eine emotionale Umstimmung. Es ist an dieser Stelle besonders zu vermerken, daß wir oft zuerst im Traum den ersten Schritt zu einer künftigen Neuorientierung machen dürfen.
Als Evelyn mir den Traum erzählte, waren siebzehn Jahre vergangen, seit sie ihn geträumt hatte. Aus der Warte der Rückschau ließ sich seine Bedeutung noch besser ausmachen. Evelyn hatte damals dann schlußendlich den Schritt zur Scheidung tun können und kurze Zeit später ihre Ausbildung begonnen und sich auch noch in Analyse begeben. In der beruflichen Schulung kamen ihre bislang zu wenig gelebten geistigen Fähigkeiten zum Zug und erfuhren Differenzierung. In der Analyse widmete sie sich ihrem Selbstverständnis und begann die lange Reise zu sich selber. Sie sei, meinte sie, in all den Jahren dieses Aufbruchs nach der endgültigen Trennung von ihrem Mann ihrem Zentrum

und ihrer Eigentlichkeit nähergekommen. Der Traum hatte also einen dunklen Keim zukünftigen Reifens und Handelns bedeutet und erwies sich in dem positiven Sinne wegweisend, als er einen neuen Lebensabschnitt vorbereitend eingeleitet hatte. Im modernen Bild des «Hotel Zentral» sprach dieser Traum von dem uralten Wissen um die Mitte des Menschen. Diese Mitte ist unser Selbst, wie sie der Tiefenpsychologe C. G. Jung bezeichnet hatte. Das Selbst als Kern der Persönlichkeit ordnet einerseits unseren Lebensgang an und umfaßt anderseits das Gesamt unserer Psyche in ihren bewußten und unbewußten Aspekten, in ihrem vergangenen, gegenwärtigen und zukünftigen Sein. Das Kind ist nicht selten Symbol des Selbst und deutet auf den nie völlig zu verwirklichenden Ganzheitszustand unserer Persönlichkeit hin (Jung).

Das Kind als Symbol des Neuen

Wird ein Kind geboren, beginnt für die Eltern eine Zeit, in der sie sich in ihrem Selbst- und Weltverständnis neu orientieren müssen. Überdies steht das Kind in seiner ganz auf das Werden und die Zukunft ausgerichteten Lebenskraft am Beginn eines Lebens, das noch keine Vergangenheit kennt und dessen Gestalt sich besonders am Anfang fast täglich verändert und entfaltet. Es ist deshalb nicht von ungefähr, daß das Kind weltweit und über die Zeitläufe hinweg als Symbol des Neuen gilt; bald ist es Heilbringer, bald Künder einer kommenden, glückhaften Zeitpoche. Mit dem Kind haben die Menschen seit jeher all ihre Sehnsüchte und Hoffnungen auf eine bessere Zeit und eine heile Welt verbunden. Man denke in diesem Zusammenhang an das alles neu machende Jesuskind, das in der Prophetie des Jesaja mit den Worten angekündigt wird: «Denn ein Kind ist uns geboren, ein Sohn ist uns gegeben [. . .] und groß wird die Herrschaft sein und des Friedens kein Ende» (Jes. 9,6f.). Es ist in diesem Zusammenhang auch äußerst reizvoll, in den Kinderbüchern unserer Vorfahren zu blättern. Man stößt dabei auf die kindlichen Vorstellungen über das eine neue Zeit eröffnende Christuskind. Wünschen sich die Erwachsenen in ihrer Sehnsucht Harmonie und Frieden, so verbinden die Kinder mit dem Christkind Wünsche für ihre eigene kleine Welt. Wie eine solche aussieht, findet sich in einigen Versen des bekannten Staubschen Kinderbüchleins auf entzückende Weise ausgemalt (Staub's Kinderbüchlein, S. 325):

Der Christbaum

Nebst andern Dingen
Wird's Christkindlein bringen:
Ein Döckeli zum Kleiden,
Viel Schäfli zum Weiden,
Ein Kütschli zum Fahren,
Ein Büchsli zum Sparen,
Und zuckerne Tübli,
Und Männli und Wibli.

Zum Kochen ein Kücheli,
Zum Lesen ein Bücheli,
Viel Hölzli zum Bauen,
Viel Gutes zum Kauen,
Ein Rößli zum Reiten,
Ein' Säbel zum Streiten,
Ein Glöckli zum Klingen
Wird's Christkindli bringen.

Auch in unserem Traumleben findet das Kind als Symbol des Neuen Eingang, dies besonders oft dann, wenn wir dem Ende einer schwierigen Zeit entgegengehen (Asper 1988, S. 72 ff.). Das Kind tritt uns da in privater Vereinzelung als Zukunft versprechendes Symbol entgegen und bringt einen als glückhaft empfundenen Stimmungsumschwung mit sich.
Nach einer depressiven Phase träumte Annette, eine fünfzigjährige Frau, den folgenden Traum:

Ich bin in der Mitte eines quadratischen Raumes. Es herrscht eine wohltuende, warme Atmosphäre. Gute, alte Möblierung, ein schöner, alter Teppich auf dem Boden. Das Licht fällt durch ein Fenster vorn auf der rechten Seite. Davor steht ein Tisch. Hinter mir, rechts, spüre ich einen Eingang. Vor mir, links, befindet sich ebenso eine geöffnete Tür, die in einen anderen, weiteren Raum führt. Es scheint ein Durchgangsraum zu sein. Ich bin in der Hocke und halte ein Kind von etwa 18 Monaten auf dem Schoß. Es ist nackt. Vom Schoß des Kindes ausgehend, fährt ein «elektri-

scher» Strom in den meinen. Ein Glücksgefühl erfüllt mich. Damit das Kind nicht von den durchgehenden Passanten gestört werden kann, lege ich es geschützt in die rechte Ecke des Raumes.

Zur Zeit der ängstlich-düsteren Verstimmung fühlte sich Annette willensschwach und ohne jeglichen Antrieb. Sie erfuhr sich ungeborgen und konnte in dieser Befindlichkeit nur unter Mühe ihren Standpunkt beibehalten. Der Traum nun bewirkte bei ihr eine erhebliche Stimmungsveränderung, die – wie das in der Endphase von Depressionen häufig der Fall ist – noch wechselhaft war, jedoch im großen und ganzen anhielt und sie aus der Depression herausführen sollte. Der Traum bezeichnet denn auch sehr präzise diese Endphase, spricht er doch von einem Durchgangsraum und weist damit auf die noch nicht endgültige Gesundung hin. Der Raum ist schön möbliert und strahlt eine wohltuende Atmosphäre aus. Annette erfährt sich wieder geborgen, die Stimmung verbessert sich, was der Traum auch durch das von rechts einfallende Licht unterstreicht. Erfuhr sich Annette in der depressiven Verstimmung blockiert und eingeengt, so zeigen sich im Traum bereits offene Türen! Die zentrale Symbolik des Traumes tut sich dadurch kund, daß sich die Träumerin in der Mitte des quadratischen Raumes befindet und daß das Kindsymbol vorkommt.
Sich in der Mitte eines Raumes befinden, bedeutet auch, sich «gemittet» fühlen, sich um die eigene Mitte zentriert erleben. Die quadratische Form des Zimmers unterstreicht diese Ausmittung. Da man sich in depressiven Zeiten alles andere als mit sich selber verbunden erlebt, zeigt der Traum durch die gewählte Raumsymbolik eine entscheidende Wende an, die darauf hinweist, daß es Annette unter Umständen vergönnt sein soll, wieder mehr sie selber sein zu dürfen.
Das Element des Neuen und Unerwarteten wird durch das Kind angezeigt. Es ist das Kind, das Annette durch den elektrisierenden Strom, der von ihm ausgeht, gewissermaßen neue Lebens-

kraft vermittelt. Uralt ist die Vorstellung, daß besonders Kinder Träger gesunder Lebensenergie sind. So wurde in vergangenen Zeiten häufig ein gesundes Kind mit einem kranken oder alten Menschen zusammengebracht, damit die Kraft des gesunden Kindes auf den Kranken oder Hinfälligen überspringe und sie gesund mache (Bächtold-Stäubli IV, Sp. 1333, 1335).
Das Kind des Traumes darf als Symbol des Neuen im Sinne wiedergewonnener Lebenskraft angesehen werden. Diese ist allerdings noch so schutzbedürftig wie ein kleines Kind, weshalb es die Träumerin ganz richtig an einen sicheren Ort des Raumes bringt. Sie wählt dafür die rechte Ecke aus. Rechts ist die uns vertraute Seite, mit der Rechtssymbolik verbinden wir Bewußtsein im Gegensatz zu links, wo wir das Unbewußte, Unvertraute, aber auch Gefährliche anzusiedeln gewohnt sind. Es geht von diesem Traum, abgesehen von seiner zentralen Bedeutung als Stimmungsveränderer, auch deutlich die Botschaft aus, die neue Stimmungslage und das wiedergewonnene Leben noch nicht als ganz gesichert anzunehmen und deshalb sorgfältig und noch schonend damit umzugehen.

Von einem anderen Traumkind sei nun die Rede. Auch es symbolisiert das Neue im Leben der Träumerin; ich will sie Fanny nennen. Doch im Gegensatz zur häufig gemachten Erfahrung bei Traumkindern einte und mittete dieses Kind nicht, sondern zeigte auch Konflikte an. Neues kann also auch mit Schwierigkeiten verbunden sein. Doch zunächst der Traum:

Ich bin schwanger und gebäre ein Kind und bin sehr glücklich darüber. Das Kind kann gleich nach der Geburt schon sprechen und kurz danach auch gehen. Es hat eine auffallend helle Gesichtshaut, ein außerordentlich energisches Kinn und trägt ein dunkelblaues Gewand.
Ich habe bezüglich der Schule nichts unternommen und komme nun in Konflikt mit ihr. Aus dem Schulgebäude führt keine Straße hinaus, lediglich verschiedene ins Gelände eingelassene Rutsch-

bahnen geben den Ausgang frei. Auf einer rutsche ich hinunter und hinaus. Der Ort erinnert an den Platz einer Burgruine namens Friedberg.

Fanny träumte diesen Traum, als sie eine längere wissenschaftliche Arbeit auf dem Gebiet der Kunstgeschichte abgeschlossen hatte. Das Kind des Traumes bedeutete ihr dieses «Produkt», ihr «Kind». Auf seine Bedeutung als geistiges Kind weist sein dunkelblaues Gewand hin; dieser Aspekt wird auch dadurch unterstrichen, daß das Kind gleich nach der Geburt schon sprechen und gehen kann. Göttliche Kinder können das und weisen, kaum sind sie geboren, bereits alle Merkmale ihrer zukünftigen Vollmacht auf. Fanny fühlte sich bei diesem Traumaspekt an das Hermes-Kind der griechischen Mythologie erinnert, das gleich nachdem es das Licht der Welt erblickt hat, schon spricht und eine Leier baut und damit seine geistigen Gaben bezeugt. Das Kind des Traumes beglückte die Träumerin; es reflektierte ihr Glücksgefühl, das sie im Wachen über die fertige und gelungene Arbeit spürte.
Der zweite Teil des Traumes, der vom Konflikt mit der Schule spricht, verwies Fanny auf neue, bislang zu wenig bedachte Gesichtspunkte. Je mehr sie diesen Traumteil mit sich herumtrug und ihn befragte, desto mehr geriet sie in Panik, Ängste und Zweifel. Damit verhielt es sich so: Fanny hatte ihre Arbeit über das Motiv der Mutter in der bildenden Kunst des ausgehenden 19. Jahrhunderts geschrieben. Als psychologisch interessierter Mensch brachte sie konsequenterweise auch diese Sichtweise in die Arbeit ein; sie hatte zum Beispiel die vereinzelt vorkommenden negativen Mütter auf den Bildern des Schweizer Malers Segantini mit dessen Kindheitserfahrungen in Zusammenhang gebracht und dabei auf die psychologische Relevanz des Themas aufmerksam gemacht. Wohl war sie sich beim Schreiben bewußt gewesen, daß solche Ausflüge in die Psychologie von den Vertretern der Schulmeinung eventuell nicht einfach geschluckt würden, hatte aber unter Ausfechtung innerer Kämpfe durchgehal-

ten, das Thema auch unter diesen Aspekten zu beleuchten. Auf klare und bisweilen energische Weise hatte sie diese Gesichtspunkte in ihrer Arbeit verfochten. Das energische Kinn des Traumkindes illustriert übrigens diesen Zug trefflich.
Der Traum mahnte sie also, daß sie eventuell Konflikte mit der Schulrichtung, die an ihrer Universität vertreten wurde, zu gewärtigen haben würde. Daran hatte sie in ihrer Freude über die fertiggestellte Arbeit zu wenig gedacht. Der Traum glich diese Einseitigkeit aus und setzte Fanny ins Bild über Konflikte, die durch dieses neue, geistige Kind unter Umständen würden entstehen können.
Im Anschluß an den Traum ging Fanny, wie bereits angedeutet, durch einen «Wald» von bedrängenden Gedanken und Ängsten und malte sich möglicherweise eintretende Schwierigkeiten in den grellsten Farben aus.
Aus der Warte des Rückblicks erst sah Fanny die Bedeutung des zweiten Traumteils im richtigen Licht. Zwei Jahre nach dem Erscheinen ihrer Arbeit geriet ihr der Traum wieder in die Hände und sie konnte sich eines Lächelns nicht erwehren. So sanft sie aus der Schule im Traum herausgerutscht war, so glimpflich war die Angelegenheit für sie letztenendes abgelaufen. Wohl hatte es Kritik gegeben, es gab aber auch Lob, und ihr geistiges Kind hatte sie recht eigentlich von ihrer Überbewertung der Schulautoritäten befreit, so daß sie diese nun hinter sich lassen konnte. Die Sache hatte sich friedlicher, als sie dachte, gelöst, worauf der Name Friedberg im Traum bereits hingedeutet hatte.
Das Kind des Traumes war also ein Symbol des Neuen und zeigte in diesem Zusammenhang auch Konflikte an. Unsere geistigen Kinder und unsere schöpferischen Unternehmungen bringen Zusammenstöße mit sich, machen uns Freunde, aber auch Feinde. Handelt es sich dabei wirklich um etwas Neues im guten Sinne, so sollten wir vielleicht mehr der Einsicht Raum gewähren, daß unsere geistigen Kinder wie reale Kinder auch ein eigenes Schicksal haben, wozu eben auch Konflikte gehören.

Zur Illustration eines weiteren Merkmals des Kindsymbols im Sinne des Neuen als Horizonterweiterung sei nun der Traum von Gertrud angeführt. Gertrud, die über zwei Jahrzehnte den Beruf einer Lehrerin ausgeübt hatte, setzte sich mit 47 Jahren nochmals auf die Schulbank und begann, Medizin zu studieren. Nachdem sie die propädeutischen Fächer erfolgreich abgeschlossen hatte, träumte sie:

Mitten im Erwachsenenbett liegt ein neugeborenes, nacktes Knäblein. Es ist der Sohn eines neuen Kollegen, Herrn A. Meine drei Töchter stehen um das Bett herum, um das Kind zu bewundern. Der Kleine macht einen stolzen Bogen, weshalb man um Windeln laufen muß. Bald darauf macht er seine ersten Schritte, an meiner Hand geleitet. Dann nehme ich den kleinen Manu auf den Arm. Er schaut mir aufmerksam ins Gesicht und ahmt Vokale nach, die ich ihm vorspreche, a und e. Ich gehe mit ihm ins Nebenzimmer, in dem sein Vater am Schreibtisch sitzt, und sage: «Schauen Sie doch, was er schon kann!» Aber der Kleine will sich offensichtlich nicht vorführen lassen, der Vater verbirgt auch seinen Stolz und arbeitet ruhig weiter. Später berichtet Herr A. von seiner Arbeit. Ich staune, wo er sich überall auskennt.

Das Kind in diesem Traum ist höchst munter und lernbegierig und beginnt gleich nach der Geburt zu gehen. Zum Zeichen seiner Lebenskraft uriniert es in einem hohen Bogen und erinnert an das berühmte «Männeken Piss» in Brüssel. Alle drei Töchter Gertruds stehen um das Bett herum. Später macht das Kind wakker seine ersten Schritte. Bedeutsam ist, daß das Kind ein Knäblein ist, den Namen Manu trägt und sein Vater auch zugegen ist.
Worauf weist nun ein männliches Kind in der Seele einer Frau hin? Jeder Mensch hat neben seiner geschlechtlichen Identität auch noch Seiten des anderen Geschlechts in sich. Die Frau verfügt über männliche Fähigkeiten und der Mann über weibliche Eigenschaften. In der Analytischen Psychologie C. G. Jungs nennen wir die Funktionsorgane, auf denen diese Qualitäten be-

ruhen, Animus bei der Frau und Anima beim Manne (vgl. S. 24). Das kleine Kind scheint auf das Neue in Gertruds Psyche hinzuweisen, auf die Erweiterung ihres Personseins, die sie durch die Ablegung der Examina auch wirklich ins Leben umgesetzt hatte. Diese Erweiterung fand im männlichen Bereich ihrer Psyche statt, benötigte sie doch vor allem maskuline Kräfte für das Studium: Objektivität, Denkvermögen, Mut und Ausdauer. Der Traum mit dem Kindsymbol schilderte also in trefflicher Weise die jungen, geistigen Möglichkeiten, die sich in Gertrud entwikkelt hatten. Bislang eher den weiblichen Eigenschaften vertrauend, wofür im Traum auch ihre drei Töchter sinnbildlich stehen, hatte sie sich im Studium auf ein geistiges Abenteuer eingelassen – und mit Erfolg, wovon das äußerst lebendige «Produkt» in diesem Traum Zeugnis ablegte. Manu heißt das Kind. Im Sanskrit steht der Begriff «manu» für ein geistiges Wesen, das zwischen den Göttern und den Menschen steht und die erwachende Denkfähigkeit symbolisiert. So sagte also auch der Name etwas über die Bedeutung des Kindes als ein geistiges aus.
Nun ist es das Kind des Kollegen A., von dem es noch heißt, daß er sich überall auskennt. Herr A. ist jemand, der sein Licht nicht unter den Scheffel stellt und Gertrud deshalb sowohl zur Bewunderung herausforderte als auch bisweilen mächtig ärgerte. Der Traum zeigt im Zusammenhang mit der Figur von Herrn A. auf Gertruds Minderwertigkeitsgefühle hin. Sie sieht zum Männlichen empor und fühlt sich unterlegen. Noch ist das Kind nicht voll integriert, zeigt es der Traum doch nicht als ihr eigenes, obwohl sie allen Anlaß hätte, endlich auf ihre eigenen, geistigen Fähigkeiten zu vertrauen. In derselben Nacht träumte Gertrud noch ein weiteres Traumbild, das in Zusammenhang mit dem eben Gesagten steht:

Ich stehe am Rande einer riesigen Müllkippe, die überwiegend mit zerbeulten, schmutzigen Schachteln gefüllt ist. Ein überdimensionaler Stacheldraht, der sich von links oben nach rechts unten zieht, trennt mich von der Müllkippe.

Man nenne eine ältere Frau häufig eine alte Schachtel, meinte Gertrud und fügte noch hinzu: «Vielleicht gehören solche Begriffe auf die Müllkippe.» In der Tat gehören sie dorthin und mit ihnen all die Minderwertigkeitsgefühle, von denen Gertrud manchmal geplagt war. Sie hatte allen Grund, auf ihre Gaben und ihren Erfolg stolz zu sein, führten sie sie doch zum Neuen in ihr hin und bedeuteten neben der Horizont- durchaus eine Persönlichkeitserweiterung.

Im Zusammenhang mit dem Kind als Symbol des Neuen soll uns noch jene Seite des Kindes beschäftigen, die neue, bislang nicht gedachte Gedanken und Einsichten ausspricht. Nicht vergebens sagt der Volksmund auf seine humorvolle Weise: «Kinder und Narren sagen die Wahrheit.» Das Traumkind macht uns häufig auf Dinge aufmerkam, an die wir im Wachen nicht denken, die wir aber auch nicht zu denken wagen. In diesem Sinne ist uns das Kind oft voraus und weist auf zukünftige Bewußtseinsinhalte hin. Es ist das junge Leben schlechthin, das unseren überalterten Vorstellungen neue hinzufügt und so Wege vorausnimmt, die wir später einschlagen. Dabei handelt es sich keineswegs nur um positive, hoffnungsvolle Inhalte, im Gegenteil, oft spricht das Kind tiefe Grundwahrheiten aus, denen wir uns im Wachzustand verweigern. Ich denke im besonderen an den Traum einer jungen Frau. Marianne, so nenne ich sie hier, träumte ihn in ihrem dreißigsten Lebensjahr. Dieses Jahr wurde ihr zum Schicksalsjahr, war doch ihr Mann plötzlich durch einen Autounfall ums Leben gekommen und hatte sie mit zwei kleinen Kindern allein zurückgelassen. Ein paar Monate nach dem tragischen Ereignis träumte sie:

Ich sitze auf einer Bank am See. Der Himmel hängt voll schwarzer Wolken, der Wind bläst stark, und die Wellen des Sees schlagen immer höher. Das Wasser beginnt das Ufer zu übertreten. Unvermittelt sagt mein fünfjähriger Sohn: «Nein, es ist ein ganz fürchterlicher Gott.»

Die Bilder des Traumes paßten auf ihre Situation: So ausgesetzt und bedroht hatte sie sich seit dem Tode ihres Mannes gefühlt. Die urplötzlich vorgebrachte Äußerung des Kindes brachte ihr zum Bewußtsein, Gott auch als einen Schrecklichen, Furchterregenden zu begreifen. Solche Gedanken hatte sie bisher ausgeklammert, bedingt durch die religiöse Erziehung, gefördert aber auch durch die kirchlichen Leute um sie herum, die allzu schnell Worte wie «Und in der Finsternis, da scheint das Licht» und «Alles schlägt einmal zum Guten aus» im Munde führten. Mit diesen billigen Formeln wollte man sie trösten, gewiß, was man aber in Wirklichkeit tat, war, daß man sie hinwegtröstete und ihren Schmerz nicht teilte, ihm keinen Raum gab. Auch sie selber redete sich solche und ähnliche Gedanken ein. Der Traum verwies sie jedoch auf die Legitimität anderer Ansichten. Ihr Kind sprach die Wahrheit aus und eröffnete ihr damit eine neue Einstellung, jene nämlich, die uns erlaubt, Gott auch in seiner dunklen Seite zu begreifen und ihn zu fürchten. Glaube ist nicht nur Glaube an den lieben Gott, Glaube erwächst letztlich und vor allem aus dem Dunklen und aus dem Schicksalsschlag. Die junge Seite in Marianne, im Traum verkörpert durch ihren Sohn, wußte mehr als ihr Bewußtsein und machte sie darauf aufmerksam, daß es angesichts der Tragik durchaus angemessen ist, die dunkle Seite Gottes auch wirklich anzuerkennen und gleich Hiob (Hiob 3,1–26) die Klage zu wagen.

Schlümpfe oder die spielerische Lebensfreude

Wer kennt sie nicht, die kleinen, quirligen Wesen, die zuhauf die Kinderzimmer und Sandspielplätze bevölkern: die blaugesichtigen Schlümpfe! Sie erinnern an Zwerge, sind aber in vielerlei Hinsicht zeitgemäßer, spielen Tennis und fahren Auto. Sie bilden eine bunte Schar optimistischer, lebenslustiger Wesen, voller Tatendrang und Unternehmungsfreude. Kinder können nicht genug von ihnen besitzen und legen sich in Windeseile ganze Sammlungen an.

Mit der Geburt des Schlumpfes war gleichzeitig der moderne Zwerg auf den Plan gerufen, der wie die Comics, durchaus auch den erwachsenen Menschen zu begeistern vermag.

So erinnere ich mich an eine Analysandin, Maria, die einst voller Glück in die Stunde kam und mir ihre Faust entgegenstreckte mit den Worten: «Raten Sie mal, was ich hier habe!» Ich wußte nicht, was sagen, und bevor ich noch zur Lösung des Rätsels ansetzen konnte, öffnete sie die Hand und blickte mich strahlend an. Sie hielt mir einen Schlumpf entgegen, eines jener seltenen Exemplare von weiblichen Schlümpfen. Sie hätte, so sagte sie mir, das kleine Schlumpfmädchen auf dem Weg in meine Praxis gefunden. Der Winzling beglückte sie deshalb so sehr, weil sie in ihm ein Pfand für all die fröhlichen Kindseiten in sich sah, die sich eben in den letzten Monaten ihrer Analyse zu regen begonnen hatten. Der frühe Tod ihres Vaters bedeutete seinerzeit einen schmerzlichen Einbruch von weitreichenden Folgen für ihre Kinderwelt und hatte es mit sich gebracht, daß ihre verspielten Seiten mehr und mehr in den Hintergrund gerieten.

Maria entwickelte sich zu einer äußerst pflichtbewußten und zuverlässigen Person. Mit tätigem Einsatz meisterte sie ihr Leben und hatte es in jeder Hinsicht sehr weit gebracht. Erst spät im Leben wurde der Tod des Vaters erneut zu einem inneren Ereignis und führte sie in eine lange Phase der Trauer. In dieser dunklen Zeit wurde sie sich ihrer Sehnsucht nach dem Vater bewußt, was ihr erlaubte, in ihrem Seelenleben wieder dort anzuschließen, wo sie ihn verloren hatte. Erinnerungen an frohe Spiele mit dem Vater tauchten aus dem grauen Nebel der Vergangenheit auf und bewirkten eine Wiederbelebung der kindlich-fröhlichen Seiten in ihr, die bislang nicht am Leben teilnehmen konnten. Der im Schmutz des Straßengrabens gefundene Schlumpf galt ihr als Versprechen, die Lebensqualitäten der Freude auch wirklich wieder leben zu dürfen, außerdem animierte er sie zu vielen Phantasien, die ja immer Vorläufer unseres bewußten Empfindens und Handelns sind.

Schlümpfe regen indessen nicht allein unsere Tagesphantasien an, sie kommen auch in den Träumen vor: Ein dreiundfünfzigjähriger Mann, Clemens, träumte von Schlümpfen:

Aus der linken Achselhöhle wachsen mir schlumpfartige Wesen hervor. Sie lassen sich abpflücken, wachsen jedoch immer wieder nach. Die Figuren sind aus blauem, weichem Plastikmaterial. Beim Ablösen mit den Fingern bekommen sie lange, schlauchartige Fußenden. Ich fülle die Figuren in einen großen Plastikbecher mit Deckel. Er ist schon ganz voll. Den Deckel drücke ich fest auf das Gefäß. Mit der Zeit wachsen die Schlümpfe weniger rasch. Ich schließe daraus, daß die Auswüchse irgendwann wieder aufhören werden. Auch vermute ich, daß die in der Achselhöhle zurückbleibenden Reste schuld sind am Nachwachsen anderer Figuren. Ein Mann mittleren Alters, gekleidet wie ein Gentleman (heller Regenmantel), wirft die Schlümpfe, locker in Zeitung eingepackt, in einen See oder ins Meer. Auf der Wasseroberfläche öffnet sich das Papier, so daß die Figuren sichtbar werden, bevor sie untergehen.

Beim Lesen dieses Traumes wird bereits zwischen den Zeilen ein gewisses Mißbehagen deutlich. Woher kommt es? Aus dem Traum. Aber wurde es da schon vom Traumich gespürt, oder empfand es Clemens erst im Wachen, bei der Niederschrift des Traumes? Diese Frage ist schwierig zu beantworten, hingegen enthält der Traum Hinweise auf die Abwehr gegen diese Schlumpfproduktion. Der feingekleidete Gentleman wirft die Schlümpfe ins Wasser, der Träumer selbst packt die kleinen Wesen, kaum sind sie erschienen, in einen Plastikbehälter und schließt ihn mit einem Deckel zu. Daraus läßt sich in der Tat eine gewisse Resistenz gegen das muntere, kleine Völklein ableiten. Die Abneigung wurde in der Folge vollends deutlich durch die Art und Weise, wie Clemens den Traum erzählte. Nur widerwillig trat er auf den Traum ein und meinte, er hätte den flüchtigen Gedanken gehabt, ihn gar nicht erst zu erzählen.
Für Clemens bedeuteten Schlümpfe infantile Seiten, die er nicht gerne an sich sah und schon gar nicht in dieser Menge. Darauf aufmerksam gemacht, daß das Infantile nicht unbedingt etwas sei, das man bekämpfen müsse, ja, daß sich in ihm manches Goldkorn verberge und auch unsere schöpferischen Kräfte mit dem Kindhaft-Spielerischen in uns verbunden seien, begann Clemens den Schlümpfen auch etwas Positives abzugewinnen.
Die Achselhöhle spielt vor allem wegen ihres penetranten Geruchs im Aberglauben eine große Rolle, ist auch ein beliebter Sitz von Dämonen und steht letztendlich mit dem Teufel in Verbindung. So glaubte man in Österreich, daß die Person, die das siebte Ei einer schwarzen Henne sieben Tage unter dem linken Arm trägt, ein kleines Teufelchen ausbrüte, das dann dem betreffenden Menschen «alle Wünsche erfülle, natürlich gegen Überlassung seiner Seele» (Bächtold-Stäubli, Bd. I, Sp. 153).
Tatsächlich war Clemens in seiner Kindheit das Spielerische, Verschmitzte, Lausbubenartige durch elterliche, strenge Erwartungen vergällt worden. Dazu kam, daß er als Ältester von vier Geschwistern bereits als Kind die Bürde trug, Vorbild sein zu müssen. Schließlich schlug er beruflich den Weg eines Pfarrers

ein, auch das eine Ausrichtung, die ihm das Leben mehr von seiner ernsten Seite nahebringen sollte.
Von einem christlichen Standpunkt aus gesehen, ist das Spiel oft des Teufels verdächtig, was häufig zur Unterdrückung entsprechender Charakterseiten führt. Kein Wunder also, daß die Welt des Kindes und des Spiels im Traum alle Züge des Unangenehmen und Unpassenden trug und sowohl vom Träumer als auch von der anderen männlichen Gestalt auf die Seite geschoben wurde. Ist Clemens' Haltung im Traum eher vernünftige Vorsicht – er deponiert die Schlümpfe in einem Plastikbecher –, so ist die Handlung des anderen eher als Verdrängungsabsicht zu bewerten. Er wirft die Schlümpfe ins Wasser und will sie damit wieder ungeschehen und unbewußt machen. Zum Zeichen, daß sich die Schlümpfe nicht so ohne weiteres wieder aus der Welt und damit aus dem Bewußtsein schaffen lassen, öffnet sich das Zeitungspapier, und die Winzlinge werden noch einmal deutlich sichtbar, bevor sie in der Versenkung verschwinden.
Die Schlümpfe, die aus dem verborgenen Ort der Achselhöhle herauswachsen, erscheinen in Clemens' Traum als neue Lebensmöglichkeiten und weisen auf Qualitäten hin, die bislang in seinem Leben zu kurz kamen. Noch ist dieses neue Leben mit Angst und Abwehr verbunden und noch erscheint es als etwas Schattenhaftes, das in seiner Ungewöhnlichkeit nach kritischer Vosicht ruft. Alles Neue flößt zunächst Angst ein und stößt auf Ablehnung. Dem Fremden gegenüber ist man abwartend eingestellt und verdrängt es gerne.
Der Schlumpftraum von Clemens stand jedoch in einem inneren Zusammenhang mit anderen Träumen, wovon zwei, der eine ebenfalls ein Traum mit Kindmotiv, noch erwähnt sein sollen. Etwa ein Jahr vor dem Schlumpftraum träumte Clemens von einem jungen Seehund, der munter aus der Wasseroberfläche heraussprang und wieder in sie eintauchte. Auch in diesem Traum war das spielerische Element bereits angezeigt gewesen, ist doch dem Seehund – man erinnere sich an Zirkusvorführungen – ein außerordentlich verspieltes Wesen eigen. Der andere

Traum, etwa zur gleichen Zeit wie der Seehundtraum, verwies auf die Gegenseite und machte auf die an Vergnügen karge Kindheit von Clemens aufmerksam:

Ich fahre im Auto an einer Szene vorbei. Da ist ein kleiner Junge, etwa acht Jahre alt mit einem Schultornister. Wegen eines Sturmes stürzen Fahnenstangen herab und erschlagen beinahe den Jungen. Da ist noch eine Frau mit einer langen Nase, gleich einer Hundeschnauze. Ich fahre dann weiter.

Clemens' Interesse an seiner Kindheit war damals recht lau; er ließ sich nicht gerne daran erinnern, und die Erinnerungen ihrerseits stellten sich nur zögernd ein, als ob sie es vorzögen, weiterhin in der grauen Zeitmasse, die seine Vergangenheit ausmachte, zu verharren. Dieser Traum jedoch sollte den Zugang zu einer Reihe von Kindheitsbegebenheiten eröffnen. Im Jungen des Traumes erkannte sich Clemens wieder, der im Schatten von hochgehaltenen Werten und unter dem Druck, Leistungen erbringen zu müssen, seine Kindheit verlebte. Damals hielt man die Fahne hoch für Werte wie Wahrheit, Ehrbarkeit, Sorgfalt, Mut und Traditionsbewußtsein. Diese Werte gaben seiner Kindheit ein düsteres Gepräge. Im Traum fehlen die Fahnen, das hieß für Clemens, daß er diesen Werten in ihrer strengen Eindeutigkeit zwar im Laufe seines Lebens entwachsen war, die Stangen allerdings blieben bestehen und damit weiterhin der innere Druck, stets nach Höherem streben zu müssen. Die Frau mit der langen Nase erinnerte ihn an seine Mutter, welche die als unangenehm empfundene Eigenschaft hatte, die Geheimnisse der Kinder ergründen zu wollen, und etwas «Schnüfflerisches» an sich hatte. Davor konnte er sich als Kind nicht schützen und erlebte sich mit seinen inneren Regungen und Gedanken schutzlos der elterlichen Übermacht preisgegeben.
Auf dem Hintergrund dieses Traumes wurde es nun ganz offensichtlich, wie wichtig für Clemens die Schlumpfwelt war. Hieß das nun spielen? Meinte der Traum, daß er bewußt sich spieleri-

schen Aktivitäten überlassen sollte? So konkretistisch sollen Träume nicht ausgelegt werden; gerade dort, wo es um die Integration spielerischer Möglichkeiten geht, ist ein auffordernder Hinweis auf die Nutzbarmachung des Traumes nicht angezeigt. Wie kann man spielen «müssen»!? Viel eher handelte es sich dabei um eine heiter-lockere Gestimmtheit, welche die Voraussetzung zum spielerischen Verhalten bildet. Man muß also nicht hingehen und Karten spielen und Dominosteine legen. Spielhaltung hat mit Gegenwärtigsein, Offenheit und Flexibilität zu tun und bindet sich in ein gewisses aufgeräumtes Befinden ein. Die Fähigkeit, uns in dieses einzuschwingen, macht uns häufig für das Spielerische offener, dies auch in anderen Bereichen, zum Beispiel bei der täglichen Routine am Arbeitsplatz. Zeigen wir da keine Abneigung und hören wir auf das Kind in uns innen, können uns manchmal schöpferische Gedanken und Lösungen einfallen. Darum ging es auch bei Clemens, und mehr und mehr sollten ihm die neuen Haltungen rechtgeben, die sich vor allem in Hinsicht auf eine zu leistende, organisatorische Aufgabe als äußerst fruchtbar erweisen sollten.

Das abgelehnte Kind

In unseren Träumen werden Kinder oft abgelehnt, was häufig durch Ohrfeigen, Verhaltensmaßregeln oder Vergessen zum Ausdruck gebracht wird. Angesichts solcher Träume ist es gut, sich zu fragen, was wir in uns nicht bejahen können. Nicht selten ist es so, daß wir an uns die Ablehnung wiederholen, die wir durch die Bezugspersonen in der Kindheit erfahren haben. Auf diesen Zusammenhang wurde ich unter anderem durch zwei kurze Träume einer Analysandin, die ich hier Maya nennen will, aufmerksam gemacht. Sie träumte:

Ein Kind von etwa sechs Jahren sitzt zusammen mit mir und anderen Familienangehörigen an einem Tisch. Das Kind sieht strahlend aus, und um seinen Kopf ist viel Licht. Da sagt jemand in einem harten Ton: «Putz dir die Nase!» Im gleichen Ton wiederhole ich die Aufforderung. Darauf bemerke ich, wie sich tiefe Verzweiflung auf dem Gesicht des Kindes abzuzeichnen beginnt.

Ein Kind von ungefähr gleichem Alter wie im obigen Traum erbricht sich in eine Tüte. Darauf nimmt es die Tüte, geht strahlend davon und zeigt sie dem Kindermädchen, das ebenfalls lacht.

Im Umfeld dieser Träume erinnerte sich Maya an ihre Kindheit. Zu Hause herrschte die Atmosphäre wohlanständiger Bürgerlichkeit des gehobenen Mittelstandes. Verhaltensformen wurden außerordentlich hochgehalten, und es kam sehr darauf an, in welcher Weise man nach außen in Erscheinung trat. Die wichtige Stellung von Mayas Vater und ihren Onkeln als Direktoren einer großen Maschinenfabrik des Ruhrgebiets brachte es mit sich,

daß alle Familienmitglieder in der kleinen Ortschaft, wo zudem die meisten Männer in der familieneigenen Fabrik arbeiteten, besonders auffielen und speziell beachtet wurden. Es wurde Mayas Familie Achtung, aber auch Neid entgegengebracht. Um so verständlicher war es deshalb, daß man in ihrem Zuhause auf gute Umgangsformen besonderen Wert legte.
Der Traum, in welchem dem Kind gesagt wurde, es solle sich die Nase putzen, entsprach einer Kindheitserinnerung, die sich nahtlos mit vielen anderen, ähnlichen zusammenfügte. Kindheit war für Maya trotz aller Wohlbehütetheit und geordneter Verhältnisse immer auch das gewesen: Paß auf! Putz die Nase! Halte dich gerade! Lache nicht am falschen Ort! Auch wurde sie dazu angehalten, stets ein freundliches Gesicht zu zeigen und zu lächeln, selbst dann noch, wenn ihr der Sinn nicht danach stand.
Das Kind im zweiten Traum erbricht und – lacht. Davon, daß ihm speiübel ist und sich nach dem Erbrechen auch noch elend fühlt, wird im Traum nichts gesagt. Auch diese Traumszene siedelte sich in der Kindheit Mayas an und wies auf ein Schlüsselereignis hin, dem sich noch andere Gedächtnisfetzen anschlossen.
Im ersten Traum wiederholt Maya die Verhaltensmaßregelung, und im zweiten Traum lacht auch das Kindermädchen über das Erbrechen des Kindes. Auch in der erwachsenen Maya gab es Seiten, die nicht einfühlend Bezug nahmen auf ihr inneres Erleben, auf ihre Gefühle und Befindlichkeiten. Selbst noch im Erwachsenenalter setzte Maya an sich selber, das heißt ihrem inneren Kind gegenüber, die Leitsätze ihrer Fassadenerziehung fort und war eine Meisterin im Nicht-gelten-Lassen und Nicht-bejahen-Können ihrer Gefühle und Empfindungen.
Es ist vornehmlich das Kind in uns – sofern es nicht schon vollends zum Schweigen gebracht wurde –, das unsere Gefühle und Stimmungen ganz und unverfälscht ausdrückt. Das kleine Kind in Mayas erstem Traum, zunächst das strahlende Leben selber, wechselt in die Verzweiflung über, nachdem es den harschen

Befehl bekommen hatte. Es zeigt also seine Stimmungslagen vollständig und unverstellt. Doch schon im zweiten Traum wird es als ein Kind gezeigt, das seine wahren Empfindungen unterdrückt und manische Abwehr durch sein Lachen bekundet. (Unter manischer Abwehr wird ein Verhalten verstanden, das durch gespielte Fröhlichkeit das tatsächliche Erleben verleugnet.)
Es war nun in Mayas Analyse außerordentlich bemerkenswert, daß ihr Unbewußtes eine große Anzahl von Träumen mit dem Kindmotiv produzierte. In ihnen wurde in beeindruckender Weise eine äußerst positive Mutter-Kind-Beziehung in den mannigfaltigsten Variationen inszeniert. Entweder war Maya selber die Mutter, die ihr Kind innig liebt, oder es gab andere Frauengestalten, die sich der Kinder fürsorglich und verständnisvoll annahmen. Die in diesen Träumen gezeigten Kinder waren nun nicht die eingeengten Kinder, die Mayas Kinderzeit illustrierten, sondern zeigten sich als fröhliche, unternehmungslustige, außerordentlich selbständige und neugierige Kinder. Es schien uns, als wollten die Träume mit einem ganz besonderen Nachdruck Maya ein anderes Mutter-Kind-Erleben nahebringen. Es geschieht häufig, daß wir in Träumen Gefühle erleben, die wir bisher nicht gekannt haben. Es ist dabei, als wolle die Seele durch solche Traumszenen neue Stimmungen und Erfahrungen mit uns erproben. Die rege Folge von beglückenden Kindträumen waren ein Beweis für die Regenerationsfähigkeit der Psyche. In der Tiefe unserer Seele sind wir mit den kollektiven Verhaltensweisen und den entsprechenden ewig menschlichen Bildern verbunden. Diese Schicht unseres Unbewußten ist gewissermaßen ein Speicher an gesunden Lebensvorlagen. Die Analytische Psychologie C. G. Jungs nennt diese Ebene das kollektive Unbewußte (Jacobi, S. 57ff.). Dank der Verbundenheit jedes einzelnen mit ihm kann es zuweilen – wie in Mayas Fall – geschehen, daß nicht gehabte, aber lebensnotwendige Erfahrungen im Traum nachgeholt werden. Das geträumte, neue Erleben wiederum kann uns dann in der Folge empfänglich

dafür machen, die bislang nicht gekannten Erfahrungen auch im Wachen zu leben zu versuchen.
Aus der Fülle von Mayas Kindträumen möchte ich einen anführen:

Ich mache einen Spaziergang auf dem Lande. Ein Kind folgt mir, es trägt eine Kamera. Die Gegenwart des Kindes beschäftigt mich. Ich blicke nach hinten und sehe dann das Kind hoch oben auf einer Plattform stehen. Ich will zu dem Kind gehen und beginne, den Hügel zu erklimmen. Bald treffe ich auf das Kind, es kommt auf mich zu, und ich sehe, daß es etwa vier bis fünf Jahre alt ist. Es zeigt mir seine Kamera. Ich frage es, ob es mit mir kommen wolle, was es bejaht. Im Gehen bemerke ich, daß einer seiner Schuhe mit Hundekot beschmiert ist. Ich sage dem Kind, es solle den Schuh säubern. Das Kind mißt indessen dem Dreck keine besondere Bedeutung zu und wischt seinen Schuh einfach am Gras sauber.
Dann sitze ich in einem bequemen Stuhl. Neben mir steht ein Tisch mit einer Schale darauf. Ich beginne, aus der Schale zu essen. Nun erscheint das Kind wieder. Es rückt einen hohen Stuhl zu meiner Seite hin und klettert auf ihn hinauf. Ich spreche mit dem Kind, dabei beginnt das Kind ganz zart mein Gesicht zu berühren und Creme auf meine zersprungenen Lippen zu streichen. Daraufhin setzt es sich auf meinen Schoß, legt seinen Kopf an meine Brust und wir umarmen uns. Ich empfinde eine innige Liebe zu diesem Kind.

In diesem Traum zeigt es sich, wie sich das Kind die Liebe Mayas erobert. Das Kind bekommt von Maya Zuneigung und Wärme, und sie umarmt es schließlich. Dazu sagte sie, sie könne sich nicht erinnern, daß ihre Mutter sie je umarmt habe, noch daß sie auf ihrem Schoß habe sitzen dürfen. Bemerkenswert ist außerdem, daß das Kind Hundekot am Schuh hat. Darüber wird nun kein Aufhebens gemacht, und die Sache erledigt sich in größter Natürlichkeit.
Besondere Aufmerksamkeit erfährt der Photoapparat des Kin-

des. Bekanntlich haben Kinder eine große Vorliebe für Apparate und Apparätchen, und die Szene könnte einfach dadurch erklärt werden, daß das Bübchen sich mit etwas beschäftigen darf, was ihm Freude macht. Maya und ich meinten jedoch, die Kamera habe noch weitere Bedeutungen. Beim Photographieren erzielt man eine gewisse Objektivität, und wir nehmen die Dinge so auf, wie sie eben sind. Dieser Gedanke war für Maya, die sich sehr oft kritisch beobachtete und moralisch beurteilte, außerordentlich wichtig. Vom Kind im Traum bekam sie gewissermaßen die Erlaubnis zu vermehrt vorurteilsloser Betrachtung dessen, was in der eigenen Seele, aber auch im Außen passierte. Mit den Augen eines Kindes soll sie versuchen, die Welt zu sehen, und weniger durch die Brille ihrer verinnerlichten Bezugspersonen aus den Kindertagen.

Im Anschluß an diesen und viele andere Kindträume ging in Maya eine tiefgreifende Wandlung vor und führte sie dazu, ihre Gefühle, Gedanken und Wahrnehmungen argloser und ohne Vorurteil zu betrachten. In diesem Sinne war das Kind in ihr innen nähergekommen und sie mußte es in seiner Spontaneität weniger ablehnen. Am Ende dieser Phase hatte Maya einen kleinen, aber höchst bezeichnenden Traum:

Ich bin am Ort meiner Kindheit auf der Straße. Ich bin erwachsen. Im Haus, in dem ich aufgewachsen bin, steht ein Kind am Fenster, daneben eine Frau. Die Frau scheint zu dem etwa fünfjährigen Kind zu sagen, es solle zu mir gehen. Ich kommuniziere mit dem Kind durch das geschlossene Fenster und bedeute ihm, daß es zu mir oder ich zu ihm gehen soll. Das Kind gleicht mir.

Maya verstand das Kind hinter der Glasscheibe als das emotional verlassene Kind (Asper 1987, S. 35ff. u. 140ff.), das sie in ihrer Kindheit war. Sie hatte nämlich insofern eine emotionale Verlassenheit erlebt, als ihre Mutter (selber eingebettet in ein Fassadendasein) die Gefühle des Kindes nicht ernstnahm und sie nicht mit ihm teilte. Dadurch war Maya von ihren wahren Gefühlen entfremdet worden und mußte sich zu sehr auf Intellekt und Vernunft verlassen, was ihrer Persönlichkeit später trotz eines reichen Gefühlspotentials eine gewisse Unausgewogenheit verlieh. Das Kind hinter Glas, dem sie im Traum außerdem noch glich, war das einstige Kind, das die Welt durch Glas sehen mußte. Durch Glas sieht man zwar, doch kann man nicht fühlen, nicht riechen, nicht hören und nicht tasten. Im Traum nun nimmt sie als erwachsene Maya Bezug zum Kind auf und bedeutet ihm, zusammenkommen zu wollen. In der Tat hatte es Maya geschafft, die Verbindung zu ihren Gefühlen wieder aufzunehmen, und war dadurch in einen lebendigen Dialog mit dem Kind in ihr und ihrer Vergangenheit getreten.

Die Erziehung zur Anpassung, so notwendig und wertvoll sie ist, bringt es häufig mit sich, daß sich die Persönlichkeit gewissermaßen in zwei Systeme aufspaltet. Das ist besonders dann der Fall, wenn die Erwartungen der Umwelt an das Kind in zu rigider Form an es herangetragen werden. Auf der einen Seite entsteht ein System der Anpassung, mit welchem das Kind und der spätere Erwachsene zuerst der Familienideologie und dann anderen Wertvorstellungen huldigt, um angenommen zu sein. Im anderen System werden jene Gefühle gehortet und ausgebrütet, die nicht passend waren beziehungsweise sind. Das betrifft vor allem Emotionen wie Neid, Wut, Angst, Ohnmacht, Trauer und Haß. Das sind sogenannte negative Gefühle, gewiß. Doch ist es nicht günstig, wenn wir sie tabuisieren und in eine Kammer sperren, die wie im Märchen nicht geöffnet werden darf. Genau so wie im Märchen, wo ein solches Verbot immer überschritten wird und es sich für den weiteren Weg der Helden und Heldinnen glückhaft erweist, daß die Türen geöffnet wurden, so ist es auch für uns in einem heilsamen Sinne wesentlich, wieder zu den Gefühlen des zweiten Systems vorzudringen und sie in den seelischen Haushalt einzubeziehen. Tun wir das, so erlösen wir damit das einstige abgelehnte Kind und integrieren Seiten, die wir oft noch als Erwachsene unbewußt geneigt sind abzulehnen.

Zum Abschluß sei ein Traum eines Mannes angeführt, der das Entstehen einer solchen Trennung in zwei Systeme illustriert:

Ich träume von zwei Kindern, es sind Zwillinge. Das eine Kind ist blond, das andere hat schwarze Haare. Die Mutter kommt wütend ins Zimmer. Das schwarzhaarige Kind wird zornig und nimmt ein Messer. Das blonde Kind lächelt die Mutter an und wird von ihr mitgenommen.

Das blonde Kind paßt sich an und wird deshalb angenommen. Das andere Kind, aggressiv und zornig wie es ist, bleibt allein zurück. Geschieht dies wieder und wieder, gerät ein Gutteil der Affektivität in den Hintergrund, und es erweist sich, daß man nurmehr für die Anpassung und die Fassade lebt, statt sich auch an den wahren Gefühlen zu orientieren.

Kinder setzen sich durch

Wenn ich an all die Träume denke, die ich während meiner Praxistätigkeit sah und unabhängig davon zusätzlich gesammelt habe, so sind zwei Aspekte auffallend: Zum einen zeigen sich in großer Variation jene Träume, in denen Kinder schlecht behandelt werden – sie werden lebendig begraben, in Schachteln gepackt, abgetrieben und vieles andere mehr. Diese Träume weisen in der Regel darauf hin, daß man einem wichtigen Teil seiner selbst nicht die nötige Aufmerksamkeit zollt, die eigene Entwicklung nicht ernst genug nimmt und außerstande ist, das junge Leben in sich innen aufzunehmen. Die zweite Auffälligkeit offenbart sich darin, daß es in großer Zahl Träume gibt, in denen das Kind die schwierigsten Situationen überlebt, von Gefahr bedroht nicht untergeht, an den unglaublichsten Orten trotzdem noch sein Leben fristen kann und letzten Endes sich gar von einem bereits toten in ein lebendes Kind verwandeln kann (Asper 1988, S. 79ff.). Träume von solcher Art sprechen von der Unzerstörtheit des Kindes, vielmehr von der Lebenskraft, die sich gleichwohl immer wieder durchsetzt. Unter diesem Aspekt gesehen, ist das Kindsymbol immer auch ein Symbol des Lebens schlechthin.

Die Bedrohung und deren Überwachung ist ein wichtiger Zug der Heldenmythen aller Zeiten. Der Held zeichnet sich vor allem dadurch aus, daß er die auch noch so schwierigen Situationen, häufig unter Mitwirkung hilfreicher Kräfte, zu meistern vermag. Erinnern wir uns an Siegfried, Odysseus, an David und den heiligen Ritter Georg. Es gibt sogar Helden, die gleich nach ihrer Geburt, im Kleinkindalter, Ungeheuer überwinden. Ich denke unter anderem an Herakles, gegen den die Göttin Hera, die seine Mutter Alkmene als Nebenbuhlerin ansah, unmittelbar nach der Geburt zwei Schlangen aussandte. Doch der Säugling erwürgte sie auf der Stelle – ein weiterer Beweis für die Unzerstörbarkeit des Kindes (Pauly, Bd. II, Sp. 1049 ff.)!

Auch für unsere Kinder sind die Helden nicht ausgestorben. Das alte Muster erscheint lediglich in anderer Gestalt, so in Old Shatterhand von Karl May, Globi, Micky Maus und den Helden der Asterix-Comics.

Im Märchen kommen ebenfalls bedrohte Kinder vor, beispielsweise im Grimmschen Märchen «Der Teufel mit den drei goldenen Haaren» (KHM 29). Das Neugeborene wird nach seiner Geburt unverzüglich ausgesetzt, weil ihm prophezeit wurde, es werde dereinst die Tochter des Königs heiraten. Der König, der sich vor einer Absetzung fürchtet (vgl. Herodes) und seine Tochter auch nicht einem armen Schlucker zur Frau geben will, kauft sich das Kind, legt es in eine Schachtel und übergibt sie dem Fluß. Auch dieses Kind ist unzerstörbar, überlebt und heiratet schließlich – wie könnte es im Märchen anders sein! – die Tochter des Königs.

Gehen wir dazu über, dieses Thema in den Träumen zu verfolgen! Es kann schon in ganz kleinen Traumsplittern auftauchen. So träumte ein Mann während einer schwierigen Zeit, als sein unternehmerisches Projekt von allerlei Widerwärtigkeiten bedroht war:

Auf einem Hügel ist ein kleines Kind. Ein Rudel wilder Hunde kommt, rast auf das Kind zu; die Hunde vereinzeln sich und springen das Kind an. Das Kind stellt sich wie ein Hund oder eine Katze auf die Hinterbeine und faucht. Die Hunde lassen von ihm ab.

In dem folgenden Traum von Helen hingegen ist die Symbolik ausgefaltet, bunt und reich. Auch sie träumte von einem Kind und seiner wunderbaren Rettung:

Mit einigen Kameradinnen befinde ich mich auf einer Radtour. Wir kommen plötzlich in eine dicht bewachsene Region in der Nähe eines Flusses. Wir lassen die Räder stehen und gehen zu Fuß weiter. Plötzlich sehen wir zwei Ungeheuer, nämlich Krokodile: Eines hat einen langen Schnabel und einen Vogelkopf, das andere ist ein verknorpeltes, kotbraunes Krokodil. Seine Farbe ist himmelblau-grau. Wir haben die Monstren aufgeschreckt, und sie setzen dazu an, auf uns loszugehen. Ich schreie um Hilfe und bedeute meinen Kameradinnen, so schnell wie möglich wegzulaufen und sich in Sicherheit zu bringen.
Auf der Flucht kommen wir an ein hohes Tor in der Art eines Scheunentors. Es trennt den gefährlichen Dschungel gegen die sichere Welt ab. Es gelingt uns, durch das Tor zu gelangen. Ich drehe mich noch einmal um, um zu schauen, ob alle hier sind. Ja, alles ist richtig, neben mir sind drei Frauen. Eine von ihnen ist ganz schwarz gekleidet. Sie geht wie ein Schatten davon. Dann plötzlich fällt mir ein: Eine von uns hatte doch ein Kind bei sich, das Kind muß zurückgeblieben sein! Ich eile zurück, öffne vorsichtig das Tor, weil ich mich immer noch vor den Krokodilen fürchte. Im Moment, wo ich das Tor einen Spalt weit öffne, strekken sich mir zwei Ärmchen entgegen. Ich nehme das Kind auf meinen Arm und schließe das Tor energisch. Das Kindchen sagt, daß es im Kinderwagen gelegen sei, die Arme ganz ruhig auf die Bettdecke gelegt. Keines der beiden Krokodile habe ihm etwas getan. Der Kinderwagen ist nun auch hier, und ich habe Mühe, gleichzeitig das Kind zu halten und den Wagen zu schieben. Wir bewegen uns weiter. Nun ändert sich die Landschaft. Wir sehen die Krokodile nicht mehr, doch überall liegen tote Tiere herum; es sind affenähnliche Leichen mit abgehackten Händen. Einige liegen in einer Reihe. Dazwischen befindet sich auch ein menschlicher Körper. Es ist ein Mann, ein Weißer, total abgemagert, nur Haut und Knochen. Auch er ist tot. Wir sind vom Tod umgeben, doch wir leben, und das Kind ist auf meinem Arm, warm und glücklich.

Das Traumgeschehen spielt sich in einer tropischen Gegend ab. Helen hatte lange Jahre ihres Lebens als Gattin eines Missionars in Südamerika verbracht. Die Tropen waren ihr also vertraut. Als sie nach dem Tode ihres Mannes nach Europa zurückkehrte, unterzog sich Helen einer psychologischen Analyse, um sich besser kennenzulernen, Erleichterung von ihren Depressionen, die sie bisweilen hatte, zu finden und um sich über ihren weiteren Lebensweg klar zu werden. Die wilde Vegetation der Tropen und die Krokodile wurden nun auch zu einer inneren Realität. Als gläubige Christin und Ehefrau eines Missionars war sie ein wenig zu einseitig dem Bild des lieben, gütigen Gottes verhaftet gewesen und hatte folglich auch ein entsprechendes Menschenbild aufgebaut. Sie sah vor allem die positiven Seiten der Menschen und war sich zu wenig des Schattens, auch ihres eigenen, bewußt. Diese Schattenwelt kam ihr nun im Traum entgegen und bedrohte auch das Kind in ihr.

Das Krokodil ist sozusagen der Prototyp des Drachens, der psychologisch all die dem Ich entgegenstehenden, unbewußten Kräfte symbolisiert. Bezeichnenderweise weist das eine Krokodil Züge eines Vogels auf und rückt somit ganz deutlich in die Nähe der Klischeevorstellung des fliegenden Drachens mit Schuppenpanzer (Enzyklopädie des Märchens, Bd. 3, Sp. 790ff.).

Das Krokodil stand für vieles in Helens Seele und ihrem vergangenen Erleben. Ich möchte nur einen Aspekt herausgreifen: Helen hatte sich zeitlebens als nicht gewolltes Kind erlebt. Ein solches Selbstverständnis bedeutet, daß sich der einzelne in seinem Dasein ungeliebt und in seinen Strebungen nicht bejaht erlebt. Außerdem ermangelt er der sicheren Basis des Vertrauens. Bereits als Kind hatte Helen den oft wiederkehrenden Traum gehabt, in dem sie vor einer Hexe und deren Klauen fliehen mußte.

Die Hexe steht in einem engen Zusammenhang mit dem Drachen-Krokodil. Beide bedeuten sie die lebenverneinenden, zerstörerischen seelischen Kräfte, die Helens Selbstwertgefühl

unterminierten und sie nicht leben ließen, wie sie eben war. Mit solchen destruktiven Impulsen hatte sie ein Leben lang zu kämpfen gehabt. Zuzeiten waren sie so stark konstelliert gewesen, daß sie durch schwere Depressionen gehen mußte. Und doch: Helen war immer ein tapferer, zäher Mensch gewesen (was sich übrigens auch in ihrem Verhalten im Traum zeigt). Das Lebendige in ihr und die Lebenskraft hatten sich stets trotz allem durchgesetzt. Im Traum erscheinen diese Eigenschaften im unangreifbaren und unzerstörbaren Kind.
Der zweite Teil des Traumes zeigt am Boden liegende, tote Körper. Leider war Helen in ihrer Tropenzeit auch Zeugin von Massakern der Eingeborenen geworden. Der Tote im Traum ist jedoch ein Weißer, und die tödliche Atmosphäre, die über der ganzen Szene liegt, führte denn auch in die Vergangenheit: zunächst in die Phasen der Depressionen, in denen sie sich bar aller Lebenskraft erfahren hatte, dann aber auch in die Kindheit, in der sie die schrecklichen Bombardierungen im Deutschland des Zweiten Weltkrieges miterlebt hatte und wiederholt die Begegnung mit Leichen machen mußte. Noch einmal, dieses Mal in der Analyse, durchlebte sie die Fährnisse und Schrecken dieses Krieges und erinnerte sich an die einstigen Begebenheiten. Die Auseinandersetzung mit ihnen machte Helen vieles über ihr Wesen klar; vor allem verstand sie nun besser, warum sie bisweilen dem Drachen des innerlichen Vertrauensverlustes ausgeliefert war. Kriegsjahre, in der Kindheit durchlebt, sind geeignet, tiefe Narben zu hinterlassen und die Lebenssicherheit auf wackelige Füße zu stellen.
Im Traum wird das Kind wunderbar gerettet. An dieser Rettung ist die Unversehrbarkeit des Kindes beteiligt – das Kind als Symbol des Lebens setzt sich durch –, wirkt aber auf Helen, die sich im Traum (und auch in Wirklichkeit) mit Heldenmut um das zurückgelassene Kind kümmert.

Zum Abschluß möchte ich auf eine Drachengeschichte hinweisen, in der für einmal der Drache nicht getötet, sondern von

einem Kind gezähmt und in die menschliche Gemeinschaft zurückgeführt wird. Es handelt sich um die Erzählung «Der widerspenstige Drache» des englischen Autors Kenneth Graham (1859–1932; Zippes, S. 160–190). Hier wird das bekannte Drachentötermythologem in einer unerwarteten und humorvollen Weise dargestellt: Ein Drache läßt sich eines Tages in der Nähe eines kleinen Dorfes nieder. Alle Bewohner – mit Ausnahme eines Kindes – fürchten ihn und erzählen Schauermärchen über seine Untaten. Der Drache muß umgebracht werden! Man bestellt zur Drachentötung den in dieser Hinsicht erfolgreichen Sankt Georg und setzt den Kampf anläßlich eines Dorffestes in Szene. Doch: Der Drache ist unglaublich faul, träge, philosophisch und freundlich; er spürt keinen Ehrgeiz und will nicht kämpfen. Dem mit dem Drachen befreundeten Knaben gelingt es, den Heiligen von der Ungefährlichkeit des Drachens zu überzeugen, und es wird beschlossen, den Kampf nur zum Schein und zur Befriedigung der Sensationslust zu führen. Im Anschluß an diesen Kampf, in welchem beide eindrückliche Zeugnisse ihrer Kräfte ablegen, wird ein Dorffest gefeiert; der Drache ist Mittelpunkt und beschließt, sich fortan in der Nähe des Dorfes niederzulassen.
Schattenhaftes, Unangenehmes und Anstößiges verdrängen wir gerne; es wird unbewußt und greift uns trotz aller Ausblendung immer wieder an. Als Symbol für diese Bereiche kann man den Drachen einsetzen. In dieser Geschichte wird er nicht, wie es sonst üblich ist, getötet; man findet einen Umgang mit ihm. Das ist eine Sicht, die offenbar nicht erst von der Tiefenpsychologie gefunden worden ist, sondern auch in dieser humorvollen, in ihrem Gehalt aber tiefernsten Erzählung dargestellt wird, wobei es ein Kind ist, welches die zunächst unversöhnlichen Partner zusammenbringt. Das noch durch keine falsche Moral verdorbene kindliche Gemüt ist es letztlich, das unmöglich Scheinendes möglich macht.

Literatur

Asper, Kathrin: Verlassenheit und Selbstentfremdung. Neue Zugänge zum therapeutischen Verständnis. Olten und Freiburg im Breisgau: Walter 1987, 3. Aufl. 1989; München: Deutscher Taschenbuchverlag 1990

– Von der Kindheit zum Kind in uns. Lebenshilfe aus dem Unbewußten. Olten und Freiburg im Breisgau: Walter 1988, 2. Aufl. 1989

Bibel: Zürcher-Bibel. Zürich: Zwingli Verlag 1942

Brocher, Tobias: Wenn Kinder trauern. Zürich: Kreuz 1980

Enzyklopädie des Märchens, hrsg. von Kurt Ranke. Berlin und New York: Walter de Gruyter 1977 ff.

Handwörterbuch des deutschen Aberglaubens, 10 Bände, hrsg. von Hanns Bächtold-Stäubli. Berlin und Leipzig: Walter de Gruyter 1927 ff.

Jacobi, Jolande: Die Psychologie von C. G. Jung. Eine Einführung in das Gesamtwerk. Olten und Freiburg im Breisgau: Walter 1971

Jung, C. G.: Zur Psychologie des Kindarchetyps (1940/1951), in: GW 9I. Olten und Freiburg im Breisgau: Walter 1976, 7. Aufl. 1989, und in Grundwerk, Band 2, 1984

Kießig, M. (Hrsg.): Dichter erzählen ihre Träume. Selbstzeugnisse deutscher Dichter aus zwei Jahrhunderten. Stuttgart: Verlag Urachhaus 1976

Kinder- und Hausmärchen [=KHM], hrsg. von den Brüdern Grimm. Ausgabe nach der Fassung von 1857, 3 Bände, hrsg. von Heinz Rölleke. Stuttgart: Reclam 1980

Meyer, Conrad Ferdinand: Sämtliche Werke. München und Zürich: Droemersche Verlagsanstalt, Th. Knauf Nachf. (o. J.)

Riedel, Ingrid: Tabu im Märchen. Die Rache der eingesperrten Natur. Olten und Freiburg im Breisgau: Walter 1985, 2. Aufl. 1986

Staub's Kinderbüchlein. St. Gallen: Fehr'sche Buchhandlung (o. J.)

Westafrikanische Märchen, hrsg. und übers. von Ulla Schild. Düsseldorf und Köln: Diederichs 1975

Zippes, J. (Hrsg.): Aufstand der Elfen. Köln: Diederichs 1984

MUTTERTRÄUME

Von Renée Nell

Kann ich mütterlich zu mir selber sein?

Ich überdachte den Auftrag, über Mutterträume zu schreiben, und ließ meine Gedanken wandern. In fliehendem Rhythmus zogen die Namen der Göttinnen Ischtar und Hathor, Artemis und Gaia an mir vorbei. Die grauen Wolkenbilder formten sich zu einem Glassarg; darin lag Schneewittchen, und ihre böse Mutter fiel mir ein, die immer wieder den Spiegel fragte: «Spieglein, Spieglein an der Wand, wer ist die Schönste im ganzen Land?» Und als nun gar die Wolken sich dichter zusammenzogen und Schneeflocken langsam aus dem Himmel fielen, da verschmolzen Wolken, Schneeflocken und die Erinnerung an die Goldmarie in eins; Frau Holle, die gute Ersatzmutter, erschien, und ich dachte noch: «Jetzt schüttelt Marie das Federbett von Frau Holle auf», und dann schlief ich ein.

Als ich aufwachte, hatte ich es für einen Moment schwer, mich zurechtzufinden – der Traum war so lebendig gewesen, so viel realer als die Wirklichkeit des Zimmers, in dem ich mich befand. Dies war der Traum:

Ich bin auf dem Weg zu meinem Elternhaus und bin sehr freudig erregt. Besonders freue ich mich auf meine Mutter, die ich seit vielen Jahren nicht gesehen habe und zu der ich eine nahe, lebendige Beziehung habe. Ich komme an und gehe schnell durchs Haus und suche meine Mutter. Vor dem Haus ist ein großer Platz voll mit Menschen, die auch in und aus dem Haus gehen. Ich frage mich, wer all die Menschen sind. Ich sehe nun meine Mutter, rufe, aber in dem Lärm der Menschenmenge hört sie mich nicht. Sie geht ziemlich schnell irgendwohin. Erregt bahne ich mir durch die Menge einen Weg zu ihr. Fast verliere ich sie aus den Augen, aber

nun bin ich endlich bei ihr. Sie sieht mich nicht, ich sage: «Mutti – ich bin da – endlich – da–, ich habe mich ja so auf dich gefreut.» Ich breite meine Arme aus und will sie umarmen. Sie sieht mich mit einem fremden, kühlen Blick an, fast so, als sei ich eine Fremde. Ich verstehe das nicht, bin verwirrt, sage: «Ich konnte gar nicht erwarten, dich zu sehen, freust du dich nicht auch, laß uns irgendwohin gehen – ich hab' dir so viel zu erzählen.» Sie sieht mich kaum an und sagt, sehr gleichgültig: «Später – vielleicht später», wendet sich ab und verschwindet in der Menge.
Ich kann gar nicht fassen, was da vor sich geht. Es ist ungeheuerlich, und ich bin überwältigt, enttäuscht, verzweifelt über diese unerwartete unerklärliche Abweisung.»

Ich erwache, erschüttert von einem Gefühl überwältigenden Schmerzes und tiefster Trauer. Das Gefühl, das mich den Tränen nahebringt, begleitet mich noch durch viele Stunden.
Es ist für mich eine unumstößliche Wahrheit, daß jeder Traum eine Botschaft enthält, uns eine Mitteilung darüber gibt, was wir zu tun haben, um unsere seelische Balance – unsere psychologische und physiologische Homöostase – zu verbessern. Dies trifft besonders dann zu, wenn wir den Traum auf der subjektiven Ebene ansehen. Subjektive Ebene oder Subjektstufe bedeutet, daß Träume über die Mutter mir etwas über meine Mütterlichkeit zu mir selbst sagen. Bin ich gut zu mir selbst? Pflege ich mich oder vernachlässige ich mich? Tue ich zu viel für andere und zu wenig für mich? Auch das Umgekehrte ist möglich.
Genau so wie es in der Außenwelt gute und schlechte Mütter gibt, so begegnen wir auch Müttern, die verwöhnen und nah und gütig sind, die kühl, distanziert, ja vielleicht sogar feindlich ihren Kindern gegenüberstehen. Es gibt jede Art von Müttern, doch nur selten findet man eine so mörderische Mutter, wie Schneewittchen sie hatte, die viele tückische Versuche machte, um ihre schöne Tochter umzubringen. Und wie es in der Außenwelt alle Varianten des Mutterseins gibt, so lassen sich auch in unserer Innenwelt die verschiedensten Aspekte positiver und negativer

Mütterlichkeit nachweisen. Dieses Kapitel soll dazu beitragen zu zeigen, wie wir vom Traum her die Bedeutung dieser Bilder verstehen und für uns selbst nützen können.
Um zu wissen, was der Traum uns sagen will, muß man Schritt für Schritt seinen Inhalt enträtseln. Wir gehen davon aus, daß der erste Satz uns das Thema des Traumes vermittelt.
Natürlich sind die Assoziationen des Träumers von maßgeblicher Wichtigkeit, denn für den einen Menschen bedeutet «nach Hause kommen» zum Beispiel eine trübe Erinnerung, während es einem anderen Menschen etwas besonders Schönes sagt. Für mich bedeutet «nach Hause kommen» vielerlei. Als ich zehn Jahre alt war, zogen wir aus der Stadt in einen Vorort, in eine Villa mit großem Garten. Nachdem ich in meiner ganzen Jugend ein kränkliches Kind gewesen war, wurde ich hier im Grünen schnell gesund. Ich konnte radfahren und schwimmen und trieb von da an zunehmend viel Sport. Sport fiel mir leicht, und bald errang ich einige Preise – das freute meinen Vater nicht, denn hier und da ging die Sportaktivität auf Kosten meiner Latein- und Mathematikleistungen. Von der Zeit an wurde die Beziehung zu meinem strengen Vater schlechter und die zu meiner verstehenden und mir zugeneigten Mutter immer besser.
Die Beziehung zwischen mir und meiner Mutter war genau gegensätzlich zu der im Traum. Sie war ein offener und herzlicher Mensch und freute sich immer, mich zu sehen. Da wir einander ähnlich waren und viele Interessen teilten, hatten wir uns stets viel zu erzählen. Immer bedauerten wir es, nicht genug Zeit füreinander zu haben, da wir beide sehr unabhängig voneinander lebten und jeder von uns ein sehr ausgefülltes Leben hatte: viele künstlerische Interessen, Theater und Opernbesuche und Reisen, und dies zusätzlich neben unseren täglichen Pflichten. Für meinen Vater gab es fast nur Pflichten. Auch die vielen gesellschaftlichen Anlässe, die meiner Mutter und mir viel Spaß machten, waren für ihn nur «gesellschaftliche Verpflichtungen». Kurze Ferienreisen mit meiner Mutter gehören mit zu den hübschesten Erinnerungen meines Lebens.

Ich beschreibe dies so ausführlich, um verständlich zu machen, wie wenig es manchmal hilft, sich nur die objektive bzw. realistische Seite des Traumes anzusehen. Eine größere Diskrepanz als die zwischen meiner Traummutter und meiner realen Mutter ist schwer vorzustellen.

Dazu kommt, daß ich im Jahr 1950, als ich nach meiner Mutter in Deutschland fahndete, erfuhr, daß sie einige Jahre zuvor im KZ-Lager umgekommen war; unser Haus war teilweise zerbombt, der erhaltene Rest von Fremden bewohnt, das große Grundstück war parzelliert. Diese «Heimreise» war nicht, wie die im Traum, mit freudiger Erregung erfüllt, sondern ich trat sie an mit schweren angstvollen Vorahnungen im Herzen und kam mit düsteren Tatsachen nach den USA zurück. Den Traum hatte ich also etwa vierzig Jahre nach ihrem Tod.

Auf der objektiven Ebene schien daher die Antwort nicht zu liegen, also muß ich sie bei mir selber suchen. Meine Mütterlichkeit – ich leite ein von mir gegründetes Institut für begabte junge Menschen, die aus den verschiedensten Gründen (Drogen, Alkohol, Selbstmordgefahr oder Depressionen) im Leben versagen, aber nicht gestört genug sind, um in einem Hospital sein zu müssen. Für manche unserer zwanzig Angestellten und etwa achtzehn Patienten bin ich eine gute und verstehende Mutter, für manche eine strenge und gefürchtete Mutter. Manche Menschen sehen, daß ich viel gebe, andere sehen nur, daß ich viel verlange – nicht für mich, aber für die Organisation.

«Nicht für mich» – das fiel mir auf, als ich meine Assoziationen niederschrieb. Wie gut, fürsorglich, gebend bin ich zu mir selbst? Wann und mit wem habe ich so entspannende und lustige Zeiten, wie ich sie mit meiner Mutter hatte, was ist aus den kleinen Ferienreisen geworden, wann war ich das letzte Mal in einem Theater? Von einem vergnüglichen gesellschaftlichen Leben ist schon seit Jahrzehnten keine Rede mehr – es scheint, als sei ich unmerklich von der lebensfrohen Mutter abgerückt und in eine Identifikation mit dem stets pflichtbewußten Vater hineingeglitten. Er wußte auch nicht recht, wie man Ferien macht, und wenn er reiste, war es immer «irgendwie» mit seinem Geschäft verbunden. Und meine wenigen Ferienreisen? Sie sind unter anderem mit Workshops, meinen und denen anderer, mit Kongressen, Lehraufträgen verbunden. Von langjährigen Freunden höre ich immer den Satz, den man auch häufig vom Vater sagte: «Du mußt doch einmal ausspannen. Mach Dir doch ein paar Wochen schöne Ferien in den Bergen.» Aber wie folge ich dem «mütterlichen Rat», wie antwortet meine innere Mutter? Genau wie die Traummutter: «Später – vielleicht später.» Und ich begründe stets, warum ich mir jetzt keine Ferien gönnen kann. Als mir das bewußt wurde, war es, als erwachte ich zu einer Wahrheit, die ich für lange Zeit schon vermieden hatte zu sehen. Wahrnehmen – heißt das nicht: was wahr ist annehmen? So verwirrt und traurig ich aus dem Traum erwachte, so erfüllte mich auch die Einsicht, wie sehr ich meine spielerische, heitere und kreative Seite vernachlässigt hatte, mit tiefer Trauer, die sich erst dann milderte, als ich begann, an eine Veränderung meines Lebensstils zu denken.

Von einer kontrollierenden Mutter

Die Beziehung von Ellen, einer 35jährigen Frau, zu ihrer Mutter war völlig anders als meine Beziehung zu meiner Mutter. Ihr ganzes Leben war durch die Mutter negativ beeinflußt gewesen. Ellen wirkt trotz ihres Alters wie ein sehr verschüchtertes Mädchen von 17. In Gesellschaft sitzt sie sehr still da, faltet die Hände im Schoß und schaut auf die Erde. Sie macht es einem sehr leicht, sie zu übersehen. Dies nimmt sie dann als Beweis dafür, daß Menschen sie für langweilig oder gar dumm halten. Aber sie ist weder langweilig noch dumm. Von Beruf ist sie Gärtnerin, und wenn sie ihren Garten besorgt, ist sie entspannt und singt fröhlich bei der Arbeit. Sie spricht gern mit den Kindern, die auf dem Heimweg von der Schule an ihrem Garten vorbeigehen und sie offenbar mögen. Sie bleiben am Zaun stehen, um sich mit ihr zu unterhalten, und zumeist schenkt sie ihnen eine Blume, einen Apfel oder was der Garten gerade hergibt. Sobald aber Erwachsene in ihre Nähe kommen, verstummt sie und wirkt ängstlich. Freunde überredeten sie, doch einmal eine therapeutische Beratung aufzusuchen, um ihre übergroße Schüchternheit zu überwinden. Sie sträubte sich nicht gegen diesen Vorschlag – nicht weil sie glaubte, daß sie Hilfe erhalten könne, sondern weil sie stets wie ein folgsames Kind tat, was andere ihr rieten. Sie war fest überzeugt davon, daß alle anderen Menschen immer wußten, was zu tun sei. Natürlich hatte diese Einstellung sie immer unselbständiger werden lassen. Am meisten war sie von ihrer Mutter abhängig, die stets sagte, was zu tun sei, was für eine Arbeit zu verrichten sei, wie sie sich zu kleiden habe und besonders, daß sie sich vor Männern hüten solle.

Als Ellen zu ihrer ersten Besprechung kam, brachte sie einen

Traum mit, und obgleich sie sagte, daß sie sonst Träume nicht erinnere, hatte sie nun einen behalten: «...weil Sie gesagt haben, daß es gut wäre, wenn ich mir meine Träume merken würde.» Noch bevor ich sie kennenlernte, war es klar für mich, daß ich mit jedem Wort, daß ich sagen wollte, aufpassen müsse, da sie so leicht zu beeinflussen war und sie laut der Freundin, die sie zu mir schickte, von jeder «Respektperson» sich abhängig machte. Als sie kam, sah ich sogleich die Verhaltensweisen, die mir schon beschrieben worden waren: die gefalteten Hände, den zu Boden gesenkten Blick und ein schnelles Erröten bei der harmlosesten Frage. Sie war verwirrt von dem Traum, den sie mitbrachte, und ich spürte, daß es ihr sehr wichtig war, ihn mir zu erzählen. So ließ ich sie gern den Traum erzählen, besonders da ich wußte, daß er mir mehr über ihre innere Situation und ihre Probleme sagen würde, als sie mir in diesem Moment von ihrem bewußten Standpunkt her vermitteln konnte.

In der Gruft eines Gebäudes war meine Mutter aufgebahrt. Ich wußte, daß sie tot war. Dennoch bewegte sie eine Hand. Dies erschreckte mich sehr, und ich wandte mich weg und ging in die nächste Gruft; aber nun lag sie auch dort. Dieses Mal war sie in Zement einbalsamiert. Der Zement war noch naß. Mutters Mund war angespannt und wie ein dünner Schlitz, er öffnete sich und schloß sich, unaufhörlich: Der Mund hörte nicht auf, sich zu bewegen. Ich konnte diesen Anblick nicht aushalten und ging fort. Dann war ich an einer Art weitem offenem Platz, und da waren viele abgeschlagene Bäume. Ich möchte fliehen, aber mein Bruder ist dort, er hält eine Schlange direkt vor mein Gesicht. Gleichzeitig hält er mich sehr fest. Um nicht gebissen zu werden, habe ich nur eine Wahl: Ich stoße meine Faust in das Maul der Schlange.

Ellens Assoziationen zur Mutter waren traurig: eine Frau, die keine Liebe für sie empfand oder unfähig war, sie zu zeigen. Sie ließ Ellen schon von früh auf wenig Zeit zum Spielen; Ellen mußte überall helfen, arbeiten. Dabei war dies finanziell nicht erforderlich, es war genug Geld da, um eine Haushaltshilfe zu bezahlen, aber die Mutter glaubte, daß es das beste für das Kind sei, frühzeitig sich daran zu gewöhnen, daß man im Leben Pflichten zu erfüllen habe und nicht Zeit vertrödeln solle mit Spiel und «leerem Geschwätz». So hatte Ellen von früh an wenig Freunde, war fast immer nur in der Gesellschaft der Mutter und eines fast taubstummen Knechts, der die beschwerlicheren Arbeiten in Haus und Garten verrichtete. Er machte keinen Versuch, mit Ellen zu kommunizieren, aber sie hatte das Gefühl, daß er sie gern mochte und ihr gut gesonnen war.

Der Bruder war ein etwas älterer wilder und sehr sadistischer Junge, den Ellen ihr ganzes Leben lang fürchtete. Er quälte sie häufig, jagte ihr oft einen Schrecken ein und stand ihr nie bei, wenn die Mutter sie mit allzu schwerer Arbeit belastete. Wenn sie ihn nur von Ferne kommen sah, suchte sie das Weite. Von der Mutter wurde er nicht nur akzeptiert, sondern sogar noch bewundert. Sie erzählte, wie der Bruder sie häufig mit ihrer phobischen Schlangenangst quälte und ihr Schlangen direkt vors Gesicht hielt, wie sie es träumte. Aber nie im Leben hätte sie gewagt, einer Schlange ihre Faust in den Rachen zu stoßen. Einmal, als der Bruder und sein Freund sie festhielten und ihr die Schlange vors Gesicht hielten, so daß die Zunge der Schlange ihr Gesicht berührte, fing sie an zu zittern und schrie nach der Mutter. Als sie kam, sagte sie zwar den Jungen, Ellen loszulassen und die Schlange, die ja nicht giftig war, freizulassen, aber als Ellen dann schreiend mit hoch erhobenen Armen davonlief, lachte die Mutter.

Ellen wäre gern fortgelaufen, wußte aber nicht, wohin. Als die Mutter Ellen bitterlich weinend im Haus antraf, sagte sie: «Hör doch schon auf, es gibt doch gar keinen Grund, sich so anzustellen, das war doch nur Spaß – die Schlange war ja nur eine harmlose kleine Gartenschlange.» Ellen litt sehr an diesem Tag, aber war dennoch überzeugt, daß die Mutter recht hatte und daß ihr Benehmen lächerlich war und sie grundlos sich «dramatisch in Szene gesetzt hatte», wie die Mutter ihr später vorwarf.

Auf der objektiven Ebene spiegelte das Material eindeutig die Situation, wie sie war, dennoch oder gerade deswegen blieb die Frage: «Wozu träumt sie diesen Traum?» Es ist eine Hypothese in der Jungschen Traumdeutung, daß Dinge, die einem schon bewußt sind, nicht geträumt zu werden brauchen; daß der Traum vielmehr etwas Unbewußtes, etwas Symbolisches vermitteln will. Das würde also bedeuten, daß dieser Traum nicht nur die unerfreuliche Wirklichkeit widerspiegeln, sondern noch etwas Zusätzliches mitteilen will.

Ellen selbst gab dem Traum den Titel: «Kontrolle». Was ihr nicht bewußt war, war die Tatsache, daß sie es war, die diese Kontrolle zuließ, und daß sie wegen ihrer mangelnden Entscheidungskraft stets die Kontrolle an andere abgab. Viele Situationen kamen ihr zu Bewußtsein mit Lehrern, Mitschülerinnen. Immer wenn sie selbst es nicht wagte, einen Entschluß zu fassen oder sich für ihn einzusetzen, übernahmen dies andere und teilten ihr eine Rolle zu. Häufig war diese ihr zugewiesene Rolle erfreulich für sie, sie war dankbar, daß jemand anderes den Entschluß für sie gefaßt hatte: Manchmal war die Aufgabe zwar gar nicht das, was sie sich gewünscht hatte, aber niemals hatte sie den Mut zu sagen, was sie lieber getan hätte, selbst dann nicht, wenn es den anderen recht gewesen wäre, ihr zu geben, was sie sich gewünscht hatte. Häufig erfuhr sie dies später von Mitschülerinnen, aber sie hatte dennoch das Gefühl, daß alles ihre Schuld sei. Ein armes Aschenbrödel.

Was war die Botschaft dieses Traumes? «Gruft», zumeist ein Platz, in dem prominente Tote liegen, in Särgen, manchmal mit einer Reliefskulptur des Verstorbenen auf dem steinernen Sargdeckel. Dazu kommt, daß es sich meist um ein altes Gebäude handelt. Etwas, das lange zurück liegt, meldet sich zu Wort: die Mutter, die immer noch Ellens Leben bestimmt und die sie immer noch nicht begraben hat. Auf der subjektiven Ebene findet also eine Konfrontierung mit der Tatsache statt, daß sie sich selbst gerade so behandelt, wie die Mutter sie behandelt. Die Hand bewegt sich, die Mutter hat immer noch alles in der Hand,

und Ellen «be-handelt» sich also gerade so, wie die Mutter sie behandelt hat: Sie verlangt Leistung und Arbeit und erlaubt sich nur selten einmal ein Vergnügen, einen Konzertbesuch oder einen Besuch bei einem befreundeten Ehepaar, das ihr wohlwill und sie unablässig ermutigt, positiver zu sich zu stehen. Aber es ist sehr selten, daß sie sich solche kleinen Freuden erlaubt.
Die Augen der Mutter verfolgen sie noch bis jetzt: Häufig denkt sie: «Was würde Mutter dazu sagen, wäre ihr diese Hausarbeit gut genug, würde sie noch Ecken entdecken, die nicht sauber genug geputzt sind?» Fast nie betrachtet sie eine getane Arbeit in Haus oder Garten zufrieden mit sich selbst. Auch das Lob anderer über ihren Garten hilft ihr nicht dazu, sich selbst loben zu können. Selbst wenn keine Worte mehr zu hören sind, weiß sie, daß sie nicht aufhört, sich selbst den Tadel zuzuflüstern, den ihr vor Jahren die Mutter austeilte. Es sind nicht einmal mehr die Worte, sie braucht nur an den Mund zu denken, an die ständige Bewegung der Lippen.
Das Unbewußte sagte ihr, was sie sich nun bewußt sagen sollte: «Ich kann es nicht mehr aushalten, mich selbst so zu behandeln, ich gehe nicht besser mit mir um als meine Mutter.» Aber so wenig sie eigentlich wahrhaben wollte, wie schlecht die Mutter sie behandelte, so wenig will sie jetzt etwas dagegen tun. Sie geht fort, heißt es im Traum, das heißt, sie will das Problem noch nicht angehen, ist vielleicht noch nicht so weit. Ellen sagte: «Ich würde sehr gern anders sein, aber ich werde doch nie wie Mutter Kontrolle ausüben können; ich will das auch gar nicht.» Wir sprachen darüber, daß es sich nicht darum handelte, ein kontrollierender Mensch zu werden, wie die Mutter es war, sondern daß sie einmal aufhören solle, sich dauernd zu tadeln. Statt dem Bild anzuhängen, das die tote Mutter von ihr hatte, sollte sie lernen, mit sich zufrieden zu sein. «Ja, das wäre schön», sagte sie sehr still. Aber es klang so, als könne sie sich das gar nicht vorstellen.
Natürlich kann kein Mensch sich von einem Tag zum anderen völlig ändern. Dennoch den Anfang machen, dem Traum vertrauen, daß man wirklich das Recht hat, diese Seite der Vergan-

genheit sterben zu lassen, die Gruft zu schließen, ein neues eigenes Leben zu beginnen: Ein solcher erster Schritt, erfüllt mit Hoffnung, kann bereits ein großer Gewinn sein. Es war das erste Mal, daß Ellen denken konnte: Ich brauche nicht mehr kontrollierter werden als die Mutter oder gewalttätiger oder mächtiger als der Bruder. Wir sprachen von Ichfindung und der echten Kraft, die zu entwickeln die Aufgabe ist, damit Kontrolle und Macht dann überflüssig werden.

Es überrascht mich immer wieder, daß viele Menschen glauben, gerade das, was sie an den Eltern oder Geschwistern nicht mögen – in Ellens Fall die Aggression der Mutter –, mit noch größerer Aggression beantworten zu müssen, um sich zu beweisen, daß sie frei sind. Man ist fast magisch gebannt vom Bild der Mutter und kann sich nur schwer davon wegdenken. Zumeist orientiert sich unser Wertgefühl an der Mutter, wenn sie eine positive Figur in unserem Leben ist und von uns als schön, gut, fürsorgend erlebt wurde, dann denken wir häufig: «Ich kann nie so gut und ausgewogen werden wie sie; auch den Haushalt, die Kinder, die viele Wäsche, täglich drei Mahlzeiten für fünf Personen – nein, das würde ich nie schaffen wie sie. Ich hasse Haushalt.»

War die Mutter schwach und vom Vater beherrscht, so denken viele, die eine solche Mutter hatten: «Nie möchte ich mich so von einem Mann behandeln lassen. Ich bin noch heute ärgerlich, daß sie sich alles hat gefallen lassen – auch von uns Kindern. Kinder möchte ich sowieso nicht haben.» Und wie reagieren wir auf die Mutter, die viel fort ist bei der Arbeit, müde nach Hause kommt und erwartet, daß Sohn und Tochter helfend das Abendessen vorbereitet haben, und oft Kritik äußert über all das, was hätte getan werden können von den Kindern oder dem Mann und was alles nicht geschehen ist. Das denkt die Tochter wohl häufig: «Der Alten kann man es aber auch nie recht machen. Nur weg, nur ausziehen.» Und der Sohn denkt ähnlich und hofft, daß er eine bessere Frau finden wird. Arbeitende alleinstehende Mütter leiden unter dem Streßproblem natürlich häufiger als verheiratete, bei denen vielleicht noch der Mann sich voll für die Haushaltsführung miteinsetzt und wie selbstverständlich auch die Kinder in diese Arbeitsteilung mit einbezogen sind. Am schwierigsten ist es, sich an einer Mutter zu orientieren, die unserem Wesen nicht entspricht, weil sie einem psychologischen Typ angehört, der von dem unsrigen ganz verschieden ist.

Dies war bei Ellen der Fall: Ellen, eine friedfertige, stille, introvertierte Frau, die auch als Kind gern allein war und meist stille Spiele der Gesellschaft lärmender Klassenkameraden vorzog – die Mutter laut, extravertriert, dominierend. Und daher hatte Ellen die Vorstellung, daß sie sich nur behaupten könne, wenn sie noch lauter, noch aggressiver, noch beherrschender wird als die Mutter. All diese Orientierungen sind zumeist niemandes «Schuld», sondern sind die logische und natürliche Folge der Tatsache, daß wir bei der Geburt im Unterschied zu manchem Tierbaby noch recht unbeholfen und abhängig sind und es auch noch viele Jahre bleiben. Ein junges Fohlen steht schon wenige Stunden nach der Geburt auf seinen Beinen, das Menschenkind braucht Betreuung. So ist es verständlich, daß die Welt der Mutter die unsere wird, es ist ja die einzige Welt, die wir kennen, und die Mutter wird zum Vorbild aller Menschen; sie gibt uns Fürsorge oder sie läßt uns Mangel leiden. Durch sie erleben wir Wärme oder Kälte, Wert oder Unwert unserer Person; unser Selbstgefühl hängt für lange Zeit davon ab, wie die Mutter auf uns reagiert; manche Menschen erlangen ihren Selbstwert bis zum Ende ihres Lebens nicht, auch wenn andere sie später im Leben anerkennen, sie menschlich schätzen und ihre Gesellschaft suchen. Die ersten Jahre prägen uns, aber dies muß nicht unser Schicksal werden. Wir alle haben die Möglichkeit, eine Mütterlichkeit in uns zu entwickeln, die nicht nur eine Reaktion auf die Mutter ist, die wir hatten. Wir haben die Möglichkeit, unserem eigenen Bild nachzuleben, unsere eigenen Fähigkeiten und Möglichkeiten zu entwickeln. Wir können für uns und andere die Mutter sein, die unserer Natur entspricht, wir können die Form wählen, die uns gemäß ist. Und da ist der Traum der beste Helfer, den wir uns wünschen können. Er lobt nicht, er tadelt nicht auf überhebliche Weise, er demütigt nicht. Er zeigt uns, wo wir gerade sind in unserer Gesamtentwicklung und was wir uns bewußt machen müssen, um uns noch weiterentwickeln zu können.

Von einer liebevoll-dominierenden Mutter

In Ellens Fall war es die negativ-dominierende Mutter, die zum Problem geworden war, bei Irene war dies ganz anders. Ihre Mutter war fast das Gegenteil von Ellens Mutter: schützend, liebevoll, verständig. Und dennoch war da etwas geschehen – Irene war «unerklärlicherweise» vor wenigen Monaten erstarrt und stumm geworden und sollte nun, immer noch recht katatonisch, zu uns in weitere Behandlung kommen.

Bevor ich Irene traf, hatte ich mit ihrer Mutter einige Male telefoniert. Ich hatte den Eindruck einer sehr besorgten Mutter, einer eher einfachen Frau, die ihrem Mann seit vielen Jahren im Geschäft zur Seite stand und dabei auch noch den Haushalt versorgte, zu dem außer ihr und ihrem Mann noch zwei Töchter gehörten: Irene, die nun 18 Jahre war, und die 5 Jahre jüngere Schwester.

Die Mutter beschrieb Irene als ein intelligentes und sehr begabtes Mädchen: Was sie in die Hand nehme, mache sie gut. Ihre Handarbeiten waren besonders schön und geschmackvoll, wie auch ihre Zeichnungen. Sie kochte bereits mit 12 Jahren sehr gut, war stets lieb und gehorsam, und auch die Kunden des Lebensmittelgeschäftes mochten sie sehr gern. Es war der Mutter ein Rätsel, was nun mit ihrer Tochter passiert war, die sie, als sie zu Besuch ins Krankenhaus kamen, stumm antrafen. Sie bemerkte die Eltern kaum. Auf meine Frage, ob sie zu irgendeinem Zeitpunkt eine Veränderung an Irene wahrgenommen habe, meinte die Mutter, daß Irene schon seit einem Jahr immer schweigsamer geworden sei, Treffen mit Klassenkameradinnen immer häufiger abgelehnt habe und mehr und mehr zu Hause geblieben sei. Das war gerade nach dem Abschluß der Schule. Da-

vor sei sie immer sehr lustig gewesen, habe viel Sport getrieben und sei gern ausgegangen. Auf meine Frage, warum sie denn nicht studiere, wenn sie doch so intelligent sei, sagte die Mutter traurig: «Wir brauchen sie eben im Geschäft; mein Mann denkt auch, daß sie zu jung ist, so weit fort zu studieren. Er hält nicht viel von dem freien Leben, wie es heute bei jungen Mädchen üblich ist. Irene sah das auch ein und war bereit, weiter im Geschäft zu helfen und vielleicht später einmal zu studieren.» Ob dies wirklich der Fall war, war in diesem Moment noch schwer zu sagen, aber es war eindeutig, daß es der Mutter so erschien.
Nach zwei Gesprächen mit der Mutter begegnete ich dann Irene. Obgleich sie klein und zierlich war, wirkte sie dennoch sportlich und kräftig. Sie war nicht mehr katatonisch, aber noch sehr scheu, und ihre ganze Haltung wirkte steif und verkrampft. Sie wirkte viel jünger als 18 Jahre, fast wie ein Kind von 12 Jahren. Ich dachte, daß es gut sein würde, nicht mit Fragen in sie einzudringen und ihr die Möglichkeit zur Entspannung zu geben. Ich legte ihr Papier und ein paar Buntstifte hin und sagte ihr, sie könne mir etwas erzählen, wenn sie wolle, oder sie könne zeichnen oder malen, wenn ihr dies mehr Spaß mache, als zu reden. Sie sah mich ungläubig an, und als ich ihr versicherte, daß ich es wirklich meinte, huschte ein kleines, dankbares Lächeln über ihr Gesicht. Sie malte eine stille Seelandschaft mit einem einsamen kleinen Mädchen. Dann sagte sie nur, daß sie müde sei und gehen wollte. Ich riet ihr, sich hinzulegen und zu schlafen, und sich den Traum, den sie wohl haben werde, zu merken und ihn mir bei unserem nächsten Treffen zu erzählen. Dies ist der Traum, den sie mir zwei Tage später brachte:

Meine Mutter ist sehr ärgerlich über ihren 5jährigen Sohn, und in brutalster Weise reißt sie seine Genitalien heraus. Ich stehe stumm dabei, ich bin entsetzt, weiß aber nicht, was ich tun kann; ich stehe einfach da, wie versteinert.

«Stumm ... versteinert», das war ja wohl die Katatonie. Aber was war der Anlaß des Traumes, was war die Botschaft?
Auf der objektiven Ebene ergab sich nicht viel. Irene sah ihre Mutter in keiner Weise als gewalttätig – außerdem gab es gar keinen Sohn in der Familie; da tauchte also die Frage auf: Wie war es um die Mütterlichkeit dieses sanften, stets gehorsamen Mädchens bestellt.
Zuerst die Frage nach dem Vortag: Sie hatte Angst, daß ich – genau wie die Krankenhaustherapeuten – sie fragen werde, was ihre Gefühle und Gedanken über ihren Zustand der Erstarrung seien, ob etwas «geschehen» sei, wann ihre Zurücknahme von äußeren Vergnügungen mit den Kameraden begonnen habe – und daß sie mir genauso würde antworten müssen, wie sie den anderen geantwortet habe: «Ich weiß nicht.» Ich fragte sie dies aber nicht, sondern bat sie, mir einen Titel zu dem Traum zu erfinden. «Zerstörung», sagte sie ohne Zögern. «Und was wurde in deinem Leben zerstört, als du 5 warst?» «Alles», sagte sie, «das Haus brannte ab, meine Puppen, mein Teddy, Bimbo auch.» Das war ein junger Dackel, den sie sehr gern hatte. Die Eltern zogen dann in eine ganze andere Gegend, in der sie niemanden kannte. Sie ging auch nicht mehr in den Kindergarten und spielte allein. Ihre Schwester wurde in dem neuen Heim geboren, war aber natürlich viel zu klein, um als Spielgefährtin in Frage zu kommen. Irene wurde damals auch von der Großmutter, die zu ihnen zog, ermahnt, doch recht leise zu sein, da die Mutter viel Ruhe brauche. Irene war nie ein sehr lautes Kind gewesen, aber nun mußte sie noch stiller sein als sonst. Nach dem kurzen Bericht schwieg sie, aber etwas ging in ihr vor. Mit einem kleinen Seufzer sagte sie «Es war eben alles anders».
Ich fragte sie dann noch, was vor 5 Jahren geschehen sei – da war sie gerade 13 Jahre alt. «Da wurde auch wieder alles anders.» Die Eltern hatten ihr Lebensmittelgeschäft vergrößert und brauchten ihre Hilfe, sie hielten das Geschäft nun sieben Tage in der Woche offen, und da wurde sie besonders am Wochenende mit heranzogen. Und während der Woche konnte sie auch nie zu

abendlichen Schulveranstaltungen gehen, da sie Essen für die Familie vorbereiten mußte; und nach dem Abendbrot, wenn die Eltern wieder ins Geschäft zurückgingen, mußte sie auf die Schwester aufpassen, sie zu Bett bringen oder ihr bei den Hausaufgaben helfen. Sie hatte keinen Nachmittag, keinen Abend wirklich frei für sich zum Spielen oder Ausgehen. Nicht einmal zum Sport reichte es mehr, und so war ihr eigentlich jede Freude am Leben genommen.

Zuerst rebellierte sie gegen die aufgedrängte Lebensweise, aber jedesmal überzeugte die Mutter sie, daß es eben nicht anders ginge, und nach und nach gab Irene jeden Versuch auf, sich durchzusetzen. Jeder Versuch der Selbstbehauptung, jede Bitte, wenigstens weiter ihre schwer errungenen Sportauszeichnungen verteidigen zu können, wurden von der Mutter hinwegerklärt. Diese Energie, sich behaupten zu können, die Fähigkeit, sich Lebensraum zu erobern und sich vor der Herrschaft anderer zu schützen, wird von Jung mit dem Wort «Animus» bezeichnet, eine dem Männlichen zugeordnete Fähigkeit zu denken, zu ordnen und dem Ziele, das man sich gesetzt hat, aktiv nachzugehen. Die negative Seite des Animus besteht darin, zu kontrollieren, zu dominieren, Macht über andere auszuüben, alles mit dem Verstand regulieren zu wollen und Gefühlen keinen Platz im Leben zu geben. Jeder Mensch, sei er Mann oder Frau, hat gewisse Animusqualitäten in seiner Persönlichkeit. Ellens Mutter hatte zu viele negative; der Animus von Irenes Mutter war gut integriert; sie half ihrem Mann und war eine tüchtige Frau – nur glaubte sie, daß alles im Leben vom Verstand her zu lösen sei und daß Gefühle sich dem Denken unterordnen müßten. Da Irene stets «verstand», was sie ihr sagte, nahm die Mutter an, daß alles in bester Ordnung sei, und sie verstand daher nicht, was in Irene vorging.

Ursprünglich hatte Irene eine sehr gesunde Animuskraft, aber nun, da sie 13 war, wurde sie von dem stärkeren Animus der Mutter verunselbständigt, ihr Wille wurde gebrochen, und es blieb ihr nichts anderes übrig, als «eine liebe gehorsame Toch-

ter» zu werden, wie die Mutter mir Irene am Telefon beschrieben hatte. Selbstverständlich wußte die Mutter nicht, was sie Irene, als diese 13 war, damit angetan hatte, daß sie die Tochter ihrer Sporttriumphe, ihrer Selbständigkeit, ja ihrer ganzen Backfischzeit und Entwicklung beraubte und erwartete, daß Irene sozusagen über Nacht zu einem erwachsenen Menschen werde. Natürlich erhielt Irene viel Lob für ihre Arbeit. Aber das war kein Ersatz für «Kastration», für den Verlust einer Seite ihrer Identität.
Mit der Zeit wurde sie immer stiller und zurückgezogener. Sie sagte zu allem «Ja», was man ihr auflud, paßte sich an und tat selbst auch noch viel dazu, ihre Gefühle zum Schweigen zu bringen. In der gleichen Nacht hatte sie noch einen zweiten Traum:

Meine Mutter will, daß ich endlich von zu Hause ausziehe. Aber ich tue es nicht. Klammere mich an sie. Sie versucht alles mögliche, schlägt mich; nichts hilft. Schließlich zündet sie das Haus an, und da gehe ich dann endlich.

Diesen Traum nannte sie «Abhängigkeit». In den fünf Jahren, in denen sie zunehmend den Kontakt mit den Gleichaltrigen verloren hatte, war sie mehr und mehr von der Mutter abhängig geworden, sie war der einzige Mensch, mit dem sie hier und da noch über sich selber sprach. Der Vater war stets völlig mit dem Betrieb beschäftigt und sprach selber nie über seine Gefühle, die ihm selbst schwer zugänglich waren. Irene sah ein ödes leeres Leben vor sich, und jeder Versuch, davon fortzukommen, mißlang; sie dachte an Selbstmord, nicht so sehr, weil sie so unglücklich war, sondern weil die Jahre, die vor ihr lagen, so öde aussahen, daß sie nicht einsehen konnte, warum sie länger mitmachen solle. Doch dann kamen ihr Schuldgefühle: Was würden der Vater und die Mutter sagen, was die Kinder denken, wer würde nun im Geschäft helfen? Wurde nicht schon jetzt die Schwester genauso belastet, wie sie mit 13 Jahren belastet worden war? Hatte sie das Recht, das der Schwester und den Eltern zuzumuten?

Ihre Mutter war stets gut zu ihr, saß noch Nächte und nähte ihr eine schöne Bluse, strickte ihr Handschuhe für den Winter. Wie konnte sie es da verantworten sich umzubringen?
Aber je weniger sie daran glaubte, daß sie je aus dem Laden wegkommen würde, je studieren könne, jemanden kennenlernen würde, den sie heiraten könne, desto deprimierter wurde sie. Aber sie sprach nie und zu niemanden darüber. Wie der Traum sagte, wurde sie sich in einer Ecke ihres Selbst bewußt, daß sie besser für sich sorgen müsse, nicht mehr länger nur die gute Tochter für die Mutter, die beste Hilfe für den Vater und die fürsorgliche Schwester für die jüngere sein dürfe. Es war ihre eigene Stimme der mütterlichen Fürsorge für sich selbst, die sagte: «Geh fort, werde du selbst, nimm dein Leben in deine eigene Hand.» Aber die andere abhängige Seite wußte nicht, wie sie sich ihre Freiheit erwerben könnte, sie war so weltfremd geworden, daß sie sich nicht mehr zutraute, es in der Welt außerhalb des Elternhauses zu schaffen. Zudem hatte sie auch das Gefühl, was immer sie auch tun werde, welchen Weg sie auch einschlagen werde: Es würde doch wieder nicht gelingen, nicht erlaubt sein, und sie wußte nicht mehr, wie sie es «richtig» machen könne. Und doch war sie am Verbrennen, konnte so nicht weiterleben. Da hörte sie auf sich zu bewegen, ging weit fort in eine andere Welt, wo sie die Stimmen der anderen nicht mehr hörte, wo sie nicht mehr sprechen mußte, freundlich sein mußte. Sie trat in eine Welt ein, in der es ganz still war und wo sie keine Entscheidungen mehr treffen mußte, welchen Weg sie gehen sollte, welchen sie gehen wollte – so hörte sie auf, sich zu bewegen, wurde starr wie ein Brett, und so kam sie in das Krankenhaus, und es wurde Katatonie diagnostiziert. So hatte sie nun doch der inneren Stimme gehorcht, die fünf Jahre lang gesagt hatte: «Geh fort.» Sie war fortgegangen, aber sie hatte sich nicht umgebracht oder die Eltern durch eine falsche Entscheidung verärgert. Sie war ja krank, und nun kamen auch die Eltern zu Besuch und wollten gern hören, was sie zu sagen hätte; aber sie sagte nichts.
Als wir an diesem Punkt der Erforschung des Traumes angekom-

men waren, wurde ihr die Botschaft, der Sinn dieser beiden Träume sehr deutlich: «Steh auf deinen eigenen Beinen und befreie dich davon, wie deine Mutter zu denken, daß dein Leben nur dazu da ist, für die Familie und das Geschäft zu leben. Mach dich frei von dem Denken deiner Mutter, die glaubt, daß die Familie und das Geschäft an erster Stelle in deinem Leben stehen müssen. Hör auf die Stimme deiner inneren Mutter, die sagt: ‹Zieh aus von zu Hause. Geh deinen eigenen Weg, schaff dir ein eigenes Leben.› Aber dein Ich, das zu deinem eigenen Entsetzen vor fünf Jahren seinen Animus einbüßte, hat so viel Angst vor dem Leben, daß du trotz aller Qualen doch lieber da bleibst.»
Die Aufgabe bestand also darin, ihren Animus zu stärken, so daß sie die Kraft haben würde, auf den eigenen Füßen zu stehen, ihren eigenen Weg zu gehen, in einem Wort: sie selbst zu sein.
Ihre Therapie schritt langsam voran, es gab Höhen und Tiefen. Doch der entscheidende Durchbruch zur Selbstbehauptung erfolgte erst, als die Eltern nach monatelangem Drängen schließlich bereit waren, am Sonntag nicht zu arbeiten, sondern zur Elterntherapie mit noch anderen Eltern und deren Kindern zu kommen. Sehr schnell sah Irene ihre Eltern in einem anderen Licht. Der harte, unbeugsame Vater erschien allen in der Elterngruppe als nicht sehr stark und unabhängig, sondern eher als das Familienmitglied, das den meisten Schutz von der Mutter bekam und auch brauchte. Er war wohl als Geschäftsmann tüchtig und respektiert, aber in allen anderen Bereichen des Lebens, vor allem in der Gefühlssphäre, völlig von seiner Frau abhängig. Sie «bemutterte» ihn, wie man das zu nennen pflegt, aber beließ ihm dennoch das Gefühl, daß er das Oberhaupt der Familie sei.
Auch die Mutter erschien Irene nun in einem anderen Licht: es begann Irene zu ärgern, wie die Mutter es verstand, alle Schwächen des Vaters, alles, was ihm nicht erwünscht war, liebevoll hinwegzuerklären. Irene sah auf einmal, daß die Mutter das über Jahre auch mit ihr gemacht hatte und damit Irenes eigene Kraft unterminiert hatte. Irene begann ihren Ärger über die Mutter zu spüren und auszudrücken: «Ach, jetzt erklärst du wieder einmal

alles, darauf bin ich immer hereingefallen, und jetzt tust du Lisa (Schwester) dasselbe an.» Ihre Stimme klang laut und stark, wie wir sie selten gehört hatten, als sie fast schrie: «Ich möchte nie eine solche Mutter sein wie du.» In diesen Familientherapiesitzungen, gestützt von anderen Erwachsenen, die auch Eltern waren, wurde Irene sie selbst; sie wurde zur guten Mutter für sich selbst, die ihr erlaubte, sich freizumachen von dem Zwang, den Eltern dienen und bei ihrer Geschäftsführung helfen zu müssen. Sie wollte nun studieren, wieder Sport treiben und ein junges, frohes Leben führen. Es war schön, dieses Erwachen ihrer inneren Mutter mitzuerleben, die sie nährte und sie stützte. Nach einem weiteren Jahr Therapie war sie fähig, das, was sie sich in den Therapiesitzungen mit den Eltern erkämpft hatte, in die Wirklichkeit umzusetzen.

Wem kann ich die Mutterrolle noch zuschieben?

In Hermanns Fall zeigt sich ein völlig anderer Mutteraspekt. Letztes Jahr gab mir Hermann einen seiner seltenen Mutterträume. Hermann ist 38 Jahre alt, und ich habe ihn durch viele Stationen seines Lebens begleitet. Durch all diese Jahre hat Hermann fast regelmäßig ein Traumtagebuch geführt und nach meinen Anleitungen selbst seine Träume analysiert – dies nach einem Jahr regelmäßiger individueller Therapie.
Die Anleitungen für das Erkennen der therapeutischen Hilfe, die aus dem Unbewußten auf uns zukommt, haben sich für viele Menschen als nützlich erwiesen, und ich will sie daher an dieser Stelle mitteilen, bevor ich auf Hermanns Traum eingehe.
Sobald man vom Traum erwacht, soll man ihn aufschreiben – auch wenn dies noch in der Nacht geschieht. Manche Menschen wachen nicht auf nach dem Traum, erinnern ihn aber am Morgen. Man muß sich die Zeit nehmen, am Morgen den Traum mit allen Details und Assoziationen aufzuschreiben. Das Datum ist wichtig, die Dinge des Vortages müssen auch notiert werden, zum Beispiel ein Telefonat mit Bekannten, Freunden oder Verwandten und die eigene Reaktion dazu, irgendetwas, was im Haus oder am Arbeitsplatz vor sich gegangen ist, ein kleiner vorübergehender Ärger oder eine kleine Freude, Stolz auf ein Lob, Ärger über einen Tadel, etwas, das beim Abendessen besprochen wurde oder einem durch den Kopf geht, wie auch bestimmte Reaktionen zu den Nachrichten oder anderen Darbietungen des Fernsehens oder des Radios.
Dies sollen nicht etwa lange Beschreibungen sein, nur etwa drei bis vier Sätze oder Stichworte, die es einem möglich machen, nach einiger Zeit noch die Zusammenhänge von Traum und

Wirklichkeit zu rekonstruieren. Dies ist notwendig, weil wir ja den Traum auch als ein Echo auf den Vortag betrachten. Er will uns helfen, unser seelisches Gleichgewicht zu erhalten oder wiederherzustellen, falls es gestört war. Es gibt ja im täglichen Leben des gesunden und gut ausgewogenen Menschen keinen Tag, in dem unsere innere Bewegung nicht die äußeren Vorgänge widerspiegelt. Ein kleines Beispiel: Gerade jetzt, da ich dies schreibe, klingelt das Telefon und die Mutter eines früheren Patienten, mit dem ich mich stets gut verstand, ruft an und sagt mir, daß ihr Sohn etwas abzusinken beginnt: spät zur Arbeit, lange Nächte mit früheren Drogenfreunden, unzuverlässig in bezug auf Zeit und Geld. Was solle sie tun, sie sei einer Panik nahe. Ich höre zu, wir sprechen ein wenig, und ich rate ihr, offen mit ihrem 24jährigen, hochintelligenten Sohn zu sprechen. So weit ist alles in Ordnung – nur ich ärgere ich am Schluß des Gespräches darüber, daß ich sie fast zwanzig Minuten reden ließ, in denen sie dasselbe stets wiederholte; ich hätte ihr den Rat schon nach zehn Minuten erteilen können oder sogar nach fünf Minuten, da ich ja den Sohn gut kenne und weiß, wie es aussieht, wenn er abgleitet, und welche Hilfe wirksam ist. Natürlich war mein erster Gedanke: Warum spricht sie nur so lange? Immer sagt sie dreimal dasselbe; da hält sie mich also fast eine halbe Stunde am Telefon – aber mein zweiter Gedanke war ehrlicher: Warum lasse ich dies zu? Ich habe in den Jahren mit vielen Telefonaten von ihr gelernt, wie ich in freundlicher und hilfreicher Weise ihren langatmigen Redeschwall unterbrechen kann. Dies kleine Ereignis könnte vielleicht im Traum seinen Widerhall finden, hätte ich mich nicht bewußt darauf aufmerksam gemacht, daß ich für die Länge des Gespräches und meine Passivität selbst verantwortlich bin. Gehen wir nun zurück zu dem ersten Schritt, der Aufzeichnung des Traumes, des Datums und der Assoziation zum Traum sowie von ein paar wenigen Sätzen zu den Geschehnissen des Vortages. Ist dies geschehen, legen wir den Traum beiseite, ohne zu versuchen, ihn gleich zu analysieren. Dies ist ohnedies schwierig.

Wir werden alle schon Träume von Freunden erzählt bekommen haben; wenn sie nicht gar zu verschlüsselt waren, war es nicht allzu schwer zu verstehen, was der Traum unserem Freund wohl als Rat oder Mahnung vermitteln wollte. Warum gelingt uns dies nicht mit der gleichen Leichtigkeit bei unseren eigenen Träumen? Die Antwort klingt einfach, ist aber häufig schwierig durchzuführen. Nehmen wir nur das kleine Beispiel von dem Telefonat mit der Mutter des früheren Patienten. Der Rat ist offensichtlich: Setze Grenzen, laß dich nicht einfach so mitziehen von der Frau. Die Tatsache der mangelnden Grenzsetzung mag mir unterschwellig vielleicht bewußt sein, aber es gibt ja einen Grund, warum ich mich so verhalte – vielleicht den, daß die Frau nicht denken soll, ich sei nicht hilfreich; oder vielleicht habe ich ihr nicht sagen wollen, daß ihr Sohn sie ausnutzt und daß sie sich selber lange so gestellt hat, daß sie es nicht wahrzunehmen brauchte, wie unehrlich er mit ihr ist. Es kann da viele Gründe geben, warum wir Dinge, die wir an uns kennen, nicht so schnell ändern können. Neulich träumte jemand, daß er in die Küche gehe, um sich Essen aus dem Kühlschrank zu nehmen, aber dieser läßt sich nicht öffnen, wie sehr er es auch versucht. Der Träumer wußte, daß er übergewichtig ist, und es war auch für seine Frau nicht schwer, ihm diesen Traum dahingehend zu deuten, daß er die nächtlichen Ausflüge zum Kühlschrank sich versagen solle. Dies ist für die Frau leicht zu sagen, da sie keine Diätprobleme hat, aber für den weniger diziplinierten Gatten ist das eine schwierige Aufgabe.

Da das, was wir träumen, bis zu diesem Moment noch im Unbewußten oder Unterbewußten schlummerte oder dorthin für eine Weile verdrängt war, müßten wir annehmen, daß der Rat oder die Warnung des Traumes nicht immer erwünscht oder angenehm ist: Immer wird zur Herstellung des inneren Gleichgewichts vom Traum her eine Veränderung unseres Verhaltens verlangt. Manchmal ist es etwas, das wir tun sollen, manchmal etwas, das wir lassen sollen (nachts zum Kühlschrank essen gehen). Eine Frau, die manisch-depressiv war, träumte in einer manischen Phase, das sie mit ihrem Kleinwagen von der Straße herunterfuhr und plötzlich in sausender Fahrt auf einer Berg- und Talbahn war; von dort glitt der Wagen in stets sich steigerndem Tempo wieder auf die Straße, die steil bergab ging, am Ende war eine hohe Mauer, und sie wußte, daß sie an der Mauer zerschellen und umkommen würde. Mit einem Schrei erwachte sie. Sie verstand die Warnung – verstand, daß sie in großer Gefahr war, wenn sie so weiter machen würde. Da sie aber unfähig war, mit ihrem Zustand allein umzugehen, ließ sie sich in ein Krankenhaus aufnehmen. Hätte sie das nicht getan, wäre es wohl in kürzester Zeit zu einem Nervenzusammenbruch gekommen.

Manche Menschen betrachten immer noch das Unbewußte als etwas Merkwürdiges, nicht zu ihnen Gehörendes, anstatt als einen weisen Teil ihrer selbst, einen guten Freund und den besten Ratgeber, den sie sich wünschen können. Lebt man gegen die aus unserer Tiefe stammenden Einsichten, so nehmen wir Schaden, wie wir auch körperlich krank werden, wenn wir gegen die Warnungen unseres Körpers leben. Wir sollten also die Bilder des Traumes und seine Bemühungen um unsere seelische Balance ernst nehmen.

Ist das nicht ein Widerspruch zu dem Rat, den letzten Traum der letzten Nacht erst einmal beiseite zu legen? Nur scheinbar, wir legen ihn nur für eine kurze Zeit beiseite, für drei bis fünf Tage etwa, dann sehen wir uns die Träume, die in diesen Zeitraum fallen, an und schauen, ob ein roter Faden zu finden ist, eine Mitteilung, die in verschlüsselter Form immer wieder auftaucht. Der erste Traum ist nun schon einige Tage alt und ist wegen des Abstands, den wir in diesen Tagen zu dem Erlebnis, das dahintersteht, gewonnen haben, nicht mehr so schwer zu verstehen, besonders dann nicht, wenn die nachfolgenden Träume ein ähnliches Thema behandeln oder einer der Träume völlig aus dem Rahmen fällt und eine Botschaft mit besonders unmißverständlicher Klarheit ausdrückt.

Hermann hatte in den Jahren nach seiner Therapie genau dies

befolgt: Er schrieb mehrmals in der Woche, manchmal täglich, seine Träume mit Datum, Assoziationen und Vortagsnotizen auf; er sammelte die Träume einer Woche und bemühte sich, den Zusammenhang und die Botschaft zu verstehen. Er verstand es, sich vom Strom des Unbewußten tragen zu lassen, anstatt dagegen anzuschwimmen und seine Kräfte in Dienste seiner grandiosen Ichwünsche zu vergeuden, wie er es vor seiner Therapie getan hatte und wozu ihn sein Temperament immer wieder einmal verführte.
Nach diesem kurzen Umweg können wir nun zu Hermanns Traum zurückkommen. Er hatte dem Traum den Titel «Grandios» gegeben:

Ich träumte, daß ich mit meiner Mutter zusammen war. Sie ging mit mir in den schönen, stillen Garten hinter unserem Haus. Dort gab es ein leuchtend rotes Cape. Es war ein feuriges orangenes Rot. Der Saum war bestickt mit tibetanisch stilisierten Flammen. Sie sagte mir, ich solle das Cape anziehen. Sie hatte ein sehr ähnliches Cape. Dann tanzten wir wild im Kreis herum, wie wirbelnde Derwische. Ich sang selbstkomponierte Lieder – alles, alles war wie ein Zauber. Ich sang: «Alles wird besser – ich stehe still hier – dennoch bewege ich mich. Geld komm zu mir, Geld kommt zu mir, wie, ist mir gleich, aber mache mich reich, mache mich reich.»

Hermanns erste Assoziation war, daß er vorher noch einen Traum hatte, in dem er eine halbe Million bekam, und dies hatte wohl mit seiner Sorge um das Wiedergutmachungsgeld zu tun. Es war die Summe, die zu bekommen er versucht hatte. Hermann hatte einen sehr schweren Unfall gehabt, als, ohne ein Versehen seinerseits, ein schwerer Lastwagen in ihn hineinfuhr. Er war sofort bewußtlos, blieb es für vier Tage und brauchte ein Jahr, bis er wieder studieren konnte, sich wieder traute, Auto zu fahren, und all seine geistigen Fähigkeiten wiedergewonnen hatte. Eine nicht sichtbare Paralyse seiner linken Gesichtshälfte und ein kaum wahrnehmbares Hinken waren ihm geblieben.

Während dieses Jahres schlief Hermann fast unaufhörlich; laut Aussagen der Ärzte war dies ein guter Weg langsamer Gesundung, aber er konnte weder studieren noch sich an etwas erinnern, ja, er konnte nicht einmal einkaufen gehen oder den Haushalt versorgen. Maria, seine Frau, die einen hohen Posten in der Industrie hatte, sorgte völlig für ihn.

Hermann hatte Maria erst vor wenigen Jahren geheiratet, als er 35 und sie bereits 45 Jahre alt war. Man sah ihr aber ihr Alter nicht an: Ihre schlanke jugendliche Figur, ihr schönes Gesicht mit großen braunen Augen, umrahmt von vollem naturblondem Haar, ließen sie sehr jung erscheinen. Als sie sich trafen, waren sie beide unverheiratet und kinderlos. Hermann war musisch sehr begabt: Er spielte im Schauspiel mit, malte, komponierte und schrieb Lyrik, und obgleich er ungewöhnlich gut aussah und eine starke, gut geschulte Singstimme hatte, war es ihm nie gelungen, seine Talente beruflich auszuwerten. Dafür war er nicht begabt. Als Maria ihn traf, war sie fasziniert von seinem Aussehen und seinen vielseitigen Begabungen; sie setzte es sich zum Ziel, Hermann zu fördern und «etwas aus ihm zu machen». Er war beeindruckt von ihrer extravertierten Gewandtheit, ihrem Erfolg im Leben, ihrer Position, ihrem hohen Einkommen und ihrem Willen, ihn zu fördern.

Sie ergänzten sich in vieler Hinsicht und hatten eine selten gute Ehe. Als Maria sah, daß es fast unmöglich war, am Theater oder beim Film anzukommen, riet sie Hermann, sein Interesse an Psychologie mit einem Studium zu untermauern, auf den Doktortitel hinzuarbeiten und Psychotherapeut zu werden. Da sie ein gutes Einkommen hatte, war es für ihn nicht nötig, sich um die Finanzierung seines Studiums zu sorgen. Er begann sein Studium, und da er sehr fleißig und intelligent war, machte er schnelle Fortschritte. Alles ging gut, bis er den schweren Unfall hatte.

Natürlich hatte der Unfall auch psychische Folgen, wie das fast immer der Fall ist. Hermann war nun in jeder Hinsicht abhängig von Maria, und je gesunder er wurde, um so rebellischer wurde

er – nicht gegen Maria, sondern gegen die Welt im allgemeinen; warum hatte gerade ihm das zustoßen müssen, gerade jetzt, wenige Monate vor dem Abschlußexamen. Er erzählte nun viel von seiner Mutter, die schon lange tot war, erinnerte sich gern daran, wie hilfreich sie für ihn war, wie sie stets für ihn dagewesen war, wie sie ihn vor dem Vater, einem schweren Alkoholiker, beschützte, wie verlassen er war, als sie starb – ohne jede Hilfe, ohne Geld für Nahrung, plötzlich allein. Seine viel ältere Schwester nahm ihn zu sich und brachte ihn zu mir in Therapie. Natürlich wurde ich für ihn sehr schnell zum Muttterersatz, eine Übertragung, die ich annahm. Irgendwie blieb ich die Mutter im Hintergrund und nach Beendigung der Therapie ein Mensch, den er um Rat fragen konnte, wenn es nötig war. Zwei-, dreimal im Jahr schrieb er mir, wie es ihm ging, was er gerade tat.
Dann kam Maria in sein Leben und übernahm die Mutterrolle, und von da an wurde sein Leben produktiver und auf ein Ziel hin ausgerichtet. Maria und ich lernten uns bald nach ihrer Hochzeit kennen und befreundeten uns. In der Zeit nach dem Unfall bat sie mich häufig um Rat bezüglich Ärzten, die aufgesucht werden sollten, auch brauchte sie freundschaftliches Verständnis und Nähe, die ich ihr gern gab. Ein Anwalt riet ihr, um eine halbe Million Schadenersatz zu klagen. Hermann hoffte, daß es leicht sein würde, dieses Geld zu erhalten, da er nicht gern ohne Arbeit und Einkommen und nun schon so lange von Maria abhängig war. In dieser Zeit hatte er den Traum.
Es schien mir notwendig, diese etwas weitschweifenden Erklärungen über Hermann zu geben, um diesen Traum, und einen nachfolgenden, verständlich zu machen.
Das Thema des Traumes ist im ersten Satz enthalten. Er ist im Haus seiner Kindheit und ist etwa zehn Jahre alt. Seine Mutter gibt ihm ein rot leuchtendes Cape. Dazu fällt ihm ein, daß seine Mutter ihm tatsächlich einmal ein rotes Cape schenkte. Sie gab ihm stets das Gefühl, etwas ganz Besonderes zu sein: Sicher würde er im Leben später eine große, sehr besondere Rolle

spielen. Er nahm die Heldenrolle gern an und behielt sie lange bei. Dieses inflationierte Bild, daß er von sich bekam, war für ihn sehr schmeichelhaft, aber es brachte ihm nicht viele Freunde. In der Schule hielten ihn viele für überheblich, später im Leben wurde er oft für arrogant gehalten. Er verstand nie ganz, warum das so war, bis er diesen Traum hatte. Er sah seine Beziehung zu Maria, zu mir, zu der erwarteten Versicherungssumme nun in dem Zusammenhang, daß er irgendwie immer noch in dem Kinderglauben steckte, er sei etwas ganz Besonderes, eine Art dramatische Figur mit einem roten Cape. Rot bedeutete für ihn Vitalität, freudige Erregung, und Tibet war ein Land der Magie, der geheimen Riten, der mysteriösen Kulte. Das Cape mit der Flammenstickerei war etwas sehr Originelles – selbst wenn es nur eine Verzierung war, so konnte er sich dennoch damit schmücken.

Dieser Traum enthält kompensatorische Elemente. In Wirklichkeit ist er durch seinen Unfall geschädigt, körperlich wie auch durch den Verlust des Semesters. Er hat keine Mutter, die mit ihm fast wie eine Gleichaltrige spielt. Seine Frau, die nun ganz für ihn und den Haushalt sorgt, tut dies zwar sehr liebevoll; aber es blieb ihm nicht verborgen, wie erschöpft sie von dem langen Arbeitstag und der zusätzlichen Hausarbeit war. Er sah sich in seiner Phantasie schon fest im Besitz der halben Million. In Wirklichkeit hatte der Anwalt ihn darauf aufmerksam gemacht, daß nicht sicher sei, ob er eine so große Entschädigung bekommen würde, obgleich er sie verdiente.

In gewisser Weise macht der Traum ihn also darauf aufmerksam, daß er die Wirklichkeit seiner jetzigen Situation verleugnet.

Auf der subjektiven Ebene gibt der Traum ihm zudem noch tiefere Einsichten. Da verweist die Mutter auf die Entwicklung seiner eigenen mütterlichen Seite, die er seit seiner Kindheit vernachlässigt hatte. Sein Leben stellte auf diesem Gebiet auch keine Anforderungen an ihn: Wie viele Menschen seiner Art hatte er immer Frauen gefunden, die die Mutterrolle übernahmen und ihn weiter Kind sein ließen. Er brauchte seine eigene

Mütterlichkeit gar nicht zu bemühen. Es kam noch hinzu, daß seine Mutter nicht nur ihn in einer idealen Rolle sah, sondern glaubte, daß auch sie selbst «zu etwas Besserem geboren» sei als dazu, in einem ärmlichen Stadtteil mit einem Alkoholiker zu leben, der sie dann außerdem noch verließ, so daß sie weitgehend auf Wohlfahrtshilfe angewiesen war. Hermann hatte nie eine Korrektur dieses Bildes erfahren und nie die wahre Lebenslage und die eigene Situation einsehen müssen. Dies sagte ihm nun der Traum: «Alles war wie Zauberei.» Alles hatte er sich bisher vorgezaubert, wie die Mutter. Und so hofft er jetzt auch, durch eine Art Zauberei reich zu werden. Das singt er sich selber vor. Vielleicht ist es Zeit, zu erwachen und zu realisieren, daß er 38 Jahre alt ist, sein Studium noch nicht beendet hat, finanziell abhängig ist von seiner Frau und gesundheitlich noch an den Folgen seines Unfalls leidet.

Die Konfrontation durch seinen Traum anzunehmen war für ihn nicht einfach, deswegen war es ihm nicht möglich gewesen, ihn selber zu deuten. Er dachte in den nächsten Wochen viel über den Traum nach und nahm zögernd und ungern Abschied von der Illusion, immer noch ein einzigartiger kleiner Prinz zu sein: Er merkte, daß es Zeit war, sich mit der nüchternen Wirklichkeit auseinanderzusetzen. Häufig gibt eine solche Erkenntnis dem Träumer zuerst einmal die Idee ein, daß er nun überhaupt kein Anrecht mehr darauf habe, sich helfen zu lassen, er meint, von nun an ganz trostlos nur auf sich selbst gestellt zu sein, daß es gar kein gegenseitiges Für-einander-Dasein gebe. So übertrieb auch Hermann die Idee des Erwachsenseins; er beschloß, sofort sein Studium wieder aufzunehmen, sich Arbeit zu suchen, die Haushaltsführung zu übernehmen und seine Scheu vor dem Autofahren zu überwinden, so daß er ohne Marias Hilfe zum Arzt fahren könnte. Es war aber beängstigend zu sehen, wie er sich zwang, den weiten Weg zur Universität zweimal am Tag zu fahren, stets voller Angst, daß er am Steuer einschlafen und auch in der Klasse nicht wach bleiben könne, da er immer noch an Müdigkeit litt. Trotz Marias Mahnung und der des Arztes, es etwas leichter zu nehmen, brachte niemand ihn von seinem Vorhaben ab, sozusagen über Nacht ein erwachsener Mensch zu werden. Da kam ein Traum zu Hilfe, der erste, den er seit unserem Gespräch erinnerte.

Es war eine Kombination von meinem früheren Zuhause bei meiner Mutter und dem Haus, in dem Renée ihren Beruf ausübt. Ich betone, daß alles sich in der beruflichen Umgebung abspielte, weil die Atmosphäre die einer therapeutischen Gemeinschaft war, nicht die eines Zuhause. Im Traum erschien es als ganz selbstverständlich, daß ich dort als Therapeut beruflich tätig war; ich ging ruhig und für alle sichtbar meiner Arbeit nach. Aber irgendwie empfand ich Schmerz; es war mir klar, daß niemand meine zutiefst verborgene Gefühlsseite wahrnahm.
Ich ging gelassen an Renée vorbei, sie war in der Veranda. Diese gläserne Veranda hat die Atmosphäre eines geschmackvollen französischen Cafés und eines Treffpunkts für Berufskollegen. Die täglichen Arbeitsvorgänge waren besprochen worden, und jetzt waren nur noch sie und ich in der Veranda. Ich sage Renée etwas, eine Bemerkung, die den Beruf betraf, aber auch mein tiefes Gefühl des Schmerzes enthielt. Sie schien dies aber nicht zu verstehen, denn sie reagierte nur auf der Berufsebene. Dies frustrierte mich, ich sagte etwas Zynisches und wollte gehen.
Diese zynische Bemerkung aber verursachte eine Konfrontation mit Renée. Ich sage Renée, obwohl es schien, als ob Renée und meine Mutter sich abwechselten. Wie auch immer, es kam nun zu einer therapeutischen Begegnung, und ich war der Patient. Plötzlich war ich im Mittelpunkt der Therapie, und es war eindeutig, daß ich nie selbst therapeutisch tätig sein sollte.
Ich versuchte zu zeigen, wie verletzt ich mich innerlich fühlte. Ich wollte darüber sprechen, daß andere überhaupt keine Ahnung hätten, was in mir vorgeht, was meine wirklichen Gefühle sind. «Ich bin ein guter Schauspieler», sagte ich, «daher kommt es, daß andere Menschen mich nie verstehen. Im Gegenteil, sie halten mein Gefühl der Verletztheit, das ich stets maskiere, für arro-

gant!» Es wurde mir deutlich, daß Renée/Mutter mich zum erstenmal wirklich hörte und nun die ernsthaft zuhörende Therapeutin war. Es war aufregend, zu sehen, was geschah. Sie nahm nun nicht mehr wie selbstverständlich an, daß ich ein junger Berufskollege war, der keine therapeutische Hilfe brauchte, sondern vielmehr ein sehr hilfsbedürftiger Mensch, der ihrer ganzen einfühlsamen Aufmerksamkeit bedurfte. Ich hatte nun wirklich ihre Aufmerksamkeit, und der therapeutische Prozeß hatte mit Erfolg begonnen.

Ich versuchte fast verzweifelt in Worte zu fassen, was ich innerlich fühlte. Ich stieß die Worte hervor: «Ich fühle mich so, wie saure Milch schmeckt.» Nun schien alles auf einmal sinnvoll zu sein. Es war, als hätten wir endlich etwas verstanden, von nun an konnten wir Fortschritte machen.

«Ja, ich bin sauer», sagte er als erstes. Er war verärgert über seine Lebenssituation. Auch Maria war nicht mehr nur die gütige Mutter, auch sie stellte Ansprüche an ihn. Er sollte ihr im Haushalt etwas mehr helfen und ein paar Verpflichtungen übernehmen. Es war nicht die Arbeit als solche, die ihn verärgerte, sondern daß das Kindsein nun scheinbar von niemandem mehr akzeptiert wurde. Aber etwas anderes, sehr Bedeutendes, kam noch dazu: Er hatte an seinem neuen Arbeitsplatz trotz zufriedenstellender Arbeit bei den jungen Patienten, mit denen er eine spielerische Art von Psychodrama machte, viel Ablehnung erfahren, die er sich nicht erklären konnte. Bei diesen Jugendlichen, die Psychodrama sehr gern mochten, galt er als «Angeber» und bei den Kollegen als überheblich und arrogant. Ihm selbst waren aber nur sein Schmerz und seine Unsicherheit bewußt; so erklärte er die Kritik der anderen mit deren Kurzsichtigkeit oder als Eifersucht auf seine Begabung. Es war ihm nicht eingefallen, den Fehler bei sich zu suchen.

Der Traum half ihm nun dabei. Das inflationierte Ichbild, das er von der Mutter mit dem roten Cape erhalten hatte, begann sich zu verändern. Die Mutter verschmolz mit Renée in der therapeutischen Funktion. Seine Assoziation zu mir: Hilfe durch all die Jahre, wenn er sie brauchte, in Form von Unterstützung wie auch Konfrontierung, und Hilfe auf dem Weg zum Unbewußten. Auf der subjektiven Ebene bedeutete das natürlich, daß er sich selbst den Einsichten seines Unbewußten gegenüber verpflichteter fühlen und erkennen sollte, daß das Unbewußte die nährende Mutter ist, also anders als die Mutter, die er hatte. Statt abzuwehren: «Ich brauche niemanden, ich kann alles besser als ihr», statt mit seinen Talenten und einigen früheren Erfolgen zu renommieren, sollte er sich seinen Kollegen offen als der Mensch zeigen, der er war: verletzt durch den Unfall, noch nicht ganz wieder genesen; verängstigt über den Verlust des einen Semesters; sich in Frage stellend, ob er es je schaffen würde; überängstlich, ob seine Arbeit gut genug sei für die Vorgesetzten. In einem Wort, er sollte sich erlauben, der Mensch zu sein, der er im Moment war, sich annehmen, wie er ist, und vertrauen, daß auch die anderen ihn annehmen könnten. Doch dazu müßte er den falschen Stolz fallenlassen. Irgendwo versteckte er sich immer noch hinter einem Heldenbild des Andersseins, des starken Mannes. Der Anspruch, den er an die Mitmenschen stellte – und das geht durch den ganzen Traum –, war, daß sie ihn verstehen sollten; es war ihm gar nicht bewußt, daß er an mich und die Umwelt den Anspruch stellte, seine Gedanken und Gefühle zu erraten, obgleich er sie maskierte und dann noch mit einem gewissen Stolz sagte: «Ich bin ein guter Schauspieler.» Denn dann folgt sogleich der Vorwurf an die anderen: «Sie deuten meinen Schmerz, den ich verheimliche, als Arroganz.» Es war nicht allzu schwer für ihn zu sehen, welch ein Anspruch sich hinter dieser Haltung verbarg. Erst als wir begriffen, wie er in überheblicher Weise auch sich selbst seine Ängste und seine wahren Gefühle nicht zugeben konnte, wurde die Annahme des Traumes etwas weniger schwierig für ihn.

Dies ist natürlich bei uns allen das gleiche: Unsere eigenen Schwächen anzunehmen und zu sehen ist immer schwieriger, als anderen die Schuld an unserem Versagen zu geben. Im Traum sagt Hermann: «Zum erstenmal hörte Renée/Mutter mich», zum erstenmal akzeptiert er, daß er ein bedürftiger Mensch ist und daß die Identifikation mit der Berufsrolle das nun nicht mehr verschleiern kann oder soll. Und in dem Moment, als er sich – vorerst nur im Traum – dies zugeben kann, «hat der therapeutische Prozeß mit Erfolg begonnen».

Nach der Bewußtmachung dieses Materials war es für Hermann wesentlich einfacher, sich offener und ehrlicher zu zeigen, und er bemerkte sehr schnell, daß Kollegen, Vorgesetzte, ja seine Mitmenschen im allgemeinen ihn gern mochten, ihn annahmen mit seinen Begrenzungen und in einfühlender Weise ihm zur Seite standen, seine körperlichen und seelischen Probleme mit ihm teilten. Er fragte sich, warum es ihm so schwergefallen war, für sich selbst eine gute und akzeptierende Mutter zu sein, warum er so lange in der Rolle des einzigartigen Kindes hatte verharren wollen, besonders da ja die Gewinne dieser unangemessenen Haltungen an jedem Tag, an dem er älter wurde, geringer wurden.

Muß ich wirklich Mutters Kleider tragen?

Jeder von uns – und das geht nun allen Menschen so – empfindet sich als mißverstanden, wenn die Rolle, die wir uns ausgesucht haben, die Maske, hinter der wir uns verbergen, von der Umwelt nicht akzeptiert wird. Häufig fürchten wir, daß eine Therapie oder sogar nur ein paar therapeutische Gespräche uns zu einem schmerzlichen Verlust zwingen werden, und wir weichen diesem Erlebnis aus. Zumeist erkennen wir nicht, wie schmerzlich es ist, mit der Bürde einer Wahnvorstellung einer schlecht angepaßten Verhaltensweise zu leben. Selbst eine kleine Neurose, die uns hindert, unsere Fähigkeiten mühelos zu nutzen, ist eine Last, die wir nicht zu tragen brauchten. Wenn wir diese Bürde abgeben, befreien wir uns gleichzeitig von unnötigem Schmerz und entdecken, wieviel einfacher und erfreulicher Leben sein kann. Therapie nimmt uns nichts, sie gibt uns viel Positives.

Eine gute Mutter für sich selbst zu sein bedeutet, sich selbst anzunehmen, für sich selbst ein guter Therapeut zu werden; der ursprüngliche Sinn des Wortes Therapie ist Heilverfahren, und dies ist uns auch dann möglich, wenn wir nicht erst Medizin studieren. Der Traum sagt uns alles, was wir wissen müssen, um zu unserem inneren Frieden, unserem Zentrum zu kommen.

Für manche Menschen ist der Weg zu sich selbst sehr lang. Dies sind zumeist Menschen, die als Kinder keine Hilfe erhalten haben, den Weg zu sich selbst zu finden, oder die durch ihre Umgebung auf eine ganz falsche Fährte gebracht wurden. Elfie ist es so ergangen, und ein Traum aus dem Anfang der Therapie zeigt auf, wie die Persönlichkeit ihrer Mutter ihrem Weg das Gepräge gab. Der Traum heißt «Viele Kleider».

Ich bin in einem billigen Kleidergeschäft, das vollgestopft ist mit billigen Ausverkaufskleidern. Ich versuchte, ein schwarzes Tanztrikot (Lamskin) zu finden, fand aber nur blaue und rosafarbene. Dann ging ich in ein sehr teures, elegantes Kleidergeschäft, um meine Mutter dort zu treffen. Sie probierte Kostüme an und sagte, sie würde mich später treffen und daß sie mich nicht dabeihaben wolle. Ich ging zur Kosmetikabteilung. Die Verkäuferin sagte mir, was alles mit meiner Haut nicht in Ordnung sei, und zeigte mir, wie ich das mit dem richtigen Make-up verbergen könne. Ich ging zurück und suchte meine Mutter, aber ich fand sie nicht. Der Laden wurde geschlossen; ich wurde mit eingeschlossen und sah gerade noch, daß meine Mutter wegging.

Die Beziehung zwischen Elfie und ihrer Mutter bestand in der Realität aus einem gemeinsamen Interesse an Kleidern, Schmuck, Kosmetik und ähnlichem. Dies war einerseits verwunderlich, da beide Frauen gut aussahen und intelligent waren, andererseits aber lebten sie in einem Milieu, in dem viel Geld für teure Kleider ausgegeben wird, für elegante Gesellschaften, Reisen zu internationalen Plätzen und Aufenthalte in Luxushotels. Dies war in Elfies Leben üblich gewesen. Dieser Lebensstil ließ Elfies Mutter wenig Zeit, sich um ihr Kind zu kümmern; schon in jungen Jahren fand Elfie heraus, daß sie die Aufmerksamkeit ihrer Mutter stets gewinnen konnte, wenn sie mit ihr über Kleider sprach oder vorschlug, mit ihr einkaufen zu gehen. Dafür fand die Mutter stets Zeit.

Als Elfi 21 Jahre alt war, wurde ihr durch die Bekanntschaft mit einem nur wenig älteren jungen Mann bewußt, wie leer und oberflächlich ihr Leben war; er half ihr, die häufigen Kopfschmerzen, ihre Müdigkeit und ihre Passivität im Licht ihrer dürftigen Existenz als etwas zu verstehen, das sie ändern könne. So kam sie in die Therapie, und nach einigen Gesprächen schon brachte sie den Kleidertraum. Da wir aber annahmen, daß nichts, was uns schon bewußt ist, im Traum wiederkommt, mußten wir davon ausgehen, daß dieser Traum Elfie auf der Objektstufe wenig Neues zu sagen hat und seine Botschaft eher auf der Subjektstufe zu suchen ist.

Dem Traum war am Tage vorher nichts Besonderes vorausgegangen, wie Elfie sagte. Sie hatte sich müde gefühlt, fand, daß ihre Therapie wenig Fortschritte machte, daß ihr Leben nicht viel anders war als vor der Therapie (sie war aber erst viermal in Therapie gewesen), daß wieder ein großes Paket mit glitzernden Sandalen für ein Abendkleid, ein Abendkleid, ein Umhang und ähnliche Dinge von der Mutter eingetroffen war. Da diese Pakete häufig kamen, bedeuteten sie Elfie nicht viel. Ihr Bericht klang freudlos, sie schien deprimiert, was ihr aber erst bewußt wurde, als ich sie danach fragte.

Diese passive, depressive Art war auch in Elfies Traum sichtbar, ihr aber nicht bewußt. Im Traum will sie nun ihre Mutter treffen, aber die Mutter schickt sie weg. Elfie hatte darauf überhaupt keine Reaktion, fragt auch nicht, wann und wo sie sie wiedertreffen könne; auch als ihr die Verkäuferin allerlei unangenehme Dinge über ihre Haut sagt, bleibt sie ohne Reaktion; es wird auch nicht deutlich, wie sie die Empfehlung zur kosmetischen Behandlung annimmt, ob sie die Verkäuferin ernst nimmt, ob die Diagnose der Frau sie ärgert oder amüsiert – alles bleibt offen, gleichgültig. Es ist wenig innere Bewegung in dem Traum und deshalb nicht verwunderlich, daß Elfie auch am Tag vor dem Traum keine Bewegung in ihrem Leben und in ihrer Therapie spüren konnte; sie war gelangweilt und deprimiert. Am Schluß des Traumes erhält Elfie von ihrem Unbewußten eine erstaunlich klare und einfache Konfrontierung: Sie ist eingeschlossen in einem großen, teuren Modegeschäft. Und ihre Mutter verläßt sie, ohne sich überhaupt zu kümmern, wo Elfie ist. Auch hier ist wieder auffällig, wie passiv und reaktionslos sie die Tatsache, dort über Nacht eingeschlossen zu sein, hinnimmt. Kaum jemand von uns würde auf diese unlebendige Weise reagieren. Sie verstand die Nachricht ihres Unbewußten nur zu gut, war sie doch schon seit langem unzufrieden mit sich, aber statt aktiv ihr Leben anzupacken, zog sie sich immer mehr zurück in die Welt

der Mutter, die Welt der eleganten Persona. Mit Persona meint Jung die äußere Erscheinung. Kleider, Make-up sind im Traum häufig Symbole für diese äußeren Dinge. Natürlich ist es nicht falsch, sich an hübscher Garderobe zu freuen oder Make-up zu benutzen. Es ist aber von Bedeutung, welchen Platz, welche Wichtigkeit diese Dinge in unserem Leben haben.
Es gab gewiß auch in der Umgebung der Mutter Frauen, die auch noch andere Interessen hatten als nur Kleider, und in Elfies Generation gab es viele gutaussehende Mädchen, die studierten und dennoch Zeit fanden, sich zu pflegen und hübsch auszusehen. Die völlige Identifizierung mit der äußeren Erscheinung und allem, was dazu gehört, war wohl mit Recht von Elfies Freund als Neurose bezeichnet worden. In der Identifikation mit ihrer Mutter hatte Elfie nie eine echte fürsorgliche Mütterlichkeit erlebt oder entwickeln können. So hatte sie auch wenig mit ihrer Intelligenz und ihrer künstlerischen Begabung angefangen. Alles lag brach. Im Traum gab es zwischen Elfie und dem Begriff «Mutter» keine Verbindung. Aber Elfie sucht offenbar innen und auch außen nach einer echten Mütterlichkeit. Aber sie kann sie nicht finden, im Gegenteil: Die Traummutter geht fort und läßt Elfie in einem Kleiderladen über Nacht. Dieses Gefühl des Eingeschlossenseins war Elfie wohlbekannt. Sie empfand häufig, daß sie hoffnungslos eingekapselt war in der Welt der Mode und des Make-up. So waren ihre Tage zumeist öde und leer.
Ihr Leben nahm eine andere Wende, als sie begann, ihr zeichnerisches und malerisches Talent zu nutzen: Sie ging auf eine Kunstschule und lernte Modezeichnen. Das ganze Gebiet der Mode bekam plötzlich eine neue Bedeutung; sie machte Entwürfe für Modehäuser und nahm eine Stellung an. Sie hatte nun einen richtigen Arbeitstag, fand neue Freunde und eine gutgelungene Sublimation ihres Interesse für Garderobe, Materialien, Schmuck und Make-up. Sie lernte, für sich eine Existenz aufzubauen, die ihr Arbeit, Erfolg, Entspannung und Freude brachte. Dadurch wurde sie auch frei von der Abhängigkeit von

ihrer persönlichen Mutter und mußte sie nun nicht mehr in Wirklichkeit oder in Träumen im Kleidergeschäft suchen gehen.
Um über die persönliche Mutter hinauswachsen zu können, muß man sich zuerst bewußt machen, wie sehr unsere eigenen Mutterfunktionen, besonders in der Beziehung zu uns selbst, durch das Vorbild der leiblichen Mutter geprägt sind. Unser äußeres Muttersein ist häufig sehr verschieden – ja geradezu gegensätzlich von dem der Mutter. War unsere Mutter sehr streng, so sind wir möglicherweise mit unseren Kindern nachsichtig. Aber wir müssen uns dann immer noch fragen, ob wir für uns selbst eine strenge oder eine nachgiebige Mutter sind. Der Traum antwortet stets wahrheitsgetreu auf diese Frage.

Will ich wie die Mutter sein?

Eine viel tiefergehende, viel kompliziertere Mutterbeziehung bestand zwischen Eva und ihrer Mutter. Auch hier handelt es sich zum Teil um ein Personaproblem, das aber ganz anders geartet ist als das von Elfie und ihrer Mutter.

Eva und ihre Mutter waren im Aussehen zum Verwechseln ähnlich. Eva war 23 Jahre, ihre Mutter 43. Beide waren fast gleich groß, sehr schlank und sportlich. Beide waren Reiterinnen, und wenn man sie zusammen ausreiten sah, glaubte man, sie seien Schwestern. Aber sie hatten noch mehr gemeinsam als nur ihr Aussehen und ihr Interesse am Pferdesport. Beide teilten eine fast altmodische Ehrerbietung für den Vater, für seine Wünsche, seine Erwartungen an sie, seine Ansichten. Vater war Kapitän auf großen internationalen Schiffen und war oft nur wenige Tage daheim. Für ihn war dies ein ideales Leben, da er sich auf dem Wasser mehr zu Hause fühlte als auf dem Lande. Er liebte sein schwimmendes Heim, die fast zwanghafte Disziplin seiner Mannschaft, die nie endende Reinigung des Schiffes und die stete Überwachung aller Maschinen. Er war Gott in diesem kleinen Universum, besonders nachts, allein hoch oben auf der Brücke am Steuer dieses mächtigen Schiffes. Er war stolz darauf, eine Welt geschaffen zu haben, in der alles am richtigen Platz war und funktionierte. Und so meinte er, daß die übrige Welt genauso funktionieren konnte und mußte und daß auch seine Familie sorglos sich in der Welt daheim fühlen sollte.

Frau und Tochter versuchten, sich weitmöglichst seiner Erwartung anzupassen. Peter, sein einziger Sohn, ein Träumer und introvertierter Gefühlsmensch, ging seinen eigenen Weg. Als er mit 19 Jahren zum Wehrdienst eingezogen wurde, litt er sehr, und er konnte die Idee des Tötens anderer Menschen nicht annehmen. Ein Versuch, mit seinem Vater darüber zu sprechen, mißlang, da der Vater es im Krieg zu hohem Rang in der Marine gebracht hatte. So fühlte sich Peter als ein Versager. Der Gedanke, mit dem seine Mutter ihn beruhigen wollte, daß der Militärdienst nur zwei Jahre dauere und er in dieser Zeit wohl nicht zu aktivem Dienst herangezogen werde, tröstete ihn nicht. Er wurde zunehmend deprimiert, und eines Tages beging er Selbstmord, indem er von einem sehr hohen Berg in eine abgrundlose Tiefe sprang. Da dem Vater dieses Verhalten völlig unverständlich und daher auch unglaubwürdig erschien, nahm er es als Tatsache, daß Peter in den Bergen verunglückt sei. Später rief Peters bester Freund Eva und ihre Mutter an und erzählte, daß Peter ihm seine Selbstmordpläne anvertraut hatte, aber daß er ihn nicht hätte hindern können. Die Mutter wußte, daß dies die Wahrheit war, aber Peters Vater hielt es für Gerüchte, der junge Mann habe sich nur wichtig machen wollen, natürlich sei Peter bei einer Feldübung in den Bergen verunglückt. Der zweideutige Bericht der Armee machte es ihm leicht, bei seiner Version zu bleiben. Und von da an sprachen auch Mutter und Tochter von Peters Unglück in den Bergen. Der Vater war in angemessener Form traurig beim Begräbnis des Sohnes, sagte aber Frau und Tochter, die viel zu Hause weinten, daß dies unrealistisch sei, daß ja keine Tränen den Toten zurückbringen könnten. Dies war die typische Einstellung des Vaters, der Mutter und Tochter sich anzupassen suchten.

Im allgemeinen galten dem Vater Gefühle – besonders negative – als eine unproduktive Energieverschwendung. «Ich habe keine Probleme, die nicht gelöst werden können», sagte er einmal. «Ich gehe nie mit einem Problem zu Bett – ich denke darüber nach und finde die Lösung, die ich dann am nächsten Tag in die Tat umsetze.» Er verstand es nicht, wenn seine Tochter von Problemen sprach, und daher unterließ sie es. Auch seine Frau sprach wenig von Gefühlen, da sie wußte, daß ihr Mann es lieber habe, wenn sie von Tatsachen und Realitäten sprach.

So hatte Eva von früh an gelernt, Gefühle zu unterdrücken und, soweit es ihr möglich war, alles intellektuell zu lösen. Es brauchte fast ein Jahr Therapie, bevor sie die ersten Versuche machte, sich aus der Enge dieses Milieus zu befreien. Der erste Traum, der dies andeutete, hieß «Kurze Haare»:

Meine Mutter und ich gehen zur Nationalen Pferdeschau, wo meine Mutter als Schiedsrichterin fungieren wird. Bevor wir gehen, beginne ich plötzlich, mir die Haare zu schneiden. Ich weiß, daß meine Mutter auf mich wartet, aber ich muß unbedingt mein Haar erst fertig schneiden. So vergeht eine Stunde, und ich denke, daß meine Mutter schon sehr ärgerlich sein muß und vielleicht sogar schon gegangen ist. Einige frühere Schulfreundinnen sitzen in der Nähe an einem Tisch, und ich unterhalte mich mit ihnen, während ich weiter meine Haare schneide.

Auch dies ist ein Traum, in dem die Persona, die äußere Erscheinung, eine Rolle spielt. Aber hier ist dies von anderer Bedeutung als bei Elfie. Eva bringt zu diesem Traum die folgende Assoziation: «Meine Mutter ist immer der Richter über meine Haare. Sie will nicht, daß ich sie abschneide, weil ich dann zu jungenhaft aussehe. Ich habe bisher nicht gewagt, ihr zuwiderzuhandeln oder es mit ihr auszufechten. Im Traum bin ich viel mutiger als im Leben. Aber ich glaube, daß ich mir jetzt doch die Haare kurz schneiden lassen werde, auch wenn es ihr nicht gefällt. – Die Mädchen aus meiner Schule, als wir 15 Jahre alt waren – ich hab' bisher nie mehr an sie gedacht. Bei denen gab es zu Hause auch immer Krach wegen der Haare – zu lang – zu kurz – Dauerwelle – keine Dauerwelle usw. Aber die haben schon damals den Mut gehabt zu kämpfen. Ich tue es erst jetzt. Im Traum kann ich es ertragen, daß meine Mutter ärgerlich ist, und es macht mir keine Angst.» Sie holt nach, was sie als Backfisch versäumt hat.
Ich nahm an, daß nun bald ein anderes Mutterbild auftauchen würde, und dies geschah auch schon im Traum der nächsten Nacht. Eva nannte ihn «Geschenk».

Tante Hilde strickte einen Sweater für mich. Er sitzt ganz wunderbar und zeigt meine Figur im besten Licht. Ich bin sehr froh über das schöne Geschenk.

Tante Hilde ist eine Schwester der Mutter, aber wesentlich selbständiger als Evas Mutter. Obgleich sie eine sehr sanfte und gütige Person ist, ist sie lange nicht so unterwürfig gegenüber ihrem Mann, wie ihre Mutter es ist, sagt Eva. Kampf, Szenen, Argumente gab es bei dieser Familie nie. Man war liebenswürdig, und Eva durfte auch ihre Ansichten vertreten. «Tante Hilde akzeptiert mich so, wie ich bin, und sie hätte auch nichts dagegen, wenn ich meine Haare kürzer schneiden würde.»
Da wird Eva nun bewußt, wie entscheidend es ist, daß sie sich zu akzeptieren beginnt und daß sie dies auch ohne viel Kampf mit den Eltern tun kann. Eva ist im Grund auch ein gefühlvoller, gütiger Mensch – nur um Vater und Mutter zu gefallen, hat sie versucht, Gefühle nicht zu zeigen und so sachlich wie möglich zu sein. Nun beginnt sie sich zu ändern. Dieser Personatraum hat auch nicht so sehr mit der äußeren Erscheinung zu tun, vielmehr wird der Sweater hier zum Symbol des Geschenkes der akzeptierenden Mutterfigur.
Doch dauert es noch viele Monate, bis sie folgendes träumen und wirklich Kontakt mit ihren Gefühlen zulassen und sich selbst akzeptieren konnte: «Das Haus in Plastik».

Ich will eine Parade anschauen. Viele Leute stehen auf beiden Seiten der Straße und warten, daß die Parade anfängt. Ich selbst sitze an einer Straßenecke auf dem Bürgersteig mit Jungen und Mädchen aus meiner Backfischzeit. Jemand gibt mir eine Propagandaschrift der Armee und der Marine, ein kleines Notfall-Kästchen mit Material für die Lebensrettung und einen Holzstab, mit dem man die Zunge herunterdrücken kann, wie man ihn bei epileptischen Anfällen benutzt. Ich habe so ein Kästchen schon vorher bei einem Schwimmkurs für Lebensrettung gesehen. Das Propagandablatt enthält auch Photos von neuen Schiffen. Während die

Leute auf der Straße sich einen Platz suchen, von dem aus sie die Parade gut sehen können, kommt meine Mutter eilig auf ihrem Pferd angeritten. Sie sagt mir, daß die Leute, die am Ende der Straße wohnen, nicht, wie man angenommen habe, in Ferien seien, sondern daß sie ihr ganzes Haus in Plastik eingewickelt und es damit völlig versiegelt hätten. Sie seien alle im Haus, und das bedeute, daß sie alle auf diese Weise Selbstmord verübt hätten. Einige Beamte seien auf dem Weg, um Fakten für das Protokoll aufzunehmen. Sollte es wirklich der Fall sein, daß die ganze Familie Selbstmord begangen habe, dann würde es keine Parade geben und die ganze Stadt würde wie vernichtet sein vor Trauer. Es scheint, daß meine Mutter recht hat. Sie ist sehr beunruhigt. Die Freundin, mit der ich zusammen bin, und ich fangen an zu weinen, und wir schluchzen herzzerbrechend.

Ich konnte mir gar nicht erklären, was zu diesem Traum geführt haben konnte, da ihr Leben im Augenblick in ruhigen Bahnen verlief und sie wesentlich selbständiger und erwachsener geworden war. Aber ihre Assoziationen brachten Klarheit.
Eva hatte den Tag vorher, Sonntag, mit ihrem Vater und ihrer Mutter verbracht; es war ein schöner Tag. Mutter und Tochter gingen reiten, dann arbeiteten sie im Treibhaus, kochten – es war sehr friedlich; auch die interessanten Photos, die der Vater von der letzten Fahrt mitgebracht hatte, enthielten nichts, was zu einem solchen Traum Anlaß gab. Wir schwiegen beide, als sie plötzlich sagte: «Ich glaube, daß ich nach unserer Stunde meine Mutter anrufen werde.» «Wieso», fragte ich erstaunt, «Sie haben sie doch gerade erst gestern gesehen?» «Heute wäre mein Bruder 26 Jahre alt», sagte Eva, «und ich weiß, daß meine Mutter auch daran denkt und traurig sein wird.» «Haben Sie gestern nicht darüber gesprochen?» fragte ich. «Nein», sagte Eva, «wir sprechen nie über so etwas.» «Wieso nicht», wollte ich wissen. Eva wollte nicht darüber sprechen, weil sie die Mutter nicht traurig machen wollte, und die Mutter sprach mit Eva aus dem gleichen Grunde nicht. Und beide wußten, daß der Vater es gar

nicht schätzen würde, wenn darüber gesprochen würde, denn wie er schon vor sieben Jahren gesagt hatte: «Das würde den Toten ja auch nicht wieder zum Leben bringen.»

Nun aber war Eva so weit, daß sie ihren Gefühlen Ausdruck geben und die Mutter wissen lassen wollte, daß sie mit ihrem Herzen bei ihr ist. Die Tränen liefen ihr herunter, als sie davon sprach. Und plötzlich waren ihr der Traum und seine Botschaft ganz klar. So wie die Familie am Ende der Straße, so wohnte auch ihre Familie in einem luftdicht versiegelten Haus; zwar würde dort niemand Selbstmord verüben – außer dem Bruder, der hatte es getan, weil er sich so einsam im Elternhaus gefühlt hatte –, aber sie hatten alle drei ihre Gefühle ermordet.

Das war ihr nun schon seit längerer Zeit klar: Immer wenn sie in ihren Träumen zu einem neuen Stück Ichwerdung bereit war, erschienen die Freunde aus der Jugendzeit. Da war Eva noch viel mehr sie selbst gewesen und hatte wenigstens zu ihrer Mutter noch über Gefühle und Erlebnisse mit Jungen gesprochen. Jetzt wurde sie wieder eher sie selbst. Im Traum war die Mutter nur «besorgt», sie selbst aber konnte in ihrem Schmerz sich das Schluchzen erlauben. Die Protokoll aufnehmende Obrigkeit, die den wahren Tatbestand feststellen wollte, assoziierte sie mit ihrem stets sachlichen Vater. Und die Mutter war wie immer, das Vorbild der Frau, die auch im Schmerz noch funktionierte, auf dem hohen Roß daherreitend, und zusieht, daß die Parade stattfinden kann. Solange Evas innere Mutter auch von ihr solche Leistungen verlangte, konnte sie innerlich keine nährende gute Mütterlichkeit entwickeln. Aber nun ließ eine neugefundene gefühlswarme Mütterlichkeit es zu, den Tod des Bruders zu beweinen und sich die leblose Atmosphäre ihres Elternhauses einzugestehen. Darüber war sie zutiefst erschüttert.

Von der verstoßenden und der abwesenden Mutter

Für Oliver, 28 Jahre, barg die Beziehung zur Mutter keine Verwöhnung, kein Heldenbild. Oliver war ein Filmstar, verdiente viel Geld und war schon recht berühmt. Die Mutter beschrieb er als eine Frau, die gewissenhaft, aber beziehungsunfähig war, alles «richtig» machte mit ihren Kindern, aber zwischen sich und dem Jungen großen Abstand hielt. Sie nahm auch an seinen großen Erfolgen nie teil, interessierte sich wenig für ihn und hatte nach dem Tod ihres Mannes, seines Vaters, genügend Geld, um zu reisen. Er sah sie wenig. So war es nicht verwunderlich, daß er selbst gleichgültig seinem eigenen Leben gegenüberstand. Er wollte nicht mehr länger Schauspieler sein, wußte aber nicht, was er mit seinem Leben anfangen sollte, und wurde zunehmend depressiver. Ein Freund, Martin, unterhielt sich Nächte lang mit ihm, doch ohne Erfolg. Martin, der ein früherer Patient von mir war, hatte ihm gesagt, wie sehr ich an Träumen interessiert bin. So schickte Oliver mir einen Traum durch Martin. Er wollte wissen, was der Traum bedeute, und bat mich, Martin die Deutung zu sagen. Martin hoffte natürlich, daß dies der Anlaß für eine erste Therapiestunde für Oliver sein könnte. Der erste Traum lautete:

In meinem Haus sind viele, zu viele Leute. Das Haus schwankt, draußen ist ein Orkan. Ich rate den Leuten zu gehen, der Orkan könnte gefährlich für sie werden. Meine Mutter ist auch da, alle gehen, nur sie bleibt. Als alle fort sind, hört der Orkan auf, das Haus steht wieder still. Ich bin wie befreit, bin froh, mit meiner Mutter allein zu sein. Lege meinen Arm um ihre Schulter, sie wehrt ab. Es scheint, daß sie gar nicht gemerkt hat, was vor sich

gegangen ist, und überhaupt nicht wahrnimmt, wie mir zumute ist. Ich schlage vor, daß wir aus dem Haus gehen.
Als ich die Tür öffne, um zu gehen, ergreift mich die Flut und trägt mich aus dem Haus. Ich kann mich kaum halten und rufe meiner Mutter zu, daß sie mir helfen soll. Sie ist wie vorher, sie steht geistesabwesend, teilnahmslos auf der obersten Stufe der Treppe, die von der Haustür zum Meer hinunterführt. Das Wasser ist etwas heruntergegangen, sie ist nicht von der Flut bedroht. Ich werde vom Wasser hin- und hergeworfen; ich rufe laut um Hilfe. Sie scheint mich nicht zu hören. Ich habe Angst, weil das Wasser so aufgewühlt ist, und ich merke, daß meine Kräfte schwinden. Meine Mutter geht fort, ohne mir zu helfen, ich versuche noch einmal um Hilfe zu rufen, ich wache auf von der Mühe, den Schrei herauszulassen. Es klingt wie ein krächzendes Würgen. Als ich aufwache, habe ich immer noch Angst.

Ich sagte Martin, als er mir den Traum brachte, daß dies kein guter Traum sei und daß sein Freund so schnell wie möglich zu mir kommen sollte; außerdem solle er, Martin, sich um ihn kümmern und ihn nicht allein lassen. Martin sagte, daß ihn der Traum auch geängstigt habe, daß er auch das Gefühl hatte, daß die Lebenskräfte durch die tiefe Depression geschwächt seien. «Ja», sagte ich, «sein Lebenswille ist auch nicht mehr sehr stark – passen Sie auf ihn auf.» Es beunruhigte mich, daß Olivers innere Mütterlichkeit sich so «geistesabwesend» und abweisend, ja fast gelangweilt verhielt. War er sich selbst gegenüber so gleichgültig geworden?
Der Traum spricht eine deutliche Sprache: Die vielen Leute verweisen auf die starke Extraversion, die der Schauspielerberuf mit sich bringt; da fängt ein Haus, das ja Sicherheit geben soll, schon zu schwanken an. Es ist gut, daß er sich frei machte von dem Druck, dem er ausgesetzt war; und sein Traum bestätigt, daß dies ein guter Schritt war – der Orkan hört auf, sobald die Leute fort sind. Und nun glaubt und hofft er, etwas Stütze, Wärme und Nähe von der Mutter zu erhalten. Mit Trauer wird er

gewahr, daß sie ihn nicht annimmt. Er verliert den Boden unter den Füßen. Das Wasser, sein Unbewußtes, droht ihn fortzuschwemmen; er ist in Lebensgefahr.

Martin, der ihn zu mir bringen wollte, kam zu spät. Oliver hatte sich das Leben genommen. Er hatte einen Brief an seine Mutter hinterlassen, indem er sie bat, ihm seinen Selbstmord zu verzeihen, auch für Martin war ein Brief dort, in dem er ihm für all die Mühe dankte, die er sich gegeben hatte, ihn aus seiner Depression zu retten. Er fühlte aber, daß er weder die Kraft hatte, ein neues Leben zu beginnen, noch weiter so leben wollte wie bisher. Er schrieb, daß er sich fühle wie im Traum: ertrinkend, angstvoll, hoffnungslos.

Die Mutter, die das Urbild des Nährenden, des Lebensspendenden ist, war «geistesabwesend». Sicherlich ist es schmerzhaft für jeden Menschen, eine so abweisende, uninteressierte Mutter zu haben. Wenn aber die innere Mutter, die Kraft und die Seite in uns, die uns nährt, wenn diese Quelle des Lebens in uns geträumt wird als abwesend und wir unsere eigenen Hilferufe nicht mehr hören, ihnen nicht mehr folgen, dann kann es geschehen, daß das Unbewußte uns überflutet. Wir sinken tief hinunter in die dunkle Sphäre, die Erich Neumann die «mythische Welt» nennt, mit anderen Worten, wir werden «geistesgestört». Auch der Begriff «Wahn-Sinn» macht deutlich, was vor sich gehen kann. In Olivers Traum ist die lebenspendende Quelle, das Meer, so aufgerührt, daß das Ich keine Kraft mehr hat, sich über Wasser zu halten. Das machtvolle Unbewußte erschöpft das Ich völlig, und der Tod bietet sich als der einzige Ausweg an.

Als Martin den Nachlaß des verstorbenen Freundes durchsah, fand er ein Tagebuch, daß auch ein paar Träume enthielt. Er brachte mir einen aus der Zeit, da Oliver sich entschlossen hatte, nicht weiter im Film zu arbeiten. Natürlich war es der Filmgesellschaft gar nicht angenehm, einen so beliebten Schauspieler zu verlieren, und sie machten ihm «ein sehr verlockendes Angebot für einen neuen Film», wie er in seinem Tagebuch schrieb. In der darauffolgenden Nacht hatte er einen Traum:

Ein wunderschöner Ozean, wie das Mittelmeer. Ich bin in einer hotelartigen Umgebung, bin aber ganz für mich. Das Telefon klingelt für mich, und man ruft mich ununterbrochen über den Lautsprecher. Ich versuche, mich zu verstecken. Ich ziehe meinen Badeanzug an und laufe zum Strand, ich bin allein dort. Das Meer ist ein herrliches Grün und Blau.

Tagebucheintragung: «Ich habe das Angebot abgelehnt. Ich fühle mich erleichtert.»
Wie wunderbar harmonisch damals – nur drei Monate vor seinem Selbstmord – das Leben für ihn war. Es tat mir weh zu denken, wie anders vielleicht alles gekommen wäre, wenn er zur Zeit dieses Traumes in Therapie gegangen wäre. Es war logisch, aber von ihm nicht vorausgesehen, daß nach der Euphorie der Befreiung von dem Arbeitsdruck eine Zeit der Ratlosigkeit und Depression folgen würde, was auch viele Menschen, die in den Ruhestand gegangen sind, erfahren haben. Die Farbe des Himmels und des Wassers, das herrliche Blau verschwindet, das saftige Grün der Natur verschwindet ebenfalls, statt dessen nimmt ein trübes Grau ihren Platz ein. Zweimal symbolisiert für diesen Menschen das große Wasser die Mutter; häufig symbolisiert auch die Erde die Mutter, da wir aber vorgeburtlich im Leib der Mutter, im Wasser enthalten sind, kann auch das Wasser auf den Archetyp der Mutter hindeuten. Hier erscheint das Meer als die Kraft, die seine Wiedergeburt ermöglichen könnte. Später wendet die Mutter sich von ihm ab und erscheint symbolisch im Bilde des aufgewühlten Meeres als die furchtbare, dunkle, verschlingende Mutter. Gegen sie ist er machtlos, und sie ist es, die ihn hinunterzieht in den selbstgewählten Tod.

Fast immer ist der Kampf zwischen Tod und Leben, der einem Selbstmord vorausgeht, unschwer von den Träumen, die diesen Kampf begleiten, abzulesen, aber zumeist ist dem Träumer die Traumsprache unzugänglich. Ein Beispiel dafür ist der Traum eines chronisch Schizophrenen:

Meine Mutter kommt mit einem großen Wagen, einer Art Lastwagen. Hinten auf dem Wagen ist ein großer Tank mit Wasser. Darin schwimmt ein rohes Ei ohne Schale. Ich erschrecke bei dem Gedanken, daß das Ei durch den Abfluß mit dem Wasser weggespült werden könnte. Ich frage angstvoll: «Was dann?» und wache mit Angst auf.

Die Mutter hier ist ein mächtiger Archetyp. Nicht nur fährt sie einen Lastwagen, sie fährt außerdem auch noch den großen Bauch des Wassertanks mit sich herum; darin schwimmt der noch ungeborene Sohn – das Ei ohne Schale. Der 25jährige Träumer könnte nicht besser beschrieben werden als so: «ein Ei ohne Schale». Die Möglichkeit, ihn je von der schützenden und auch umschlingenden Mutter zu befreien, war gering. Die Gefahr, vom Unbewußten völlig verschlungen zu werden und in eine tiefe Nacht abzusinken, war dagegen in der Tat sehr groß. Die Mutter sitzt am Steuer und sieht nur nach vorn. Sie leugnete die Krankheit ihres Sohnes und versuchte immer wieder, ihn in Situationen zu bringen, die ihn «normal» erscheinen ließen. So ließ sie ihn auf einem Familienfest so viel Champagner trinken, daß er betrunken war und beweisen wollte, daß er fliegen könne, und bevor ihn jemand hindern konnte, sprang er mit ausgebreiteten Armen vom Dachgarten im 26. Stock und war tot, als er auf dem Straßenpflaster aufschlug.
Wir alle kennen Mütter, die körperlich oder geistig behinderte Kinder haben. Immer wieder schaffen sie Situationen, die beweisen sollen, daß Sohn oder Tochter wie andere Jugendliche sind, vielleicht nur etwas stiller. Natürlich weiß jeder, daß dieser junge Mensch zurückgeblieben ist, tut aber so, als sei er ganz normal; und keiner wagt, die Mutter damit zu konfrontieren, daß sie ihn dauernd mit ihren unausgesprochenen Anforderungen überbürdet. Das behinderte Kind fühlt, daß etwas verlangt wird, das es nicht leisten kann, aber es fehlen ihm die Worte, dies auszudrücken. Ein solcher Mutterarchetyp entspricht nicht der nährenden und schützenden Mutter, die ein schizophrener jun-

ger Mann oder ein behindertes Kind so sehr brauchen und sich ersehnen – sie zeigt sich hier als die furchtbare und gefürchtete Mutter, die im Unbewußten und in Träumen zuweilen auch als Hexe erscheint.

Folge deiner inneren Stimme!

Wieviel oder wie wenig Freiheit eine Mutter ihrem Kind geben soll, läßt sich nicht verallgemeinern: Das hängt von der Persönlichkeit der beiden Menschen ab, von der gegebenen Situation, der Rolle des Vaters und der Geschwister und noch vielem mehr. Der folgende Traum zeigt, wie die Ablösung eines 16jährigen Jungen von seiner Mutter beginnt. Er hatte bisher eine gute, freundliche Beziehung zu ihr, und ziemlich plötzlich wurde er rebellisch und «schwierig», sicherlich empfanden nicht nur die Eltern ihn als schwierig; er erlebte die Eltern auch als «schwierig». Dies ist der Traum, der einer Auseinandersetzung mit der Mutter folgte:

Ich ging die Straße entlang, es war sehr dunkel, obgleich es mitten am Tag war und Sommer und heller Sonnenschein. Die Bäume wölbten sich über die Straße und machten sie dunkel. Ich ging bis zu der Stelle, wo die Straße sich teilte. Ich ging ein kleines Stück nach rechts; dort war ein braunes einstöckiges Haus zu meiner Rechten. Ich ging in das Haus hinein und traf dort jemanden, der Igmad hieß. Wir spielten Schach. Die Szene ändert sich.

Ich war auf einer Bühne, und alle meine Schulfreunde waren auch da. Da waren Leute, die mit Pistolen auf uns schossen. Sie zielten sehr schlecht, und daher trafen sie uns nur sehr selten. Immer wenn sie ein paar Leute erschossen hatten, änderte sich die Szene; wir waren dann auf einer anderen Bühne in einem anderen Raum. Am Schluß waren nur noch ein Freund und ich am Leben. Als auch er erschossen war, sah ich meine Mutter mitten unter den schießenden Leuten.

Ich fragte jeden, warum sie auf uns schossen. Sie sagten, Igmad sei der Anführer einer Gruppe von Leuten, einer Organisation, die schlimme Dinge taten. Da ich Igmad vor einigen Tagen getroffen hatte, wurde ich auch als schlecht beurteilt; ich war der einzige, der noch stand, und das Schießen ging immer weiter, lange Zeit. Aber sie trafen mich nie. Es war schrecklich. Es war, als würde ich gefoltert. Ich suchte sie zu überzeugen, daß ich mit dieser Gruppe nichts zu tun hatte. Aber sie glaubten mir nicht. Meine Mutter kam herauf und setzte sich neben mich. Jemand warf ihr eine Pistole zu.

Sie sprach mit mir über irgend etwas. Dann begann meine Mutter, auf meinen Kopf zu schießen. Und obgleich sie nur einen viertel Meter von mir entfernt war, trafen mich ihre Schüsse nicht. Ich war überzeugt, daß sie auf mich schoß. (Aussage der Mutter: «Was immer ich ihm auch sage, er hört einfach nicht. Wenn ich ihm sein Benehmen vorwerfe, sagt er, ich hätte recht. Aber nichts ändert sich.»)

Assoziation: «Am Vortag hatte meine Mutter ein Telefongespräch mit meinem Freund Peter. Er ist über dreißig und homosexuell. Er rief Mutter an, um ihr zu versichern, daß er mir nie irgendwie zu nahe treten würde. Er dachte, mit Recht, daß Mutter ängstlich sein würde. Aber sie brauchte keine Angst zu haben, weil ich gern ein Mädchen hätte und gar keine Lust auf Homosexualität habe. Wir sind beide Computerfans und beschäftigen uns damit viele Stunden. Mit Sex hat das überhaupt nichts zu tun. Ich kann nicht verstehen, warum meine Mutter mir nicht traut.»

Nun wird dieser Traum verständlich. Der Weg, den der junge Mann im Traum geht, ist derselbe Weg, der zum benachbarten Haus des Freundes führt. Die Mutter hatte mit ihm über ihre Sorge bezüglich dieser Freundschaft gesprochen. Und obgleich er ihr versichert hatte, daß er die Beziehung zu dem Mann sofort abbrechen würde, falls dieser sexuelle Avancen machen würde, so fühlte er sich dennoch nicht frei von ihrer Angst. Die Fragen, die sie ihm gestellt hatte – das waren die Revolverkugeln, die ihn nicht trafen. Über die Freunde, die einer nach dem anderen abgeschossen wurden, berichtete er, daß viele von ihnen miteinander herumspielten, weil sie sexuell am Erwachen waren, aber noch keine Mädchen kannten, die auf ihre sexuellen Vorschläge eingingen. Er selbst hielt sich von diesen sexuellen Spielereien der Jungen fern aus der Überzeugung heraus, daß dies nicht richtig für ihn sei. Er hatte auch mit seinen Eltern eine wesentlich offenere Beziehung als seine Klassenkameraden. So ging er «überschattet» von den Sorgen der Mutter den Weg zum Haus des Freundes. Er empfand die Fragen der Mutter, ihren Verdacht bezüglich der Beziehung zu seinem Freund als peinlich und bezog dies auf das Gefühl der Folter im Traum. Doch gleichzeitig war er auch dankbar für den Schutz, das Verständnis und dafür, daß die Mutter sich um ihn kümmerte. Er fühlte sich beschützt, obgleich ihn das natürlich dem Alter gemäß auch ärgerlich machte.

Die Wegscheide stellt wohl eine Entscheidungsfrage des Unbewußten dar: ob er mit der Mutter streiten solle, damit sie sich nicht in seine Freundschaften einmischt, oder ob er sie beruhigen solle. Die andere Entscheidung ist die sexuelle: Wählt er Heterosexualität für sein zukünftiges Leben, so brauchte ja eine kleine Spielerei mit dem homosexuellen Freund nicht zu bedeuten, daß er nun für sein ganzes Leben homosexuell werden müßte.

Ein tief im Unbewußten verwurzelter Traum wurde mir von einer jungen Künstlerin gegeben, die außergewöhnlich begabt und originell war in der Art, wie sie die schwierigsten Patienten zur Mitarbeit animierte. Eine der originellsten Einfälle war es, unsere breite asphaltierte Einfahrt und zwei große asphaltierte Parkplätze mit farbiger Kreide zu bemalen. Auf der schwarzen Oberfläche entstanden feuerspeiende Drachen, Hexen und Teufel, Dinosaurier, Schlangen und riesige Kröten, aber auch hübsche Mädchen und attraktive junge Männer mit rassigen Sportwagen. Sie träumte:

Ich war im dichten Wald und ging in einer bestimmten Richtung, als würde ich einer inneren Stimme folgen. Ich kam zu einer riesigen Eiche. Zwischen den Wurzeln dieses gigantischen Baumes sah ich eine zwergenhaft kleine Frau sitzen. Sie sah mich freundlich an, so wie meine Großmutter. Sie lud mich ein, mich zu ihr zu setzen und mit ihr zu essen. Es war meine Großmutter. Und obgleich sie schon lange tot ist, schien es mir ganz natürlich, daß ich sie nun gefunden hatte. Ich setzte mich hin, und sie brachte eine Schale mit Pilzen. Sie waren sehr schön und leuchteten in allen Farben. Großmutter gab mir zu verstehen: ich solle die Pilze essen. Ich tat es, und jeder Pilz wurde eine Quelle der Weisheit. Der erste Pilz wurde Musik in meinem Munde; der nächste eröffnete mir die wahre Bedeutung der Malerei, und was Kunst überhaupt meinte; der dritte gab mir tiefen Frieden und eine wunderbare innere Stille. Ich sah sie an, und Tränen waren in meinen Augen. Sie nickte, und ich wußte, daß diese Pilze dazu gedacht waren, in mir den Wunsch nach diesen Dingen zu verstärken, und daß ich nun gehen und selbst diese Pilze finden müßte.

«Ich wußte beim Erwachen», berichtete die Träumerin, «daß ich mit meiner Begabung nun endlich Ernst machen soll. Ich habe mich in letzter Zeit spielerisch verzettelt und einige meiner Lehrer enttäuscht – am meisten mich selbst –, ich fühle das sehr.» Am Vortage hatte sie ihre Mutter und andere Verwandte besucht – die Abwesenheit der Großmutter war ihr schmerzlich bewußt. Sie war stets ihre Inspiration gewesen, hatte sie lesen und malen gelehrt. Die Großmutter war für sie Schutz und Heim und all das, was ihre kranke Mutter ihr nicht geben konnte. Es war ihr Selbst, das da zu ihr sprach, aber in ihrem Leben war es der Kampf zwischen ihrem Ego und dem Selbst, den sie immer zugunsten des Egos verlor. Immer wieder ließ sie sich vom Lob der Menschen verführen, ihre schnell skizzierten liebenswürdigen Karten zu verschenken oder zu verkaufen – das war einfacher, als sich ernsthaft mit ihrem musikalischen und malerischen Talent auseinanderzusetzen. Ihr Traum brachte ihr diesen schönen Aufruf von der Großmutter. Würde sie ihn dieses Mal befolgen? Erich Neumann beschreibt diesen Kampf in bewegenden Worten: «Dieser Ich-Konflikt ist von Natur aus tragisch. Wie kann ein Mensch entscheiden, ob er es mit der Formung des Ichs oder des Selbst zu tun hat. Oder ob er in Gefahr ist, besessen zu werden, ob, zum Beispiel, sein Ich überwältigt wird von einem bestimmten Machtkomplex seines Unbewußten, von einem Archetyp. In dem Augenblick, da ein Mensch sich selbst dieser tiefen Ebene überläßt, ohne das Licht des Unbewußtseins zu schützen, gerät er in Gefahr» (Neumann).

Wie anders erscheint die Mutter einem anderen Adoleszenten, der 19 Jahre alt ist. Er träumte:

Ich bin im Meer. Ich bin jung und spiele in den Wellen. Ich bin nackt. Nahe bei mir sind viele Walfische, die spielen auch. Sie springen hoch aus dem Wasser heraus, tauchen tief hinunter und schnellen wieder hoch. Sie kümmern sich nicht um mich. Es ist wie ein Tanz. Ich wache auf und bin sehr froh.

Über den Traum selbst hatte er wenig zu sagen, aber was dahinter stand: darüber hatte er viel zu berichten. Im Meer fühlte er sich «wie zu Hause». Er tauchte auch gern mit seiner Ausrüstung tief ins Meer und fühlte sich unter den vielen Fischen, die an seinem Helm nahe vorbeischwammen, selbst wie ein Fisch. «Hätte ich die Wahl», so sagte er, «würde ich gern ein Fisch sein.» Offenbar ist das Meer für ihn ein anderes Zuhause als das, was er im Begriff war zu verlassen. Er hatte am Abend vor dem Traum endlich den Mut gefaßt, der Mutter zu sagen, daß er ausziehen würde. Er hatte eine Arbeit, die ihm genug Geld brachte, sich «über Wasser zu halten». Außerdem hatte er sich verbeten, daß sie seine Psychotherapeutin anrufe, um zu erfahren, wie es ihm ging. Als er ihr das gesagt hatte, da ging es ihm gut, er fühlte sich frei und fast wie ein Held. Zu den Walfischen sagte er: «Das sind keine Fische, es sind Säugetiere, sie sind Mütter – aber wenigstens rufen sie nicht bei Ihnen an, um herauszufinden, ob ich Fortschritte mache. – Als ich kleiner war, hat sie auch mit mir gespielt, so wie die Walfische miteinander gespielt haben, aber jetzt ist sie so ehrgeizig, ich muß Einser schreiben, Medizin studieren statt Gartenbau – Sie kennen das ja schon alles. – Es war ein großer Tag für mich. Ich war auch froh, daß die Walfische mich in Ruhe ließen, daß auch ich dort sein durfte, wo sie waren.» Das waren also andere Walfische als die Drachen, von denen Jung in seinem Buch «Symbole der Wandlung» schreibt (Jung, GW 5, S. 322) oder an anderer Stelle das Erlebnis des Helden im Walfischbauch bereits mit jenem Seelenanteil in Verbindung bringt, den er Anima nennt: «Es ist eine sozusagen ständige Eigentümlichkeit, daß im Walfischdrachenmythos der Held im Bauche des Ungeheuers sehr hungrig ist und anfängt, sich Stücke vom Tiere abzuschneiden, um sich damit zu nähren. Er befindet sich eben in der ‹nährenden Mutter›. [. . .] In einem Mythos der Eskimos an der Beringstraße findet der Held im Walfisch ein Weib, die Seele des Tieres» (GW 5, S. 432, Anm. 56).

Der Drogensumpf ist zäh

Mit dem verschlingenden zerstörerischen Aspekt der Großen Mutter, der sich in starker Drogenabhängigkeit zeigte, hatte Georg zu kämpfen, gleichzeitig aber auch mit der Ablösung von der eigenen Mutter und der Notwendigkeit, das Mütterliche in sich selbst ernst zu nehmen. Ernsthaft hatte er dies erst mit 27 Jahren versucht. Da in seinem Leben die drei Manifestationen des Mütterlichen – die Große Mutter, die leibliche Mutter und das Mütterliche in ihm selbst – miteinander im Widerstreit lagen, sei Georgs Bericht ausführlicher behandelt.
Er kam mit der Diagnose einer schweren Alkohol- und Drogenabhängigkeit und einer manisch-depressiven Psychose in Therapie. Seine gute Intelligenz hatte er immer dazu benutzt, alle Personen, einschließlich aller Autoritätspersonen und der Eltern, zu manipulieren. Mit seinem Charme verführte er die Frauen. Meistens hatte er auf der ganzen Linie Erfolg, da er gut aussah und eben intelligent und charmant war. Er kam zu uns nach einem manisch-depressiven Zusammenbruch, der für ihn eine große, unangenehme Überraschung war, da er Georg bewies, daß er nicht alles so in der Hand hatte, wie er sich einredete. Ähnliche Überraschungen hatte es schon mehrere gegeben: Er war aus Privatschulen hinausgeworfen worden, weil er Drogen in die Schule eingeführt hatte, nie pünktlich aufstand, keine Hausaufgaben machte und immer erlogene Entschuldigungen brachte. Aber nichts hatte ihn bewegen können, sein Benehmen zu ändern. Eine starke symbiotische Beziehung zu seiner Mutter verhinderte zudem jede Konfrontierung. Beide Eltern hatten, bevor er zu uns kam, die Einstellung, Georg niemals Vorhaltungen zu machen, sondern «alles mit ihm durchzusprechen».

Er warf den stets verständnisvollen Eltern vor, daß sie nie Grenzen gesetzt hätten; nie hatte er die Konsequenzen seines Benehmens zu spüren bekommen, immer wurde von den Eltern alles in Ordnung gebracht. Es wurde schnell deutlich, daß es Georg kaum gelingen würde, sein Verhalten zu ändern, wenn nicht auch die Eltern, besonders seine Mutter, ihre Einstellung zu ihm ändern würden. Schon nach kurzer Zeit beklagte Georg sich darüber, daß seine Eltern sich ihm gegenüber eigentlich nie «normal» benommen hätten. Als er vor den großen Ferien verhaftet wurde, fanden sie heraus, daß er Kokain nahm, es mit gestohlenem Geld kaufte und mit Gewinn verkaufte. Sie nahmen nicht nur einen Anwalt für ihn und zahlten eine Strafe, so daß er nicht ins Gefängnis mußte, sondern sie erlaubten ihm trotz all des Ärgers die versprochene Sommerreise. Sie wollten, wie sie sagten, «die Verbindung zu ihm offenhalten», damit er das Vertrauen zu ihnen nicht verliere. Dies nutzte er weidlich aus. Aber nach drei Monaten Therapie und recht negativen Träumen über das Elternhaus, das er sich gebaut hatte und in dem er langsam verkam, sagte er: «Ich bin ärgerlich, daß sie mir nie Grenzen gesetzt haben, das ist doch keine Erziehung.» Noch war er nicht so weit zu sehen, daß er sich auch selber hätte Grenzen setzen können. Nach einem halben Jahr weiterer Therapie mit ihm allein und in Abständen zusätzlich mit den Eltern hatte er einen entscheidenden Traum, der ihn noch einmal mit seiner Vergangenheit konfrontierte und ihm zeigte, daß er reif sei, den Weg in seine eigene Welt allein anzutreten. Es war ein großer Traum, wie man ihn an einem Scheideweg träumt.

In diesem Traum führte Richard mich durch ein grünes Gestrüpp von dornigen Nesseln, Zweigen und Schlingpflanzen. Schließlich kam ich in B. bei der Schule heraus, in der mein Vater Musik lehrt. Wo ich aus dem Gestrüpp herauskam, war ein Friedhof. Ich wollte ihn nicht überqueren und ging auf die andere Straßenseite. Dort waren meine Mutter und mein Bruder Martin. Sie setzten mir zu, ich sollte dem Weg durch das dornige Dickicht weiter folgen.

Ich war wütend auf meine Mutter und sagte: «Laß mich in Ruhe.» Ich setzte mich auf einen Schlitten aus rostfreiem Stahl und schlitterte den Bürgersteig entlang in der Richtung auf unser Haus zu. Mein Bruder und meine Mutter folgten mir. Ich hielt an einem kleinen Laden an. Ich hatte fünf Mark bei mir, und ich hielt alle Leute hinter mir auf, während ich zu entscheiden suchte, was ich wollte: Eiskrem, Coca oder Schokolade. Ich fragte mich, wie ich das meiste für mein weniges Geld bekommen könnte. Ich kaufte schließlich etwas und aß es, als mein Bruder kam und sagte: «Mutter ist völlig erschöpft, ihr ist kalt, tu doch endlich, was sie möchte.» Ich gab ihm meine Jacke und sagte: «Gib sie ihr und sage ihr, sie soll auf dem Schlitten nach Hause fahren. Und du laß mich gefälligst in Ruhe, und hau ab.» Meine Mutter kam in den Laden, sie sah sehr schlecht aus und sagte, sie habe mein Benehmen satt, sie habe die Nase voll. Wir begannen uns zu streiten, und die Verkäuferin sagte, wir könnten ihren Wagen benutzen, wenn sie als Passagier mitfahren könne. Ich, meine Mutter und die Verkäuferin fuhren in ihrem Wagen; wir überließen meinen Bruder sich selbst.

Wir fuhren auf einer vierspurigen Autobahn; meine Mutter fuhr, ich saß auf dem Rücksitz und die Verkäuferin neben meiner Mutter. Ich rief meiner Mutter zu: «Halt dich rechts, halt dich rechts – rechts.» Aber sie redete so viel auf mich ein, machte mir Vorhaltungen, daß sie an der Ausfahrt vorbeifuhr. Sie kehrte um, und fuhr nun gegen den Verkehr der Ausfahrt zu.

Wir fuhren an alten häßlichen Häusern vorbei, und ich wollte sagen: «Diese Häuser sind ja wohl das Letzte.» Dann dachte ich, daß die Verkäuferin vielleicht dort wohnt, und ich sagte: «Diese Häuser sehen merkwürdig aus.» Als wir sie dann von vorn sahen, sahen wir, daß die Fenster mit Zementblöcken vermauert waren. Die Häuser waren verschlossen und verriegelt. Dann fuhren wir bei den Gartenwohnungen vorbei, wo meine Freundin Johanna wohnte. Ich stieg aus dem Wagen aus und ließ sie weiterfahren. Ich sagte, ich hätte genug von der Fahrerei und ich würde eventuell zu Fuß nach Hause kommen. Johannas Tür stand offen, ich

mußte auf die Toilette gehen. Ich ging direkt ins Badezimmer und setzte mich auf die Toilette. Als ich fertig war, öffnete ich die Tür, und da stand Johanna im Zimmer mit zwei Männern und einem kleinen Kind. Sie war überrascht, daß ich da war, versuchte aber, so zu tun, als sei dies etwas ganz Übliches und als sei gar kein Grund für die Männer vorhanden, sich irgendwie zu beunruhigen. Sie stellte die Männer vor als ihren Mann und dessen Freund und ihr Kind. Ich schüttelte die Hand mit den Männern, und sie sahen mich kritisch an. Sie sahen wie Gärtner oder Mechaniker aus. Ich machte ein paar Zauberkunststücke für das kleine Kind, aber irgendwie paßte ich da nicht hinein, und ich ging fort.
Ich kam zu einem kleinen, schmutzigen Feld. Da waren vier Kinder; sie waren mit einem satanischen Ritual beschäftigt. Jedes Kind hatte eine Angelrute, die aus einem Zweig und einem Stück Schnur bestand. Sie fischten in dem dicken Schlamm nach einem bösen Geist, den sie anbeteten. Aber die Schnur verfing sich in der schlammigen Erde, die Kinder zogen jedoch immer weiter an dem Gewicht des machtvollen Bösen unter der Erde. Drei der Zweige brachen, aber der des kleinsten Kindes brach nicht; er brachte etwas an die Oberfläche. Es war eine fleischige, schleimige, übelriechende Masse, blutig und verbrannt. Es schien, daß dieses widerliche Ding sehr groß war. Eines der größeren Kinder zerbrach den Zweig, und die ganze Masse sank zurück in den Schlamm. Dann verbrannten die Kinder ihre Zweige und die Schnüre, und der faule Gestank verbreitete sich über die ganze Stadt und mit ihm verbreitete sich die Essenz des Bösen.
Das Ganze spielte sich auf einer hohen Klippe ab, deren Rand ich endlich erreicht hatte. Es lagen dort Felsstücke herum, die aussahen wie große indianische Pfeilspitzen. Sie ragten aus der Vorderseite des Felsens heraus, und ein Mann wurde sichtbar, der da hinunterstieg. Es sah wie ein sehr langer Weg aus, aber nicht unmöglich, nur sehr lang, und man würde sich wünschen, auf diesem Weg nicht auszurutschen. Der Traum endete damit, daß ich entscheiden mußte, ob ich mein Leben riskieren und den Weg hinuntergehen oder ob ich zurückgehen sollte zu dem entfremden-

den Chaos hinter mir. Wenn ich daran zurückdenke, dann war ich die Person, die den Weg hinunterging, und gleichzeitig war ich auch die Person, die unentschieden war.

Die Assoziationen zu diesem gewaltigen Traum brachen wie eine Sturzflut hervor. Am Vortag war er in der Gruppentherapie damit konfrontiert worden, daß er nichts ernst nahm, alles mit sehr intelligenten Witzen erledigte, so daß alle stets lachen mußten, selbst wenn sie ärgerlich über ihn waren. Richard, ein junger Psychologe, versuchte, ihm in einem Einzelgespräch, später, als sie allein waren, klarzumachen, daß er am meisten sich selbst schade, wenn er nicht an seiner Therapie arbeite, sondern sich immer wieder zum Mittelpunkt mache, den Clown und Witzbold spiele. Er antwortete, daß alles so schwierig sei, genauso wie im Traum. – «Das schlimmste», sagte er, «ist der Friedhof so nahe bei Vaters Schule.» Das war eine große Angst für ihn, daß er wie der Vater als Musiklehrer in einer Schule landen würde. «Da wäre ich lieber gleich tot», sagte er. – Die Mutter, eine Psychotherapeutin, sehr verständnisvoll und warmherzig. Sie war bisher immer diejenige, die ihn unterstützte, ihm alles vergab, eine ewig schenkende, verstehende Mutter; aber durch die Familientherapie hatte sie sich geändert. Es ist interessant, wie «verstehende» Eltern so kritisch gesehen werden können. Georg sagte in der Therapie: «Warum haben sie mich nie bestraft, selbst als sie wußten, wieviel Drogen ich nahm, als ich aus der Schule rausgeworfen wurde, weil sie mich beim Drogenhandel ertappten; was auch immer, sie bestraften mich nie. Ich glaubte, sie würden mich nicht nach Europa reisen lassen, als das alles herauskam. Im Gegenteil, sie redeten lange mit mir, ich solle kein Schuldgefühl haben, sie seien keine strafenden, sondern verstehende Eltern. Ich könne ihnen vertrauen, ihnen alles offen erzählen.» Er fuhr fort: «Natürlich war das einerseits sehr angenehm, und alle Kameraden beneideten mich um diese Eltern. Aber rückblikkend bin ich eigentlich ärgerlich. Warum haben sie nie etwas von mir verlangt! Nie Grenzen gesetzt! So sackte ich immer weiter ab; irgendwie fühle ich mich von ihnen verraten.» Die Mutter hatte dies mit Erstaunen gehört und beschlossen, sich zu ändern; und sie änderte sich wirklich. Sie gab ihm kein Geld, wenn er es verlangte, er erhielt nur ein kleines Taschengeld; wenn er mehr brauchte, solle er es verdienen. Das paßte ihm natürlich auch nicht.

Und der Bruder, das war ein Kapitel für sich. Er, Georg, war der ältere. Er hatte den jüngeren Bruder immer als eine Bedrohung für seine Beziehung zur Mutter empfunden. Aber diese Konkurrenz existierte nicht in der Wirklichkeit. Georg blieb immer das vorgezogene Kind. Erst ganz kürzlich schien sich da etwas zu ändern. Der jüngere Bruder kam sehr gut in der Schule voran, nahm keine Drogen und schaute nicht mehr, wie früher, zu dem älteren Bruder auf. Georg hatte in der Hochzeit seiner Drogenabhängigkeit dem Bruder Geld gestohlen und hatte versucht, Martin dazu zu verführen, Kokain zu nehmen. Georg hatte den Jüngeren viel gehänselt, hatte ihm das Leben schwer gemacht. Damit tötete Georg die Bewunderung, die Martin für ihn gehabt hatte. Georg war vernichtet, als er bei dem letzten Besuch die Eltern fragte, warum Martin seine Anrufe nicht beantwortet habe. Der Vater sagte: «Er ist ärgerlich auf dich, daß du unser Geld vergeudest, so daß er sich jetzt sein Geld fürs Studium selber verdienen muß. Außerdem hat er nicht vergessen, wie schlecht du ihn durch die Jahre behandelt hast.» Georg saß schweigend da; ich hatte ihn noch nie so betroffen schweigend erlebt. Seitdem sprach er immer wieder von dem Bruder. Er konnte es einfach nicht fassen, daß ein Mensch, der ihm nahestand, sich so völlig von ihm wegwendete. Er wurde sehr deprimiert. Dazu kam, daß die Eltern gesagt hatten, daß er dieses Mal nicht nach Hause zurückkehren könne, wie er das jahrelang nach Hospitalsbesuchen getan hatte. Er müsse sich eine Arbeit suchen und sich auch das Geld für ein Zimmer verdienen. Sie wollten ihm helfen, sobald sie sähen, daß er sich ernsthaft bemühe. Wann immer er sonst zu Hause gewesen war, hatte er bis in den Mittag hinein geschlafen, nie im Haushalt mitgeholfen, sondern statt dessen Gitarre gespielt und vor dem Fernseher gedöst. Nachts war er ausgegangen, mit «Freunden». Die Eltern wußten, daß er wieder Drogen nahm, hatten aber nichts dagegen unternommen.

Nun war alles anders. Die Eltern machten Ernst, und er war sich selbst überlassen. In die Zeit dieser völligen Umwälzung fiel der Traum. Kein Wunder, daß er träumte, die Mutter sei erschöpft. Sie habe das alles satt. Das Nachhausegleiten auf dem Schlitten war typisch für die Leichtigkeit, mit der er bisher immer wieder nach Hause zurückgehen konnte. Nun war alles schwieriger geworden, da beide Eltern verstanden hatten, daß die stetige Rückkehr zu ihnen Georg mehr geschadet als genützt hatte. Offenbar war der Traum in seinem Unbewußten gar nicht so ärgerlich auf die Eltern, wie es scheint, wenn man nur seinen vom Bewußtsein herstammenden Bemerkungen zuhörte. Erst hatte er sich über die Verwöhnung, die er gern ausgenutzt hatte, beklagt, nun beklagte er sich über den Entzug des bergenden Hafens; aber vom Traum her gesehen scheint es, daß Georg nach wie vor wünscht, die Mutter solle das «Richtige/Rechte» tun. (Im Englischen bedeutet das Wort «right» = «rechts» oder «richtig».) Er rät also der Mutter, die rechte/richtige Ausfahrt zu nehmen. Sie aber predigt gute Lehren, versäumt darüber die Ausfahrt und muß nun gegen den Strom zurückfahren zur richtigen Ausfahrt.

Da ist Georgs erster Instinkt: Flucht. Er steigt aus dem Auto aus und geht zu Johanna, einer früheren Freundin, wo er als erstes die Toilette aufsucht. Er möchte frei werden von Abfallprodukten seines Ichs. Aber auch hier ist alles anders, als es einmal war. Die frühere Freundin ist verheiratet, hat einen Gatten und ein Kind. Sein Versuch, mit Scherzen und Zauberkunststücken eine Brücke zu schlagen, schlägt fehl. Dies ist hier nicht am Platz. Etwas verlegen geht er weiter. Und nun ist er mit seinem wirklichen Problem konfrontiert. Er kann es vor sich selbst nicht länger verleugnen, kann sich nicht mehr verstecken oder fliehen. Das schleimige, stinkende Ungeheuer aus der Tiefe der Drogenwelt wird an die Oberfläche gezogen. Die Vierzahl der Kinder, die der Träumer trifft, ist besonders interessant, da diese vier Kinder Georgs Flucht ins Kindsein bedeuten. Es ist sehr schön, wenn intelligente Erwachsene auch noch kindlich sein können, aber wenn das Kindsein im Schmutz stattfindet, sich mit satanischen Ritualen beschäftigt und ein ekles Ungeheuer fischen will, dann ist dies ein Zeichen des Rückfalls, ins Kindische bestenfalls, oder wie hier ein Zeichen einer infantilen Verarmung.

Das trifft auf Georg zu. Am liebsten würde er Kind sein und nur umhegt werden von seiner Mutter. Er ist sich zwar seiner großen Intelligenz bewußt, versucht aber sogar im Traum, den Zauberer und Clown zu spielen, wie er es in der Schule tat, um akzeptiert zu werden. So sehr er auch wünscht, daß die Mutter ihm nicht alles hätte durchgehen lassen, so wünscht er sich gleichzeitig auch, daß er weiter das verwöhnte Muttersöhnchen bleiben könnte. Jung sagt in «Psychologie und Alchemie» von einem Träumer, der auch mit der Quarternität beschäftigt ist, er sei wieder in die Kindheit zurückgefallen, «also bis in die Kindheit hinunter, wo der Mensch noch nicht bei weitem im Besitz seiner Ganzheit ist» (GW 12, S. 142).

Die Vier ist der Ausdruck einer Ganzheit. Wir sprechen von den vier Jahreszeiten, von den «vier Enden der Welt» und von vier Himmelsrichtungen. Jung spricht von den vier Funktionen des Menschen: Denken, Fühlen, Empfindung und Intuition. Das Quadrat gibt rein visuell ein Gefühl stabiler Geschlossenheit. Es ist die Ganzheit des Ichs. Auch unsere Körperlichkeit erscheint in einer Vierheit: rechts und links, Vorderseite, Rückseite. Wie anders wirkt die Ganzheit des Kreises, der Kugel oder des Yin und Yang auf uns. Georgs Regression in kindisches Verhalten war in dieser Zeit sehr deutlich: Er war dauernd oral beschäftigt, er kaute Gummi, aß viel, besorgte sich Unmengen von Süßigkeiten, redete viel und wiederholte oft seine alten Drogengeschichten. Der Rückschritt in die sogenannten satanischen Rituale war ein durchsichtiger kindischer Protest gegen die Autorität der Kirche und der Eltern; alles, was die «Erwachsenen» für gut hielten, wurde in den Schmutz gezogen, lächerlich gemacht und war verpönt. Jugendlichen ist das immer leicht gefallen, und in Georgs Generation glaubte man nicht an Gott, sondern an den Satan. Mädchen bezeichneten sich als Hexen und Jungen als Werwölfe. Ihre Treffen fanden vornehmlich auf Friedhöfen oder anderen Orten statt, wo man sich ein bißchen gruseln konnte; vor allem ärgerte man die Autoritäten und bekam recht viel Aufmerksamkeit.

Zumeist bleiben diese Spiele mit dem Schatten ungefährlich. Aber manchmal verwischten sich die Grenzen zwischen dem persönlichen Schatten der undifferenzierten und dunklen Seite unseres Wesens und den Inhalten des unpersönlichen kollektiven Unbewußten. «Dadurch kann eine unheimliche Wirkung auf das Bewußtsein entstehen. [. . .] Es ist allerdings zuzugeben, daß die archetypischen Inhalte des kollektiven Unbewußten in Träumen und Phantasien oft eine grotesk-grauenhafte Gestalt annehmen. Und gegen zutiefst empfundene Angstträume oder gegen obsedierende Angstvorstellungen ist auch das rationale Bewußtsein nicht gefeit» (Jung, GW 12, S. 48).

Oft hat ein Mensch in dieser Situation die Angst, daß er verrückt wird, ohne daß er irgend etwas tun kann, dies zu verhindern. Georg hatte diese Angst häufig geäußert, da ihm seine psychopatischen manisch-depressiven Zusammenbrüche völlig unverständlich waren. Das Wissen um diese Dinge hat große Bedeutung für den Psychotherapeuten. Gerade der sehr intelligente und kultivierte Patient, wie z. B. Georg, wird von dem Material, wie dieser Traum es zeigt, überwältigt. Ein Psychotherapeut muß wissen, wie er eine so tiefgreifende archetypische Störung angehen kann.

Es scheint, daß Georg in dem Traum mit den verschiedenen Stationen seines Weges konfrontiert wird, nachdem er den Wagen und die Mutter verlassen hat. Die erste Station war die Entdekkung, daß eine frühere Freundin erwachsen ist und schon ein Baby hat. Er merkte, daß seine kleinen Kunststücke kein Publikum mehr finden. Er ging von dort fort, aber nicht, wie beabsich-

tigt, nach Hause, sondern er fällt zurück in die infantile Haltung, er flieht zu den Drogen, um zu vermeiden, erwachsen und verantwortlich zu werden. Aber diese Flucht gelingt nicht mehr. Er hatte sich in der therapeutischen Arbeit zu viel bewußt gemacht, als daß er sich wieder in den Drogenschlamm hätte fallen lassen oder sich an den hochfliegenden Phantasien des Manischen berauschen können. Interessant ist dabei, daß das kleinste Kind, also das noch am wenigsten entwickelte, das Ungeheuer fast herauszog und daß sein Zweig nicht zerbrach. Georg assoziierte zu den vier Kindern die vier Funktionen. Er sagte, daß seine vierte, seine schwächste Funktion, die Empfindung sei. Die Empfindung, die durch die Sinne die Realität erfassen sollte, war bei ihm sehr gestört. Er hatte in seiner manischen Zeit völlig unrealistische Phantasien gehabt.
Er hatte sich als Sozialarbeiter versucht, die Fürsorgestelle war aber geschlossen worden, und er litt zutiefst darunter, daß die Jugendlichen, die ihm anvertraut waren, nun ohne Heim und ohne Hilfe, wieder auf Bänken und in Hauseingängen schlafen und zu den Drogen zurückkehren würden. Er wollte helfen. Und da fing ihn das manische Ungeheuer wieder ein: Er mietete mit geliehenem Geld die größte Konzerthalle mit zweitausend Sitzen, engagierte einen unbekannten, aber sehr begabten Musiker, der versprach Dreiviertel vom Konzerterlös für die Jugendlichen zu stiften, so daß er ihnen ein Heim, Essen und Sicherheit geben könne. Natürlich kam das Konzert nie zustande, seine Mutter mußte sich Geld leihen, um die vielen Schulden, die er gemacht hatte, zu zahlen. Er kam wegen Betrugs ins Gefängnis und mußte auch dort ausgelöst werden. Es gab viele solcher Episoden, die rückblickend amüsant von ihm erzählt wurden, aber den Eltern viel Sorgen gemacht und viel Geld gekostet hatten. Aber ihr Prinzip war immer das gleiche gewesen: «Wir wollen den Jungen nicht belasten.» Der «Junge» war inzwischen 27 Jahre.
Es ist fast prophetisch, wie der Traum voraussagt, daß selbst der Versuch, die Zweige und Schnüre, mit denen gefischt wurde, zu

verbrennen, fehlschlägt. Der Gestank des brennenden Materials verbreitete sich über Stadt und Land und wird zur Essenz des Bösen. Erst jetzt, da die Regierungen aller Länder versuchen, etwas gegen die Drogenepidemie zu tun, wird es deutlich, wie der Gestank von Korruption, politischen Verwicklungen, Bestechungen und Lügen sich über ganze Länder hinzieht. Der Traum wurde aber zu einer Zeit geträumt, als dies nicht so offensichtlich war, wie es jetzt ist. Die hohe Klippe, auf der sich das Drama abspielt, ist die gefährliche manische Höhe, die Georg durch Drogen immer leicht erreichen konnte und die die unrealen Abgründe der satanischen Tiefe ergänzten.
Nun kommt eine wichtige Einsicht, Erfolg einer langen analytischen Therapie, in der er viel Widerstand leistete. Er wollte oft in den Schoß der Mutter zurückkehren, nach Hause gehen – bis die Eltern und sein Bruder ihm diese Flucht nicht mehr gestatteten. Georg realisiert, daß er am Rande dieser Klippe steht und daß es keine Abkürzungen mehr gibt; es gibt nur noch den nicht einfachen und langen Weg nach unten in die alltägliche Wirklichkeit, zurück zur Mutter Erde anstatt zur leiblichen Mutter. Sie hatte mit ihrer Verzärtelung ihn unbewußt daran gehindert, ein erwachsener Mann zu werden. Man kann den Weg, den er bisher gegangen war, und den Punkt, an dem er nun angekommen war, nicht besser beschreiben, als sein Traum es sagt: «Der Mensch, der den Weg nach unten ging, war ich, und die unentschiedene Person war ich auch.»
Auf der Subjektstufe der Trauminterpretation sind die verschiedenen Beziehungen, die er in diesem Traum zur Mutter herstellt, Spiegelungen der Beziehung zu sich selbst. Zuerst die Wahrnehmung, daß eine aus dem therapeutischen Milieu stammende männliche Person ihn führt. Dann die Selbstkonfrontierung mit der Seite in ihm, die voller Vorwürfe gegen sich selbst ist – «der innere Bruder». Sein erster Versuch, mütterlich und gut zu sein, besteht darin, Süßigkeiten zu kaufen. Die Süßigkeiten, die er sich stets erlaubte, waren sexuelle Affären, wahllos und ohne viel Gefühl. Der kleine Laden ist ein gelungenes Bild des kleinen

Kreises, aus dem er sich manchmal ein Mädchen mit blonden Haaren und manchmal ein Mädchen mit dunklen Haaren heraussuchte, «das beste, was er mit dem wenigen Geld hatte bekommen können». Geld bedeutete die geringe Energie, die er für seine Beziehungen aufwendete. Seine eigene mütterliche Seite war erschöpft, und er selbst hatte es schon über, immer wieder nach Entschuldigungen für seine Fehlhandlungen zu suchen. Dennoch war die mütterliche Haltung die treibende Kraft am Steuerrad, und er war noch immer auf dem Rücksitz und gab gute Ratschläge darüber ab, wo die richtige Ausfahrt sei. Nun wußte er es genau, wie die Eltern hätten handeln sollen, aber bisher hatte er nie daran gedacht, daß er auch ohne die Hilfe der Eltern den richtigen Weg hätte gehen können. Er war stets so weich und nachgiebig sich selbst gegenüber, wie die Mutter es war.

Der Vater war strenger, und Georgs Bruder war eher wie der Vater: Er stellte Ansprüche an sich selbst und war mit allem, was er unternahm, recht erfolgreich. Martin hatte reale Ziele, die er mit realen Mitteln verfolgte. Georg hingegen suchte noch sehr nach dem Unerlaubten, Verbotenen. Die vier fischenden Kinder weisen darauf hin: die Suche nach dem Bösen. Georgs «Freunde» waren zur Zeit zufällige Bekanntschaften, mit denen er nur eins gemeinsam hatte: die Drogen. Als Kind hatte er andere Freundschaften gehabt, die sich noch über Jahre hinaus hielten. Auch während der Therapie hatte er eine kleine Gruppe guter Musikfreunde, die ihm zu allen Zeiten seiner Hospitalisation treu zur Seite gestanden und auch versprochen hatten, ihm zu helfen, bei einer anderen Musikgruppe unterzukommen. Er erkannte, daß die satanischen Kulte wie auch der Drogenkult Dinge sind, die er aus Spielerei mitgemacht hatte, die ihn aber tief in ihre vergiftende Sphäre gezogen hatten. Die Zeit für Drogen mußte nun vorbei sein, das Ungeheuer, das ihn überwältigt und krank gemacht hatte, mußte zurückgehen in die dunkle archaische Welt, aus der es gekommen war. Die Schnur, fast eine Nabelschnur, wird zerschnitten, und das Ungeheuer versinkt in

der Tiefe. Er hatte – mit Recht – Angst vor weiteren psychotischen Anfällen, wenn er sein Leben nicht änderte.
Mit der Ernsthaftigkeit des wirklich Suchenden setzte er sich mit dem Konflikt auseinander, entweder zurückzugehen in die satanische Hölle der Drogenwelt oder sein Leben zu riskieren und den mit indianischen Speerspitzen gepflasterten Weg nach unten zu gehen. Konnte er den Weg, der Klippe entlang bis hinunter zur Erde, wagen? Das Wort Schillers fiel mir ein: «Und setzet ihr nicht das Leben ein, nie wird euch das Leben gewonnen sein.» Das machte ihm Mut. «Es ist nicht lebensgefährlich», sagte Georg, «der Traum sagt, es sehe aus, als ob es ein sehr schwieriger, sehr weiter, langer Weg sei, aber nicht unmöglich – nur sehr lang, bis man unten ist.» «Ein großer Entschluß für einen Manischen», bemerkte ich. Georg sah bekümmert aus: «Ich hoffe, daß ich auf diesem Weg nicht ausrutschen werde», sagte er. (Er gebrauchte das Wort «slip» für «ausrutschen»; im Jargon der Alkoholiker und Drogensüchtigen wird es für «Rückfall» benutzt.)
Die therapeutische Arbeit wurde einfacher: Man mußte ihn darin unterstützen zu akzeptieren, daß es ein langer Weg sein werde, aber möglich trotz der Schwierigkeiten. Er hatte gehofft, den Traum zu träumen sei bereits die Erfüllung – das Schicksal würde das übrige tun. Er hatte wie viele Intuitive mit der Schwierigkeit zu kämpfen, eine Brücke zu schlagen zwischen dem Wunsch und den Phantasien und der Realität, in die sie umzusetzen waren; sie mußten ver«wirklicht» werden. Die nächsten Monate waren der Aufarbeitung dieser Probleme gewidmet. Nach einiger Zeit nahm er eine Stelle als Kellner an, und am freien Samstag spielte er mit seinen Freunden Tanzmusik in einem kleinen Lokal gegen gute Bezahlung. Zu seinen Eltern, die noch weiter in Therapie waren, entstand eine freundschaftliche, etwas distanzierte Beziehung. Die Aussöhnung mit dem Bruder war noch nicht geschehen und würde wohl erst dann stattfinden, wenn Martin überzeugt sein könnte, daß Georg sich wirklich geändert hat.

Rettung für den goldenen Fisch

Ist man den Weg der Flucht in die Drogenwelt gegangen, ist der Rückweg schwer. Ein junger Mensch, der sich aus einem zerstörerischen Elternhaus retten will und den Weg in die Drogen vermeiden kann, hat es unendlich viel einfacher, sich ein Heim in der Realität zu schaffen. Seine Suche bringt ihn oft zu einer Verwurzelung im Geistigen. Solche Jugendlichen können sich zu östlichen Religionen hingezogen fühlen und lieber einem Swami folgen, als zu einer der konventionellen Kirchen zu gehen. Die beiden nächsten Träume, im Abstand von etwa sechs Monaten von Fred, einem 24jährigen, geträumt, haben damit zu tun. Sie sind sehr verschieden von den vorangegangenen Träumen. Fred nahm seine Therapie sehr ernst und machte gute Fortschritte bei der Auflösung einer überstarken Mutterbindung und in dem Kampf zwischen Ich und Selbst. Dies ist der erste der beiden Träume:

Ich bin auf einer Insel zum Fischen. Endlich biß ein Fisch an. Ich zog an der Leine. Aber der Fisch kämpfte gegen mich an. Er war sehr stark. Ich wollte schließlich aufgeben, als meine Mutter erschien und sagte, daß ich unter keinen Umständen aufgeben solle. Ich sollte den Fisch unbedingt aufs Land ziehen, und meine Mutter würde ihn dann zu einem alten Mann im Wald bringen. Ich blieb die ganze Nacht und den ganzen nächsten Tag dort stehen und versuchte, den Fisch an Land zu ziehen. Endlich kam ein großer goldener Fisch aus dem Wasser heraus. Er strahlte ein so starkes, leuchtendes Licht aus, daß ich wie geblendet war. Meine Mutter kam mit einem Eselwagen, und wir gingen zu dem alten Mann im Walde. Ich konnte es kaum ertragen, den Fisch zu sehen, ich war wie geblendet. Ein goldener Pfad führte zu dem Haus des alten Mannes. Es war nur eine kleine Hütte. Alles war klein, gerade groß genug für den alten Mann, aber ich mußte mich sehr bücken, um durch die kleine Tür zu kommen. Er nahm den Fisch und sagte, er würde ihn ausstopfen und dann im Rathaus aufhängen. Dies würde ein großes Glück für die ganze Stadt sein. Meine Mutter nickte und war sehr stolz auf mich. Ich war plötzlich sehr unglücklich, daß ein so schöner Fisch das Wasser hatte verlassen müssen und nun ausgestopft wurde.

Diese Mutter hatte große Ziele für ihr Kind, aber sie nahm keine Rücksicht auf seine Gefühle und teilte Freds Schmerz über den ausgestopften Fisch nicht. Sie will ihren Sohn aus eigensüchtigen Motiven zum Helden machen, den die ganze Stadt bewundern soll. Wieder einmal finden sich gegensätzliche Elemente eines Mutterarchetyps vereint: Auf der einen Seite will die Mutter dem Sohn dazu verhelfen, bewundert und anerkannt zu werden, auf der anderen verletzt sie seine Gefühle und rät ihm, den herrlichen goldenen Fisch zu töten, der dann aufgehängt werden soll. Es ist vielleicht angebracht zu bedenken, daß «Hängen» immer andeutet, daß eine Persönlichkeit zum Gott erhoben wird. Nicht nur Christus hängt am Kreuz, auch Mani, der Gründer der Manichäer-Sekte, wurde getötet, die Haut wurde ihm abgezogen, er wurde ausgestopft und aufgehängt. Das Aufhängen hatte den symbolischen Wert einer unerfüllten Sehnsucht, einer Erwartung und Spannung. Odin, Attis, und andere Götter: alle werden getötet und an Bäumen aufgehängt (Jung, GW 5, S. 48f.).
Etwas ganz Unerwartetes war diesem Traum am Vortag vorangegangen. Fred hatte in der Verwaltung einer Klinik als Assistent des Abteilungsleiters gearbeitet. Als sein Vorgesetzter plötzlich erkrankte und ein Krankenhaus aufsuchen mußte, bat er Fred, die Verwaltung zu übernehmen. Der junge Mann hatte Angst vor so viel Verantwortung und besprach das Angebot mit seiner Mutter. Sie sah dies als eine große Chance für ihn an, vielleicht sogar als ersten Schritt in eine Karriere im Krankenhaus-

betrieb. Das war aber nicht der Rat, den er hören wollte: Für ihn symbolisierte der goldene Fisch nicht eine Verwaltungskarriere, sondern im Gegenteil einen ungeheuer wertvollen Schatz, der aus der Tiefe seines Unbewußten aufgestiegen war – seine große künstlerische Begabung. Er hatte bereits in Galerien ausgestellt, und was immer er auf künstlerischem Gebiet begann, war erfolgreich. Nicht nur hatte er sich schon einen Namen als Maler gemacht, auch seine Skulpturen hatten Anklang gefunden. Selbst wenn er nur mit Streichhölzern spielte, war am Schluß stets etwas Originelles und Künstlerisches entstanden.

Dennoch hatte man ihm abgeraten, Kunst als Lebensgrundlage zu wählen, da es selten ist, daß man seinen Lebensunterhalt damit verdienen kann. Besonders die Mutter hatte ihm sehr abgeraten und ihn beeinflußt, die Kunst mehr als ein Hobby anzusehen und seine Intelligenz einem praktischen Beruf zuzuwenden. So hatte er Verwaltung und Buchhaltung studiert. Dies hatte zu Depressionen geführt, die ihn in die Therapie brachten. Die zu große Abhängigkeit von der Mutter wird schon daraus ersichtlich, daß er sie anrief, als er das Angebot von seinem Vorgesetzten bekam; und sie erschien im Traum als die Kraft, die ihn befähigt, Tag und Nacht weiterzufischen, und die ihn auf den goldenen Pfad des Erfolges führte (Traum aus: Mastercopies – Engl.).

Während der folgenden Monate geriet Fred in ernsthafte Konflikte. Es kam ähnlich, wie der Traum es vorausgesagt hatte: Alle bewunderten, wie gut er den Betrieb führte; er war viel jünger als sein Vorgesetzter, und viele Angestellte hatten den Eindruck, daß Fred sie besser verstand, mehr «einer von ihnen» war und nicht so distanziert wie «der Alte». Aber jedesmal wenn jemand ihn fragte, ob er ein neues Bild gemalt habe, wie die Skulptur voranging, gab er ihm einen Stich. Er konnte seine Kunst nicht «nebenbei» betreiben, wie die Mutter ihm geraten hatte. Natürlich freute ihn das Lob der anderen, auch das größere Gehalt war ihm angenehm. Diese Konfliktsituation verstärkte sich, als sein Vorgesetzter gesund wieder zur Arbeit zurückkehrte und ihm anbot, die Stelle, die er sich erarbeitet hatte, zu behalten. Allerdings bedeutete das, daß Fred nun auch reisen mußte, denn sein Vorgesetzter wollte gerade diese Seite der Arbeit dem jüngeren Mann überlassen. Alles dies war für Fred ehrenvoll und brachte wiederum eine Gehaltserhöhung. Seine Mutter war stolz auf ihn, und es blieb ihm keine Wahl, als die Position anzunehmen. Aber er fühlte sich zunehmend leer und deprimiert, da er keine Zeit hatte, künstlerisch tätig zu sein. Nach wenigen Monaten schon war die Neuheit des Reisens, waren die Erfolge seiner Arbeit etwas Gewohntes. Er wurde der Position überdrüssig und begann den seelischen Druck zu somatisieren: Er hatte viele Erkältungen, Kopfschmerzen und andere kleine Gesundheitsstörungen, wie er sie nie gekannt hatte. Es war eindeutig, daß er etwas entscheiden müßte: Entweder mußte er seine künstlerischen Ziele opfern, oder er mußte den Beruf aufgeben, sich mit einer weniger anspruchsvollen Stellung zufriedengeben, um mehr Zeit für die Ausübung seiner künstlerischen Betätigungen zu haben. Seine Träume hatten in immer deutlicherer Sprache geraten, den Beruf als Verwaltungsdirektor an den Nagel zu hängen. Dann kam nach einer entscheidenden Auseinandersetzung mit der Mutter ein Traum, der den Wendepunkt in seinem Leben bedeutete.

Ich sollte auf Verlangen meiner Mutter für unsere Familie Fische fangen. Wir waren in einer Stadt am Meer. Ich hatte aber nur eine kurze Angelschnur und etwas Brot als Köder. Immer wieder versuchte ich, die Angel auszuwerfen; die Leute lachten mich aus und sagten, daß man so hier keine Fische fangen könnte; ich brauchte eine bessere Leine und einen besseren Köder als nur Brot. Ich sagte: «Ich kann das nicht ändern, das ist alles, was ich habe, und das muß genügen; wir sind alle sehr hungrig.» Dann warf ich wieder einen Köder mit einem Stückchen Brot aus, und dieses Mal fühlte ich einen starken Zug an der Leine. Ich begann, die Schnur einzuholen, und da sah ich unter mir einen sehr, sehr großen goldenen Fisch. Der Fisch sah mich an, und ich wußte, daß ich ihn nicht an Land ziehen könne, ich mußte ihn gehenlassen. Aber ich fühlte gleichzeitig meinen Hunger und den meiner Freunde. Als ich die Schnur zerschnitt, um den Fisch freizusetzen, verwandelte sich der Korb mit dem Brot in einen Korb voll mit Fischen (Traum aus: Mastercopies – German).

Wiederum schickt die Mutter ihn fischen. Aber er ist nicht mehr auf einer Insel, sondern in einer Stadt am Meer. Das Meer symbolisiert das Unbewußte, es ist das lebengebende Element, es ist die fruchtbare (wenn auch manchmal die furchtbare) Tiefe, aus der wir stammen. Das Meer ist die weite Verbindung zwischen Kontinenten, es ist damit aber auch gleichzeitig die Trennung zweier Kontinente. Wie alle Archetypen enthält es zwei Gegensätze. So birgt es den herrlichen goldenen Fisch, gleichzeitig aber kann das Meer auch Menschen und Werte zerstören, die unauffindbar auf dem Meeresgrund verbleiben. Fred sprach viel über den Gegensatz von Natur, Meer und Stadt. Die Arbeit, die er in der Klinik tat, war an die Stadt gebunden. Von der Stadt erhielt er viele Ichwerte: Position, Status, Karriere, Geld. «Die Stadt», sagte er, «ist wohl meine Mutter und alles, was ihr wert ist.» Er war in den Monaten der Auseinandersetzung mit der Mutter, seinem Vorgesetzten und Freunden aus der Kunstschule doch unsicher geworden, ob er wirklich genug Können hatte, um die Bilder, die aus der Tiefe zu ihm aufstiegen, festzuhalten. Manchmal schien es ihm vermessen, überhaupt zu glauben, daß er ein begabter Mensch sei, manchmal schien es ihm wie Verrat, daß er so viel Geld an seinem Posten verdiente, aber kaum noch dazu kam, ans Malen auch nur zu denken.

Es war gut, den Dingen so kritisch auf den Grund zu gehen, so daß er sich mehr und mehr von der Mutter und den Meinungen anderer lösen konnte und sich selbst und seiner Meinung mehr vertraute. Das Wort «Brot», sagte er, wurde von ihm und seinen Altersgenossen oft anstatt «Geld» gebraucht. Er kam zu dem Entschluß, daß, was er an Werkzeug oder Talent besitzt, so angenommen werden muß von ihm, wie es ist. Der Entschluß, weiter auszuharren, stammt dieses Mal nicht von der Mutter, sondern von ihm selbst. Er spricht auch im Traum nicht mehr von «Familie», sondern von den «Freunden», die wie er selbst alle sehr hungrig sind. Und sein Unbewußtes zeigt ihm deutlich den Fisch, aber diesmal weiß er zutiefst, daß er ihn nicht herausziehen und ausstopfen darf, sondern daß er das Opfer bringen muß, ihn loszulassen. Er überwindet die Versuchung, sich den goldenen Fisch anzueignen. Er opferte das stets hungrige Ich dem Selbst. Der Weg vom Ich zum Selbst ist lang und nicht einfach: Mutlosigkeit ergreift einen manchmal, aber überwindet man sie, fühlt man sich belohnt und erhält die langersehnte Selbstsicherheit. Jeder, der einmal dieses Ichopfer gebracht hat und das Ich dem Selbst unterstellte, erfuhr, was Fred im Traum erfährt: daß das, was man aufgegeben hat, sich zusätzlich von allein erfüllt.

Wenn wir vom Ich sprechen, so meinen wir damit das Zentrum des Bewußtseins. Das gesunde Ich hilft uns, unsere Fähigkeiten zu entwickeln, unsere Ziele zu verfolgen, uns auf das Mögliche zu beschränken und uns daran zu erfreuen. Das Selbst ist unsere geistige Persönlichkeit, umfaßt das Unbewußte und schließt Bewußtsein und Ich mit ein. Das Selbst gibt uns unsere ethischen Werte und hilft uns zu stets größerer Entfaltung. Für religiöse Menschen verwirklicht sich das Selbst in Gott.

In den Zeiten eines überbetonten Materialismus werden häufig höhere Ziele und geistige Werte dem materiellen Erfolg geopfert. Das zeigt sich dann in Korruption, Drogenabhängigkeit, in Selbstmorden – alles dies sind die Resultate einer inneren Leere. Spielsucht, der betörende Rausch des «Mehr», ergreift immer weitere Kreise. Auf der anderen Seite gibt es gerade jetzt eine große Zahl Jugendlicher, die bereits vor dem 20. Lebensjahr sich auf die Suche nach ihrem geistigen Sein begeben. Sie gehen den Weg nach innen durch Meditation, Yogalehre; sie werden Vegetarier und verteidigen die Umwelt und die Rechte der Tiere. Manche dieser jungen Menschen wenden sich weit von der heutigen technokratischen Gesellschaft ab. Aber die meisten sind imstande, ihr realistisch orientiertes Ich und ihr geistig orientiertes

Selbst als sich ergänzende Einheiten zu leben und nicht als sich bekämpfende Gegensätze.
Dies ist ein Reifeprozeß, der sich in irgendeiner Form über das ganze Leben hinzieht. Nicht jeder geht diesen Weg, aber jeder hat die Möglichkeit, diesen Weg zu gehen, wenn er es wünscht. Und wann immer man sich zum Selbst hinbewegt, kommt man irgendwann zu dem Konflikt zwischen Ich und Selbst, dem Konflikt, den Fred zugunsten des Selbst entschied. Wir sagten, daß dieses Opfer auf eine Weise belohnt wird, daß das, was man geopfert hat, oft zusätzlich geschenkt wird.

Wo kann ich der Mutter begegnen?

Um das zu erleben, bedarf es nicht einmal so großer archetypischer Träume, wie dieser junge Mann sie hatte. Fast jeder von uns hat erfahren, wie viele Machtkämpfe in der Adoleszenz mit den Eltern zu führen sind, ob es sich nun um unsere Haartracht, die Kleidung, das Zigarettenrauchen oder darum handelte, daß wir bis spät ausbleiben wollten – alles wurden große Ichkämpfe. Wir wollten die Eltern ändern, und sie wollten uns ändern. «Sie verstehen mich nicht», war der gegenseitige Vorwurf. Langsam aber wurden wir trotz oder vielleicht gerade wegen dieser Auseinandersetzung reifer. Zehn Jahre später konnten wir, von einer höheren Warte aus, die Eltern allmählich als Menschen sehen, die positive Seiten haben. Wir unterließen die Ichkämpfe, wir wollten die Eltern nicht mehr ändern, wir respektierten ihr Recht, zu sein, wie sie waren. Ja, wir konnten es sogar zulassen, daß sie gewisse Dinge an uns kritisierten, gern geändert hätten. Und in dem Moment, da wir sie annahmen, da wir nicht mehr erwarteten, «verstanden» zu werden, in dem Moment ließen sie auch uns so sein, wie wir waren. Nun, da wir es nicht mehr brauchten, wurden wir verstanden und fühlten uns angenommen, und den Eltern ging es auch nicht viel anders: Wenn sie ihre Kinder innerlich und äußerlich freigeben konnten und das Opfer brachten, sobald sie nicht mehr von ihnen erwarteten, als sie freiwillig gaben, von da an riefen die Kinder gern einmal zu Haus an, kamen am Sonntag auf eine Stunde vorbei oder sogar für einige Tage in den Ferien. Da erhielten die Eltern nun das, was sie immer gewünscht und nie bekommen hatten, solange sie einen anspruchsvollen Machtkampf führten: eine einfühlende Zuneigung von dem erwachsenen Kind.

Mutter ist ein weiter Begriff: Es gibt gute und böse Mütter – wie soll man die Mutter von Hänsel und Gretel beschreiben, die ihre beiden Kinder wegschickt? Was für eine Mutter ist die kannibalische Hexe, die Hänsel mästet, weil sie ihn essen will? Ich erinnere mich, wie froh ich als Kind war, als Hänsel und Gretel die Hexe verbrannten, frei waren und fortliefen.
Dennoch war ich gar nicht so glücklich, als ich neulich im Fernsehen Humperdincks Oper «Hänsel und Gretel» sah und die Szene, in der die Kinder die Hexe in den Ofen schoben. Gerade hatte ich in einer sehr konservativen Zeitung etwas über die Judenverbrennung während der Nazizeit gelesen; auf der nächsten Seite stand eine Notiz über einen jungen Mann, der Vater, Mutter und Bruder erschoß, weil der Vater ihm sein Auto nicht geliehen hatte. Der Junge war 16 Jahre alt. Ein dreißigjähriger Mann hatte von der psychiatrischen Anstalt einen Wochenendpaß erhalten. Auf dem Weg nach Hause erstach er ein neunjähriges Mädchen. Als man ihn nach den Motiven fragte, sagte er: «Sie stand zufällig da.» Die Müllabfuhr fand ein noch lebendes Baby im Müllkasten. All das läßt viele Fragen an den Mutterarchetyp und an das Mütterliche in uns aufkommen. Vielleicht ist das Leben an sich doch friedlicher, wenn wir unsere dunkle Seite, die zerstörerischen Seiten des Mutterarchetyps in Mythen und Märchen ausleben statt in der Realität?
Wir haben in diesem Kapitel nur wenige Ausprägungen des Mutterarchetyps behandelt. Unendlich viele andere erscheinen in Bildern und Sagen aller Zeiten und Kulturen.
Zum Schluß möchte ich noch einmal die Schritte aufführen, die bei der Deutung der eigenen Mutterträume zu einem besseren Verständnis unserer selbst verhelfen können.
Zuerst ist es wichtig, was der Traum über meine Beziehung zu meiner Mutter sagt, wie ich mich auf sie beziehe: Ist die Mutter liebend oder kämpferisch, nah oder fern, aufschauend oder herabschauend – wie auch immer, entscheidend ist es zu begreifen, daß dies alles weniger über die Mutter selbst aussagt als darüber, wie ich mich zu meiner eigenen Mütterlichkeit verhalte, wie es

um sie bestellt ist. Bin ich gut zu mir, oder vernachlässige ich mich, nehme ich mich mit meinen Fehlern an, oder behandle ich mich abwertend und strafend oder lobend? Dies ist ein wichtiger Schritt, um die Mutterbindung zu erkennen und von kindlicher Abhängigkeit von ihr oder Rebellion gegen sie loszukommen. Er ist für die eigene Persönlichkeitsentfaltung nötig und wird erleichtert, wenn wir die Deutung und Aussagen der Träume auf der subjektiven Ebene beachten.
Eine darauf folgende persönliche Entwicklung – dies der zweite Schritt – läßt es mit der Zeit zu, daß wir Ängste, Kritik, Ansprüche an die Eltern und den Wunsch, sie zu ändern, aufgeben können. Allmählich können wir sie so lassen, wie sie sind, und unsere Einstellung zu ihnen objektivieren. Wir tun das ja meistens bei jedem Menschen, der neu in unser Leben tritt. Wir mögen ihn wegen gewisser Eigenschaften und suchen nähere Bekanntschaft, oder umgekehrt: Was wir an bestimmten Menschen nicht mögen, führt dazu, daß wir uns von ihnen zurückziehen, ohne Haß oder Vorwurf. Die Wahrnehmung, daß ihre Werte, ihr Verhalten nicht die unseren sind, genügt, ohne daß wir deswegen den Stab über sie zu brechen brauchen. Distanz genügt.
Der dritte Schritt, der nicht jedem leichtfällt, besonders nicht ohne anfängliche Hilfe, ist die Begegnung mit dem archetypischen Mutterbild der mythischen Welt. Dort finden wir die Urkräfte, die sowohl gut und hilfreich als auch böse und zerstörend sein können. Wenn wir uns dem großen Bereich der Archetypen öffnen, treten wir in eine Welt ein, die weit über das rein Persönliche hinausreicht und uns mit den alten Weisheiten vergangener Jahrhunderte verbindet. Es ist erhebend und hilfreich, aus unseren Träumen zu erfahren, daß all das in anderem Gewande auch heute noch in uns lebt und daß wir teilhaben dürfen an dem Kosmos der seit Ewigkeit bestehenden Mutterwelten.

Literatur

Jung, C. G., Gesammelte Werke [= GW], 20 Bände, hrsg. von Lilly Jung-Merker, Elisabeth Rüf und Leonie Zander. Walter, Olten. Davon besonders: GW 5, Symbole der Wandlung, 5. Aufl. 1988, GW 12, Psychologie und Alchemie, 5. Aufl. 1987.

Nell, Renée, Mastercopies, Dreams English 1976–1979. D 76 & 79/38 – Mastercopies, Dreams German 1979–1981. D 79/56.

Neumann, Erich, The Mythical World and the Individual, in: Quadrant 14, 1981, Nr. 2

VATERTRÄUME

Von Helmut Hark

Väter und Vaterbilder im Netzwerk unserer Träume

Unsere Erfahrung mit dem Vater im realen Leben, die Erinnerungen an ihn, die Art und Weise, wie unsere Vorstellungen vom Vater und vom Väterlichen zu eigenen inneren Bildern werden, können in den Träumen vielfältige Verwandlungen erfahren. Daher bilden die Erscheinungsbilder des Vaters in den Träumen ein verschlungenes und vieldeutiges Netzwerk. Ähnlich wie in einem Netz eine Masche mit der anderen verwoben ist, so sind wir alle mit den Vätern und natürlich auch mit den Müttern durch die verinnerlichten Elternbilder unlöslich verbunden. Bei der Betrachtung von Träumen, also auch unserer Träume vom Vater, und beim Umgang mit ihnen erscheinen mir die folgenden Gesichtspunkte und Fragen von grundlegender Bedeutung, die zu bedenken ich Sie einladen möchte. Vielleicht lassen Sie sich sogar in ein Zwiegespräch mit einem Ihrer Träume ein. Nach einem Traum vom Vater könnten Sie sich fragen:

– Welche Erfahrungen mit dem persönlichen Vater spiegeln sich in diesem Traum? (Biographischer Ansatz)

– Was hat das Vaterbild, das mir in diesem Traum gezeigt wird, in meinem Leben bewirkt? (Psychodynamischer Ansatz)

– Entspricht das vorliegende Traumbild objektiv wirklich meinem Vater, oder spiegelt es meine Vorstellungen von ihm? (Objektstufige Deutung)[1]

– Ist der vorliegende Traum ein Ausdruck meines verinnerlichten Vaterbildes und zeigt mir persönliche Anteile von Väterlichkeit in mir selber? (Subjektstufige Deutung)

– Bei jedem Traum ist nach dessen hilfreichen und therapeutischen Auswirkungen auf das Leben und die Realität zu fragen. (Therapeutische Funktion)

– Erlebe ich in diesem Traum einen Ausgleich zwischen Gegensätzen in mir, und wird dadurch eine vernachlässigte Lebensmöglichkeit in mein Erleben eingefügt? (Kompensatorische Funktion)
– Ist mein Traum eine symbolische Zusammenfügung der verschiedenartigen Seiten des Vaters und des Vaterbildes, die in der Realität noch auseinanderklaffen? (Symbolische Bedeutung)
– Zeigt mir dieser Traum nicht nur eine individuelle Lebensproblematik, sondern auch eine kollektive und archetypische Bedeutung, die ich mit meinem Volk, einer Zeitepoche oder sogar mit der Menschheit teilen muß? (Archetypische Dimension)
Die genannten Deutungsaspekte für Träume wollen einen ersten Überblick vermitteln für den Umgang mit den eigenen Träumen. Sie können auch eine grundlegende Verstehenshilfe sein für die Träume von der Mutter, von den Kindern und darüber hinaus für viele andere Traumbilder. Das dargestellte Raster ist aus meiner langjährigen Arbeit mit Träumen hervorgegangen. Beim Umgang mit den eigenen Träumen und bei dem Versuch, sie selber zu deuten und ihren Sinn zu begreifen, können die Fragen unsere Aufmerksamkeit und unsere Überlegungen in die richtige Richtung lenken. Die folgenden Ausführungen wollen das dargestellte Raster noch etwas erläutern und damit die persönlichen Verstehensmöglichkeiten für die eigenen Träume vorbereiten.

Der *biographische Deutungsaspekt* will sagen, daß jeder Traum unlöslich mit dem persönlichen Leben und dem seelischen Erleben des Träumers oder der Träumerin verbunden ist. Daher spiegeln sich auch in jedem Traum vom Vater Erfahrungen mit ihm. Da jedes Traumbild seine Wurzeln in der Lebensgeschichte des Träumers hat, ruft ein Vatertraum Erinnerungen an Erfahrungen und Situationen mit dem Vater hervor, die oft für ein ganzes Leben prägend waren: Situationen, in denen der persönliche Vater als glücklich und beschützend erlebt wurde oder aber fehlte oder furchterregend wirkte. Die Väter der Nachkriegsgeneration zum Beispiel, die man häufig als eine Generation ohne Väter bezeichnet, weil die Väter im Krieg geblieben sind oder als zurückgekehrte Krüppel mehr der Unterstützung ihrer Kinder bedurften, als daß sie selber Hilfe und Halt bieten konnten, diese Väter, die oft fehlten oder die Erwar-

tungen und Wünsche ihrer Kinder nicht oder nicht ausreichend erfüllten und zufriedenstellen konnten, sind häufig in die Träume ausgewandert.
Für die Aufarbeitung der noch immer blutenden Wunden, die das Dritte Reich, der Krieg und die wahnsinnige Vernichtungswelle hinterlassen haben, erscheinen mir gerade die Träume eine wichtige Hilfe zu sein. Es dürfte eine Illusion sein zu meinen, daß mit dem Wirtschaftswunder und der Schaffung einer Demokratie und einem anzuerkennenden sozialen Netz die Bedürfnisse der Seele und die Suche nach inneren Werten befriedigt sind. Träume vom Vater und deren Integration können dazu beitragen, das innere Wertsystem zu stabilisieren und damit dem Menschen ein persönliches Selbstwertgefühl zu vermitteln.

Der *psychodynamische Deutungsansatz.* Unter dem Begriff der Psychodynamik wird in der Tiefenpsychologie und in der analytischen Psychotherapie jene Lebensdynamik verstanden, die unser ganzes Leben antreibt, insbesondere unsere seelischen Erlebnismöglichkeiten bewegt. Beziehen wir diese Verstehensmöglichkeit auf die Wirkungen, die der Vater und das verinnerlichte Vaterbild ausüben, so sind im Hinblick auf die Träume viele psychodynamische Impulse zu beobachten, die von ihnen herrühren. Die Vaterbilder in unseren Träumen erscheinen meistens nicht als abgeblaßte Erinnerungsbilder von unseren Vätern, sondern stellen eine wirkungsvolle Erlebnisqualität dar.
Häufig erscheint der Vater in den Träumen als helfende oder schutzgewährende Gestalt in Lebenslagen, in denen wir von Ängsten oder sogenannten bösen Mächten bedroht sind. Auch wenn wir uns schwer gegen Aggressionen und andere zerstörerische Impulse von innen oder von außen abgrenzen können, kann uns das Vaterbild Schutz und Geborgenheit vermitteln. Wenn wir in den Träumen auf gefährlichen Wegen wandern, kann uns der hinzutretende Vater das Gefühl vermitteln: Ich bin bei dir! Dir wird nichts geschehen! Ich habe in meiner langjährigen therapeutischen Arbeit den Eindruck gewonnen, daß Menschen mit positiven Erfahrungen an ihrem Vater weniger Alpträume haben und sich vor allem in gefahrvollen Situationen nicht so alleingelassen fühlen müssen.
Menschen, die ihren Vater negativ erlebten oder ein überwiegend negatives Vaterbild haben, sollten diesen Zustand nicht nur beklagen, sondern auch etwas zur Überwindung tun. In der persönlichen Meditation oder in der aktiven Imagination können sie sich ein positives Vaterbild vor Augen führen und den Vater in verschiedenen Lebenssituationen agieren und handeln lassen, wie sie es gerne hätten. Ich kenne viele Menschen, die inzwischen für sich auch die Praxis der Inkubationsträume (vgl. Lexikon: Trauminkubation) wiederentdeckt haben, indem sie abends vor dem Einschlafen an ihre Seele die Bitte nach einem positiven Vaterbild richten. Sinngemäß können Sie sich vor dem Einschlafen sagen und wünschen: Heute nacht möchte mir mein Vater hilfreich im

Traum erscheinen und mir beistehen in Gefahr und Not. Sie können sich für diese Übung auch einen anderen väterlichen Menschen vorstellen und wünschen. Auch wenn ihnen nach dieser Übung nicht gleich ein positives Vaterbild im Traum erscheint, sollten sie im Verlaufe der nächsten Tage und Wochen die Inkubation wiederholen und ihre Seele freundlich oder gar zärtlich um das Erscheinen eines positiven Vaterbildes bitten.

Die *objektstufige Deutung.* – Bei der Traumdeutung auf der sogenannten Objektstufe geht es darum, daß die im Traum erscheinenden Personen oder bestimmte Situationen objektiv auf die äußere Realität bezogen werden. Wenn im Traum der Vater, die Mutter, die Kinder oder andere Personen erscheinen, dann sind bei dieser Betrachtungsweise die realen Personen gemeint, so wie der Träumer sie sieht und erlebt. Werden jedoch diese Traumbilder mit den realen Menschen genauestens verglichen, so werden meistens Abweichungen bis hin zu gravierenden Unterschieden deutlich. Eine Verstehensmöglichkeit dieser Abweichungen und Unterschiede ist, daß die seelischen Wahrnehmungsmöglichkeiten des Träumers die andere Person genauer und wahrheitsgetreuer sieht als das Bewußtsein. Dabei kommt ein gewichtiger Subjektfaktor des Betrachters und Träumers ins Spiel, der mit der subjektstufigen Deutung ein besonderes Gewicht bekommt.

Die *subjektstufige Deutung.* – Bei der subjektstufigen Deutung werden alle Personen und Traumfiguren als Abbilder innerpsychischer Faktoren und als subjektive Befindlichkeit des Träumers selber angesehen. Die realen Erfahrungen mit dem Vater werden zum verinnerlichten Vaterbild und als persönliche Anteile der eigenen Väterlichkeit angesehen. Im Sinne der Selbsterkenntnis können wir uns dann sagen: «So bin ich!»
Bei der Deutung auf der Subjektstufe sind wir auf der inneren Traumbühne sowohl der Regisseur als auch die verschiedenen anderen Rollen und projizieren auf diese Weise unbewußte seelische Inhalte. Alle im Traum erscheinenden Personen, Tiere und andere Gegenstände sind gewisse Anteile, die alle zusammengenommen die Ganzheit des Träumers bilden. In der therapeutischen Praxis hat sich die subjektstufige Deutung als sehr anregend und fruchtbar erwiesen.

Die *therapeutische Funktion* von Träumen. – Die meisten Träume haben eine therapeutische Funktion; es handelt sich um einen Selbstregulierungsprozeß der Seele und des Selbst, wodurch die bisher als unvereinbar erlebten Lebenskräfte und die neurotischen Fehlsteuerungen in eine heilsame Ordnung gebracht werden. In dem sehr komplexen Gesundungs- und Heilungsprozeß bewegen die Traumbilder und die archetypischen Symbole das Innerste des Men-

schen, versetzen es gleichsam in eine positive Schwingung und integrieren auf diesem Wege die heilenden Kräfte aus der seelischen Tiefe in das Bewußtsein und in das Ich. Im Hinblick auf die psychische Ganzwerdung und die seelische Heilung ist es wichtig zu wissen, daß die genannten Lebensenergien nicht nur wahrgenommen und angenommen werden können, sondern daß es auch zu einer grundlegenden Änderung und Wandlung des Lebens kommen kann. Im therapeutischen Prozeß geht es nicht nur um die Auflösung der alten, krankhaften Einstellung und der neurotischen Fehlhaltung, sondern um das Ziel einer neuen Lebenseinstellung, die gesund und lebensfähig macht.
Die therapeutische Funktion von Träumen, in denen ein positiver Vater auftaucht, zeigt sich unter anderem in einer dem Leben zugewandten Einstellung und in einem ganzheitlichen Weltbild, in dem die Gegensätze von Licht und Schatten, von Gutem und Bösem, um beispielhaft nur diese zu nennen, nicht getrennt und voneinander abgespalten werden, sondern in einer spannungsreichen Beziehung zueinander stehen. Auch die natürliche Autorität, die persönliche Identität und das Selbstwertgefühl eines Menschen werden durch die Erfahrungen mit dem Vater und die geträumten Vaterbilder bestimmt und gefördert.

Die *kompensatorische Funktion* der Träume. – Beim kompensatorischen Vorgang des Träumens befindet sich die Seele in einem dauernden Prozeß des Ausgleichens und der Balance zwischen dem Bewußtsein und dem Unbewußten. In der Kompensation werden diese beiden psychischen Bereiche miteinander verbunden – einer Brücke vergleichbar, die eine Verbindung zwischen den Ufern schafft. Für die Erhaltung der Gesundheit und der persönlichen Ausgeglichenheit ist die Kompensation von größter Bedeutung, weil sie unser geistiges und psychisches Erleben, das unlöslich mit den komplexen Lebensprozessen im Körper verwoben ist, unaufhörlich in Balance erhält.
Der Vater und die Vaterbilder erscheinen als Kompensation häufig dann in Träumen, wenn eine neue Orientierung notwendig wird. In besonderen Notsituationen oder in bedrängenden Alpträumen kann der Vater als Beistand und als innerer Führer auftreten, wie das folgende Traumbeispiel zeigt.
Eine 35jährige Lehrerin sucht in dem Büro ihres Vaters Zuflucht, weil der abgetrennte Kopf eines Pinguins seine eigene Brust zerhackt und eine blutende Wunde verursacht. Als die Träumerin ihren Mut zusammennimmt und wieder hinschaut, sieht sie den Vater neben dem Schreckensbild stehen, welcher spricht: «Das sind die Gesetze des Lebens!»
Das Kompensatorische und die Wirkung dieses hier kurz zusammengefaßten Traumbildes (vgl. S. 177) sind darin zu sehen, daß die überwiegend rational orientierte Träumerin in diesem sie erschreckenden Bild ihrer Gefühle innewird und damit in kleinen Schritten einen neuen Zugang gewinnt zu dem blut-

vollen Erleben in ihrer eigenen Brust. Das symbolische Ritual der Bruströffnung ist hier nicht als sadistische Selbstzerstörung zu deuten, sondern wie C. G. Jung sagt[2], als Öffnung des inneren Menschen und als ein In-Beziehung-Treten mit seinem wahren Selbstbild.

Die *symbolische Bedeutung* des Traumes und des Vaters. – In den symbolischen Verdichtungen unserer Träume werden Erfahrungen und seelische Erlebnisse zusammengefügt, die wir im Bewußtsein und im Ich infolge unserer Lebensschwierigkeiten oder neurotischen Dissoziation noch nicht zusammenbringen können. Daher sind die Symbolbildungen in der Seele hilfreiche Lebensentwürfe. Wenn wir zum Beispiel einen Traum vom Vater bedenken und eingehend mit ihm umgehen, werden wir merken, daß in vielen Fällen der reale Vater und sein Erscheinungsbild in den Träumen voneinander abweichen. Unsere Seele bildet in den Träumen nicht nur etwas ab, wie das eine Film- oder Fernsehkamera tut, sondern in den Trauminszenierungen ereignen sich bereits wichtige Deutungen und Weiterbildungen.
Die realen Erfahrungen des Träumers werden im Traum meistens durch symbolische Verdichtungen zu neuen Lebensmustern und Reaktionsformen zusammengefügt. Daher können auch die symbolischen Verdichtungen des Vaterbildes unserer Ganzwerdung und unserer Selbstverwirklichung dienen. Ich habe für diese symbolischen Verdichtungen oder Verwandlungen den Begriff der Traumdichtung (vgl. Lexikon) vorgeschlagen und verstehe darunter die Fähigkeit der Seele, ähnlich wie ein Dichter die verschiedensten Erfahrungen zu einem Bild zu ver-dichten, gleichsam einen Entwurf zu machen, wie wir werden könnten.
In der therapeutischen Praxis entdecken wir bei der Traumarbeit immer wieder Vorstellungsbilder und scheinbar eingeprägte Lebensmuster, die anregend und hilfreich bei der Findung eines eigenen Lebenskonzeptes wirken. Ein Beispiel dafür sind insbesondere die Träume vom Vater, von denen häufig eine hilfreiche und therapeutische Wirkung ausgehen kann.
Diese therapeutischen Wirkungen, auf die ich später ausführlicher zu sprechen komme, scheinen mit der archetypischen Dimension unserer Träume in Beziehung zu stehen.

Die *archetypische Dimension* von Träumen. – Viele Träume spiegeln nicht nur eine individuelle Lebensproblematik, sondern oft auch den Kontext der geistigen und psychologischen Situation einer Zeitepoche oder sogar der ganzen Menschheit. Es sind charakteristische und typische Ausdrucksmöglichkeiten des inneren Lebens und der seelischen Reaktionen nach vorhandenen Urbildern. So scheint es in jeder Seele bestimmte Ahnungen von Väterlichkeit zu geben, die sich auch dann zeigen und auf unser Leben einwirken können, wenn wir in Wirklichkeit überwiegend negative Erlebnisse mit den Vätern hatten. Es handelt sich dabei um Bilder oder Vorstellungen vom Vater und vom Väterlichen, die allgemeingültig sind und daher in jedem Menschen aufscheinen können. C. G. Jung hat für diese Bilder den Ausdruck «Archetypus» (vgl. Lexikon) verwendet und erkennt darin die Grundlage und die anordnenden Faktoren unseres Lebens. Die Urbilder aus der archetypischen Dimension der Seele vermitteln uns Wachstumskräfte zur Ganzwerdung und Heilung.

Mit der archetypischen Dimension unserer Träume hängt auch aufs engste die Entwicklung des persönlichen Weltbildes und des Wertsystems eines Menschen zusammen. So wichtig es einerseits sein mag, daß wir uns im Verlaufe unserer Bildung und Erziehung wichtige Werte unserer Gesellschaft und bestimmte Vorstellungen über die Welt aneignen, so wesentlich ist es andererseits, auf die Stimme des eigenen Gewissens zu hören und dasjenige zu verwirklichen, was uns wertvoll und wesentlich erscheint. In diesem Zusammenhang sehe ich die besondere geistige Bedeutung der Väter und der Vaterbilder darin, daß sie uns neben den übernommenen äußeren Wertmaßstäben auch ein inneres Wertsystem eröffnen und uns kritischer gegenüber äußeren Wertmaßstäben machen.

Auch das persönliche Weltbild kann durch den Umgang mit den Träumen ergänzt und erweitert werden, weil die träumende und dichtende Seele uns häufig Erfahrungen vor Augen führt, die weit über das bewußte und traditionelle Weltbild hinausgehen. In unserer Entwicklung hin zu einem eigenständigen Menschen und zu einem persönlichen Weltbild gibt es vielfältige Auseinandersetzungen mit den Vätern und Müttern wie auch mit den Elternbildern in der eigenen Seele.

Die innere Führung und Wegweisung durch ein positives Vaterbild ist für jeden Menschen sehr wesentlich. Insofern verhelfen die Erfahrungen mit positiven Vätern und das Weben der Seele an einem positiven Vaterbild zur Entwicklung eines persönlichen und tragenden Weltbildes. Dabei hat das Vaterbild keineswegs nur etwas mit Innerlichkeit zu tun oder mit der Strukturierung der geistigen und seelischen Innenwelt, sondern darüber hinaus mit unseren Beziehungen zur Welt draußen und eben mit der Entwicklung und Findung eines tragenden und persönlichen Weltbildes.

Bevor ich die genannten Deutungsaspekte als Verstehenshilfen für Träume vom Vater in Falldarstellungen aufzeige, möchte ich auf die Beachtung und Bedeutung des jeweiligen Lebensalters der Träumerin oder des Träumers aufmerksam machen. Es dürfte allgemein und spontan einsichtig sein, daß die Träume vom Vater in der Jugendzeit oder in der Lebensmitte oder am Lebensabend unterschiedliche Bedeutungen haben. Dies wird meistens auch aus der jeweiligen Traumhandlung ersichtlich.

Ähnlich wie sich junge Leute in der Pubertätszeit und in den folgenden Jahren in der Realität kritisch mit dem Vater auseinandersetzen, so wirkt diese kritische Auseinandersetzung auch in die Träume hinein. In dieser Lebensphase kann die Suche nach neuen und positiven Vaterbildern auch darin zum Ausdruck kommen, daß man von einem verehrten Lehrer, Pfarrer, Politiker oder einem väterlichen älteren Kameraden träumt.
Bei den Vaterträumen in der Lebensmitte geht es dann bei Männern und Frauen mehr um die Verinnerlichung des Vaterbildes und das Entdecken der eigenen Väterlichkeit. Nach den Jahren der Auseinandersetzung mit den Vätern und der notwendigen Auseinandersetzung zwischen den Generationen kann es zwischen 40 und 50 bei vielen Menschen zu einer erneuten Annäherung an den Vater kommen. Dann erscheinen etwa versöhnliche Vaterbilder in den Träumen, können ein Glücksgefühl vermitteln und darüber hinaus die eigene natürliche Autorität und Identität verstärken.
In der dritten Lebensphase und am Lebensabend schließlich erscheint das Vaterbild häufig verklärt, zum Beispiel in der Gestalt eines alten Weisen oder eines gütigen Gottesbildes, das uns in die andere Welt einlädt.
Es sei ausdrücklich erwähnt, daß die genannten lebensgeschichtlichen Aspekte nicht ausschließen, daß auch junge Menschen von archetypischen Vatergestalten träumen und umgekehrt auch am Lebensende nochmals eine kritische Auseinandersetzung mit dem Vater aufflammen kann, wenn diese im Leben nicht geleistet wurde. Doch kommen wir jetzt zu den angekündigten Fallbeispielen, in denen je nach Lage des Falles einzelne Aspekte unseres Fragenkatalogs und Deutungsrasters zur Anwendung gelangen, wobei jedoch nicht bei jedem Traum alle Aspekte ausgeführt werden können.

Auseinandersetzungen mit dem Vater

In unseren Träumen erscheint der leibliche Vater so, wie wir ihn erlebt haben, oder als unser Wunschbild vom Vater. Ferner offenbaren uns die Träume vom Vater Charaktereigenschaften von ihm und Wesensseiten, die unser Bewußtsein bisher so noch nicht wahrgenommen hat. Darüber hinaus sind Träume vom Vater nicht nur interessant zur Menschenkenntnis, sondern auch zur Selbsterkenntnis und Selbstverwirklichung. Wohl in jedem Menschen schlummert die bewußte und/oder unbewußte Sehnsucht, vom Vater anerkannt und akzeptiert zu werden. Geschieht dies nicht, kann das Lebensgefühl und vor allem das Selbstwertgefühl verunsichert werden oder blockiert sein.
Frauen erkennen durch ihre Träume vom Vater, welches Bild von ihm in ihrem Herzen und in ihrer Seele wirksam ist. Der Vater hat einen prägenden Einfluß auf das Männerbild der Tochter, weil er der erste Mann ist, der ihre Gefühle und ihren Eros erweckt, und damit die Grundlage legt für die Beziehungs- und Liebesfähigkeit in der späteren Partnerschaft.
Häufig ist eine unbewußte Verbundenheit und Symbiose der Tochter mit dem Vater zu erkennen, die später ihre Rolle als Frau und Partnerin negativ beeinflussen kann. In der Partnerbeziehung wird dann oft Unzufriedenheit erlebt, und es entstehen zahlreiche Konflikte mit dem Partner, weil er nicht so ideal scheint wie der Vater. Ein weiteres Konfliktfeld kann sich auf seiten der Väter zeigen, wenn sie ihre Töchter nicht loslassen können und daher bewußt oder unbewußt den späteren Partner der Töchter kritisieren oder ablehnen. Wenn Väter mit einer Frau verheiratet sind, die ihre Gefühle und erotischen Empfindungen wenig entwickelt hat oder die neurotisch gehemmt ist,

projizieren sie ihre Liebesbedürfnisse manchmal auf die Töchter. Sie versuchen dann in mancherlei verdeckten Lebensformen, in der Ausstrahlung der Töchter etwas zu erhaschen, was ihnen bei ihrer Frau zu erleben nicht vergönnt ist. Oft ziehen Töchter aus der unbewußten Verführung des Vaters viele Vorteile, indem sie zum Beispiel verwöhnt werden und viele Wünsche erfüllt bekommen. Häufig geraten sie durch diese Spiele in einen Teufelskreis und finden später schwer ihren Weg in die Freiheit.

Von anderen Frauen, die in die Ehe- und Lebensberatung oder zur Psychotherapie kommen, hört man oft die Klage, daß die Väter aufgrund ihrer beruflichen Aufgaben und Belastungen einfach viel zu wenig bei der Familie gewesen seien, als daß es zu richtigen Auseinandersetzungen und Gesprächen hätte kommen können. Andere beklagen, daß der Vater so angstmachend oder fordernd auf sie eingewirkt habe. Besonders die Väter, die es durch ihre hohen Leistungen im Leben zu etwas gebracht haben, fordern solche häufig auch von den Töchtern. Meistens herrscht in solchen leistungsorientierten Familien eine ziemliche Gefühlsarmut. Und oft mangelt es zwischen Vätern und Töchtern an tragenden emotionalen Beziehungen. In unserer technokratischen Gesellschaft trägt besonders das naturwissenschaftliche Denken wesentlich dazu bei, daß die subjektiven Erfahrungen und die Emotionalität eine untergeordnete Rolle haben. So ereignen sich vielfältige Verdrängungsprozesse, so daß es in den Träumen zur Wiederkehr des Verdrängten kommt. Die angesprochenen Probleme spiegeln sich in dem folgenden Traum einer 32jährigen ledigen Ärztin wider:

Mit 25 Jahren träumte ich, daß ich meinen Vater in ein Spiegelkabinett steckte und einschloß. Rings um ihn herum waren Spiegelwände. Überall, wohin er schaute, mußte er sich selbst anschauen. Ich war bereit, ihn mit Essen und Trinken zu versorgen, aber ein menschliches Gespräch sollte er nicht erfahren dürfen. Er sollte spüren, wie ich ihn erleben mußte.

Dieser Traum dürfte weitgehend aus sich selber heraus verständlich sein. Die Träumerin hatte einen dominierenden Vater, für den die Gefühle und Wünsche der Tochter nebensächlich waren. In der Familie herrschte überwiegend eine Kommunikationsform, die den Anschein von Beziehungen erweckte, aber die wahren und warmen Gefühle wurden wie hinter Glas zurückgehalten. Für Essen und Trinken und für alle materiellen Werte war viel Raum in dieser Akademikerfamilie, aber menschliche Gespräche waren rar. Der Traum spiegelt diese Familienatmosphäre trefflich und tragisch wider in dem Bild des Spiegelkabinetts.

Neben den lebensgeschichtlichen Erfahrungen, die der Traum deutlich offenbart, sind auch Aspekte des psychodynamischen Ansatzes zu erkennen. Der Vater wird in ein Spiegelkabinett eingeschlossen. Er sollte die Isolation zu spüren bekommen, welche die Träumerin in ihrer Kindheit und Jugendzeit erleben mußte. Dem Vater soll heimgezahlt werden, was die Träumerin erleiden mußte. So verständlich diese Reaktion einerseits ist, so sadistisch ist sie andererseits und ist letztlich auch eine Qual für denjenigen, der diese Lebenseinstellung praktiziert. Obwohl die junge Ärztin sich in der Realität zunehmend vom Vater distanzierte, schloß sie ihn nicht allein ins Spiegelkabinett ein, sondern letztlich auch in sich selber, und blieb damit an ihn gebunden.

In engster Beziehung damit steht die subjektstufige Erkenntnis, indem die Ärztin zunehmend ihre Isolation in der Klinik und den Kranken gegenüber wahrzunehmen beginnt. Die Gespräche mit Menschen und die warmherzigen Begegnungen mit anderen, die sie im Traum dem Vater vorenthält, sind letztlich auch ihre persönlichen Probleme. Ähnlich wie der Vater sich im geträumten Spiegelkabinett überall selbst anschauen mußte, so macht der Traum auch eine gewisse narzißtische Selbstbespiegelung offenbar. Dazu verführen auch ein Stück weit die traditionelle ärztliche Rolle und die Erwartungen und Projektionen der Patienten, die Ärzte und insbesondere auch diese junge Ärztin in die Isolation treiben.

Erste Schritte zur Überwindung der Isolation im Spiegelkabinett wäre die schmerzliche Einsicht, daß dies nicht nur dem Vater angetan wird, sondern letztlich auch ihr selber. Es geht darum, sich nicht mehr von den Mitmenschen abzusondern und zu verschließen, sondern sich zu öffnen für menschliche Beziehungen, für Gespräche und persönliche Begegnungen. Die recht sensible und intuitive Ärztin tut sich manchmal schwer, sich auf Kontakte und Gespräche einzulassen.
Das Spiegelkabinett wirkt in der Trauminszenierung auf die Träumerin wie ein Labyrinth, in dem man total auf sich selbst zurückgeworfen ist. Es ist ein Sinnbild für die labyrinthische Ausweglosigkeit und Sinnlosigkeit des Lebens, die Hermann Hesse in seinem «Steppenwolf» so eindrucksvoll beschrieben hat. Die große Beachtung und Verbreitung dieses Buches spiegelt die Tragik insbesondere der Nachkriegsgeneration wider, zu der auch unsere Träumerin gehört.
Während die Eltern dieser Generation unermüdlich am Wiederaufbau arbeiteten und sich für das sogenannte Wirtschaftswunder engagierten, wurden die persönlichen Dinge und die menschlichen Begegnungen sowie das vielfältige Spektrum der Gefühle vernachlässigt. Viele erfolgreiche Menschen, wie auch der Vater der Träumerin, begannen sich im Glanze der geschaffenen materiellen Werte zu spiegeln, doch die Herzen und Seelen ihrer Kinder wurden dadurch nicht erwärmt. So offenbart dieser Traum nicht nur ein individuelles Problem der jungen Akademikerin, sondern macht uns auf eine kollektive seelische Not der Nachkriegsgeneration aufmerksam.
Der im gleichen Jahr folgende Traum zeigt uns, wie die vernachlässigten und verletzten Gefühle sich nach innen verkriechen und in einer larvierten (schleichenden) Depression oder in destruktiven Aggressionen wiederkehren. Dieser Traum lautet:

Ich war in meinem Elternhaus und schaute aus dem Fenster. Am Himmel näherte sich ein riesig großer, grauer Zeppelin. Je näher er kam, desto bedrohlicher wurde er für mich. Auch der Schatten des Zeppelins wurde immer größer, und er verdunkelte das ganze Haus. In meiner Angst kroch ich unter das Bett meiner Mutter, versteckte mich dort, bis die Gefahr vorüber sein würde.

Die Träumerin berichtet von sich und ihren Gedanken und Einfällen zu dem Traum folgendes: «Ich bin die Tochter eines naturwissenschaftlich-akademisch geprägten Vaters. Seine meist beruflichen Probleme waren das Wichtigste und das Dominierende in unserer Familie. Meine Wünsche, meine Sorgen und Gefühle waren nebensächlich. Vaters Meinung und Sicht waren immer richtig. Abweichungen davon wurden moralisch stark abgewertet und durften gar nicht erst aufkeimen. Mein Vater war in seiner Studentenzeit Flieger gewesen. Daher dürfte das Bild des Zeppelins als Sinnbild für meinen Vater, den übergroßen und mächtigen, stehen. Mit der Flucht unter das Bett meiner Mutter suche ich einen fragwürdigen Schutz in dem depressiven und passiven Verhalten meiner Mutter. Damit konnte ich mich ebenso wenig identifizieren wie mit der Übermacht des Vaters.
Wenn ich mich heute, mit 32 Jahren, an diesen Traum erinnere, kann ich ihn in meinen Imaginationen und Fantasien anders enden lassen. Ich steche mit einer Nadel in den Zeppelin hinein und lasse die Luft ab. Mit einer gewissen Wut beobachte ich, wie der Zeppelin zusammenschrumpft und zu Boden sinkt. Es ist für mich ein Sinnbild dafür geworden, wie ich das aufgeblähte Vaterbild jetzt verändern und zusammenschrumpfen lassen kann.»
Es erscheint mir wichtig, darauf hinzuweisen, daß mit einer derartigen Imagination in der Regel die persönlichen Probleme nicht spontan, wie bei einem Wunder, aufgelöst sind. Es ist aber so etwas wie eine erste Hilfe und Selbsthilfe, indem aus einem bedrohlichen Bild die Luft herausgelassen wird, wie es diese Imagination schildert. Andererseits jedoch macht die Tatsache, daß sich die Träumerin nach sieben Jahren noch so genau an diese Träume und die damit verbundenen Gefühle erinnert, deutlich, daß der Vater und vor allem das verinnerlichte Vater-

bild und die damit verbundenen Vorstellungen und Wirkungen noch immer ihr Leben überschatten. Trefflich schildert der Traum diese Situation in dem Bild, daß der Schatten des Zeppelins immer größer wurde und das ganze Haus verdunkelte. Er ist ein Sinnbild für den Schatten (vgl. Lexikon), wie ihn die Jungsche Tiefenpsychologie versteht: ein Bild für alle jene dunklen Persönlichkeitsanteile und Lebenserfahrungen, die unser Leben bedrängen und bisher noch nicht bearbeitet werden konnten.

Dieses Traumbild sagt auch, daß die Ärztin weder bei der depressiven Mutter noch bei dem übermächtigen Vater sich geborgen fühlen kann. Subjektstufig betrachtet, bedeutet dies für sie selber, daß sie ihre mütterlichen Erlebnismöglichkeiten, wie Fürsorge und Liebe für andere Menschen, nicht so leben kann, wie sie es gerne möchte. Auch die sogenannten väterlichen Erlebnismöglichkeiten bereiten ihr Schwierigkeiten; es gelingt ihr nicht, ihre Autorität als Ärztin im Kollegenkreis, in der Klinik und bei den Patienten in überzeugender Weise durchzusetzen; auch gehen ihr bei der Bewältigung der vielfachen Aufgaben häufig schnell die Luft und das Durchhaltevermögen aus, wie es in dem Traumbild auch anklingt. Daß sie dem Zeppelin die Luft abläßt, könnte heißen, daß sie sich selber in schwierigen Lebenslagen den langen Atem und das Durchhaltevermögen nimmt oder nicht zutraut, wo sie eigentlich obenauf sein sollte. Dennoch zeigt uns der Traum und vor allem auch die anschließende Imagination, daß ein Mensch nicht diesen inneren Bildern und den damit verbundenen Auswirkungen hilflos ausgeliefert sein muß, sondern sich damit kritisch auseinandersetzen und neue Lebensmuster in sich entwickeln kann. Diese Traumbilder waren für die Ärztin eine wesentliche Unterstützung in der Auseinandersetzung mit dem Vater. Auch ohne eine spezielle Einführung und Erfahrung mit der Traumanalyse wurde es ihr möglich, die Sinnbilder zu deuten und die für sie hilfreiche Botschaft in der eigenen Lebensgestaltung zu beachten.

Ich habe die Erfahrung machen können, daß Menschen aus verschiedenen Bildungsschichten mit etwas Einfühlungsvermögen in die Bildersprache ihrer Seele den Sinngehalt der Träume für sich persönlich und für ihre Lebensgestaltung hinlänglich nutzen konnten. Besonders hervorheben möchte ich noch die Erfahrung der Träumerin, daß wir gerade auch Träumen ohne eine befriedigende Lösung mit Hilfe unserer Tagträume oder unserer Imagination eine sinnvolle Lösung verleihen können. Damit ist auch gesagt, daß wir solche Traumbilder nicht als eine absolute und letzte Wahrheit ansehen sollten, sondern mehr als einen diagnostischen Hinweis, der uns auffordert, die nötigen Schritte für die Therapie selbstverantwortlich zu beschließen und zu tun. Gerade Träume mit unbefriedigender Lösung stellen oft eine Herausforderung dar, uns durch die kritische Auseinandersetzung mit dem Problem um eine hilfreiche Lösung zu bemühen.

Der Vater als Vermittler der Lebensgesetze

Ähnlich wie die Väter durch ihre Anerkennung und ihre Bestätigung für Kinder, Heranwachsende und manchmal auch noch für erwachsene Kinder lebenswichtige Begleiter und Ratgeber sind, erscheinen sie oftmals auch in den Träumen als hilfreiche Gestalten, durch die wir Lebensmut und Hoffnung bekommen können. In den Träumen sprechen sie häufig eine Wahrheit aus, die uns in der eigenen Seele klargeworden ist. Diesen Aspekt möchte ich durch folgenden Traum von Dora (Pseudonym) verdeutlichen, einer 35jährigen alleinlebenden Lehrerin. In ihrem Traum wurde dem Vater die Botschaft in den Mund gelegt: «Das ist das Gesetz des Lebens!» Damit ist kein Gesetz im juristischen Sinne gemeint, sondern Gesetzmäßigkeiten des Lebens, die jeder auf dem Wege seiner Reifung und Individuation durchleben muß. Die drei Stufen der seelischen Wandlung und Reifung, die sich in diesem Traum widerspiegeln, werde ich nach den Assoziationen und Deutungsversuchen der Träumerin in meinem tiefenpsychologischen Kommentar mitteilen.
Zur Lebenssituation und zu den Körpergefühlen, die sie im Traum erlebt, teilt Dora folgendes mit: «Ich bin nach Hause zu meinen Eltern gefahren, um die Weihnachtstage mit ihnen zusammen zu verbringen. Am ersten Weihnachtsfeiertag werde ich krank und bekomme Grippe mit Fieber und muß deswegen – schweren Herzens – ein Meditationsseminar absagen. Ich genieße es, nicht allein für mich sorgen zu müssen, ich kann mich im Schoße der Familie ausruhen. Während dieser Krankheitstage schlief ich nachts sehr unruhig und hatte jede Nacht intensive Träume. In einer dieser Nächte wache ich von meinem eigenen Schreien auf. Mein Herzschlag ist schnell. Ich brauche eine

ganze Weile, bis mir klar wird, daß mein Schreien mit dem gerade geträumten Traum zusammenhängt. Ich erinnere mich an die Traumbilder sehr deutlich. Die Bilder und das Traumerleben sind so stark, daß ich sie nicht aufzuschreiben brauche. Ich bin mir ganz sicher, daß ich sie behalten werde.» Der Traum lautet:

Im Wohnzimmer meiner Eltern flattert ein Vogel umher. Er hat etwa das Aussehen und die Größe eines Kanarienvogels. Plötzlich wird der Vogel immer größer, er wächst und wächst, nimmt die Form eines Pinguins an. Der Vogel steht jetzt mitten im Flur. Rumpf und Kopf sind getrennt. Der Körper hat weiche Formen, besonders schön ist die schneeweiße Brust. Die Federn sind ganz zart und haben einen wunderbaren Glanz, der Rücken und die großen Flügel sind schwarz. Der Kopf des Vogels ist ebenfalls schwarz. Er hat durchdringende Augen und einen großen spitzen Schnabel. Der Kopf des Vogels greift den Körper an. Mit dem spitzen Schnabel hackt der Kopf immer wieder in die Brust des Vogels. Das Blut spritzt heraus, die weiße Brust ist eine große Wunde. Ganz intensiv höre ich ein durchdringendes, entsetzliches Schreien. Ich kann nicht unterscheiden, ob das Schreien vom Kopf oder vom Rumpf kommt.
Ich ertrage dieses Schreien und den Anblick nicht und flüchte in das Büro meines Vaters. Ich stehe hinter der Tür des Büros, die mich von dem Vogel trennt. Ich denke: «Du bist bis jetzt immer weggelaufen, wenn es schwierig wurde. Tue das nicht wieder! Geh hin und schaue dir dieses schreckliche Geschehen an!» Ganz mutig öffne ich die Tür und schaue den Vogel an. Plötzlich steht mein Vater neben dem Vogel und sagt ganz ruhig zu mir: «Das ist das Gesetz des Lebens.»

Die Assoziationen und Mitteilungen zu dem Traum gebe ich kurz zusammengefaßt wieder. Das Wohnzimmer ist der größte Raum in der elterlichen Wohnung, in dem sich vorwiegend das Leben abspielt. Dort stand früher während der Kindheit auch ein Käfig mit einem Kanarienvogel. Dora sagt dazu: «Das

Wohnzimmer ist meine momentane Lebenssituation. Ich bin der kleine Kanarienvogel, der munter durchs Leben ‹flattert›. Ich habe viel Raum, Freiraum und Freiheiten. Kein Käfig hindert mich am Fliegen.»

In der weiteren Traumgeschichte nimmt der Kanarienvogel die Gestalt eines Pinguins an und steht jetzt mitten im Flur. Der inzwischen furchterregende Vogel versperrt also die Zugänge zu den anderen Zimmern. Nur durch diesen Flur kann man in die anderen Zimmer kommen. In diesem Flur stand früher eine Bodenvase mit stilisierten Pinguinen. Dora sagt zu dieser für sie angstbesetzten und furchterregenden Traumsituation: «Ich muß mich mit diesem Vogel auseinandersetzen, weil er mir die Türen versperrt zu weiteren Zimmern und damit zu weiteren Lebensräumen und Erlebnismöglichkeiten. Faszinierend finde ich, wie die Formen und Farben des Vogels bestimmte Polarisierungen in mir selber unterstreichen. Der Rumpf ist weich und rund, der Schnabel dagegen sehr spitz und die Augen durchdringend. Einen Kontrast bilden die schneeweiße Brust und die großen schwarzen Flügel. Die Flügel können Geborgenheit vermitteln, aber letztlich können sie die Brust vor den Angriffen des Vogelkopfes nicht schützen. Am intensivsten war das Bild des angreifenden Kopfes, der erbarmungslos die Brust aufhackt. Auf dem Höhepunkt des Traumes wird dieses noch durch das fürchterliche Schreien verstärkt.»

Als ich die Träumerin auf die differenzierte Beschreibung der Körpergestalt des Vogels anspreche und sie frage, ob sie Parallelen zur eigenen Körperwahrnehmung und zum eigenen Körpergefühl erkennt, erzählt sie, daß sie an ihrem Körper die weichen Formen mag und besonders ihre Brust schön findet. Die zarten Federn mit ihrem wunderbaren Glanz setzt sie in Beziehung zu ihrer Vorliebe für enganliegende Stoffe aus zartem Gewebe. Dabei bevorzugt sie die modische Farbe Schwarz, die für sie etwas Geheimnisvolles und Erotisches ausstrahlt. Zu dem schwarzen Kopf des Vogels passen ihr dunkles Haar und ihre großen blauen Augen, die kritisch und scharf dreinblicken, entsprechend den

durchdringenden Augen des Pinguins. Etwas schwer fällt es Dora schließlich, den großen spitzen Schnabel mit sich in Beziehung zu bringen. Ich baue ihr eine Brücke durch die bildhafte Redewendung: zu sprechen, wie einem der Schnabel gewachsen ist. Das leuchtet ein, und Dora fängt an, sich mit ihren sprachlichen Ausdrucksmöglichkeiten und ihrem gelegentlich verletzenden Mundwerk auseinanderzusetzen. Sie beginnt zunächst zu ahnen und dann zu verstehen, daß sie mit ihren kritischen Worten und Reden andere Menschen und vor allem sich selber verletzen kann.
Diese langjährigen und bisher nicht bewußten Verwundungen stellen einen zentralen Lebenskonflikt von Dora dar, der im Traum sichtbar und dann ins Bewußtsein gehoben wird: daß nämlich Kopf und Körper getrennt sind, wie es im Traum heißt. Diese Körperbilder wollen zum Ausdruck bringen, daß die geistigen und intellektuellen Persönlichkeitsanteile häufig auf den Körper einhacken. Dora kann nun ihrer bisher unbewußten Selbstzerstörung ansichtig werden.
Ein Erschrecken und eine Gefühlsreaktion sind im Traum und auch im bewußten Erleben die Folge. Während früher infolge des rational geprägten Studiums der katholischen Theologie die körperlichen Bedürfnisse und die seelisch-erotischen Schwingungen häufig dem Geistigen untergeordnet wurden, begann Dora in den Krisenzeiten der Lebensmitte auf ihre innere Stimme zu hören, und vertraute sich der notwendigen seelischen Entwicklung an. Verstärkt wurde diese Persönlichkeitsentfaltung dadurch, daß sie sich in einen Psychologen verliebte, wobei sie miteinander eine Liebe mit Zärtlichkeit und Sexualität mit Leidenschaft erlebten. In dieser Liebesbeziehung erfuhr Dora die sie beglückende Beachtung und die Einbeziehung ihres schönen Körpers und begann, neue Seiten ihrer Weiblichkeit und Sexualität zu erleben. In dieser Beziehung muß sie nicht mehr panisch die Flucht ergreifen wie früher, sondern konnte ganz mutig die Türe öffnen und den Vogel anschauen, wie es im Traume heißt.

Wenn wir die Abfolge der Traumbilder als Bewußtwerdung bisher unbewußter Ambivalenzen und Zwiespältigkeiten zwischen Denken und Fühlen, zwischen Kopf und Körper anschauen, dann sehen wir folgende Lebensdynamik. Der Kanarienvogel im Wohnzimmer der Eltern repräsentiert die Lebensphase der Kindheit und Jugendzeit. Teilweise hat sich die erwachsene Träumerin während ihrer Erkrankung in den Weihnachtsferien in diese vergangene Lebenssituation zurückgezogen.
Durch die Entwicklung der Persönlichkeit im weiteren Leben ist die Träumerin gewachsen und zu einem Pinguin geworden, zu dessen Gestalt ja vor allem das Stehen auf den Füßen gehört. So hat Dora schon früh gelernt, auf eigenen Füßen zu stehen, und hat von daher ein besonders starkes Selbstbewußtsein und ein Bewußtsein für ihre eigenen Fähigkeiten und Lebensmöglichkeiten entwickelt.
Doras Beziehungen zum Vater sind persönlicher und tiefer als die zur Mutter. Für Dora repräsentiert der Vater zugleich mütterliche Lebensgefühle. Nach meinen Erfahrungen scheint es häufig so zu sein, daß bei einer schicksalhaft schwierigen Beziehung zur Mutter die Töchter sich an dem einfühlsamen Vater oder gar einem liebevollen Großvater orientieren, was auch bei Dora zutraf. In angstmachenden Situationen und bei furchterregenden Gefühlserfahrungen werden dann Schutz und Hilfe beim Vater gesucht, wie es ja auch der zweite Teil des Traumes zum Ausdruck bringt.
Im folgenden möchte ich versuchen, das vom Vater angesagte «Gesetz des Lebens» unter dem Aspekt der seelischen Reaktionen der Träumerin zu deuten, wie sie sich in den verschiedenen Etappen des zweiten Traumteils widerspiegeln. Da die vielschichtigen kognitiven und emotionalen Reaktionen im Traum auch ein Ausdruck des persönlichen Wesens sind, der Charaktereigenschaften und der eigenen Typologie, werde ich die Traumbilder und die mit ihnen gekoppelten Reaktionen mit dem Jungschen Typenmodell (vgl. Lexikon) in Beziehung setzen[3].
Der in Frage kommende Traumteil beginnt mit einer intensiven

sinnlichen Wahrnehmung, die dem Empfinden zuzuordnen wäre, und einer starken Gefühlsreaktion (Fühlfunktion), welche die Träumerin zur Flucht in das Büro des Vaters treibt. Auffällig und beachtenswert ist, daß Dora noch nicht unterscheiden kann, ob der entsetzliche, durchdringende Schrei vom Kopf oder vom Rumpf kommt. Das Denken, das Dora so oft verstehen half, was eine Sache ist, scheint wegen der starken Gefühlsreaktion eine Zeitlang seinen Dienst zu versagen. Die wertende Funktion des Fühlens dagegen beurteilt den entsetzlichen und durchdringenden Schrei als unerträglich und löst die Fluchtreaktion aus. Das Büro des Vaters, das zugleich eine Art Schutzraum in Dora selber ist, setzt das Denken wieder in Kraft und führt sogar den mutigen Entschluß herbei: «Geh hin und schaue dir dieses schreckliche Geschehen an!»

Das furchterregende Bild von dem Vogel, der sich selber in der Brust eine große Wunde zufügt, wird von Dora mit dem Bild des Pelikans in Verbindung gebracht, der aus seiner blutenden Wunde seine Jungen nährt. In der christlichen Tradition und Deutung ist dieses Bild ein Symbol für Christus, der sich aufopfert für die Menschen und dessen Blut sie erlöst. Dieses Urwissen und diese Weisheit der Narben und Wunden scheint die Träumerin zu ahnen und wird dadurch in Furcht und Schrecken versetzt. Nach uralter Erkenntnis sind diese Furcht und dieser Schrecken der Anfang der Weisheit. Wir erlangen sie durch Ahnungsvermögen und Intuition und Einsicht in unsere Traumbilder. Die Intensität unserer Gefühle und Reaktionen zeigt an, ob wir es nur mit persönlichen Konflikten und Wunden zu tun haben oder ob wir Anteil gewinnen an einer geheimnisvollen und wunderbaren Weisheit, wie solche Symbole sie uns vermitteln.

Die Seele des Menschen hat das Vermögen, gegensätzlich erscheinende Erfahrungen und Bilder und Erscheinungen, die nach logischer Vernunft nicht zu vereinbaren sind, im symbolischen Bild nebeneinanderzustellen oder miteinander zu verknüpfen, wie im Traum der Vater neben den Vogel zu stehen

kommt. Ähnlich wie die Väter und positive Autoritäten die Tradition bewahren und das Leben schützen, so repräsentiert der in diesen Träumen erscheinende Vater den inneren Schutzraum und die Geborgenheit und deutet die oftmals furchterregende Lebensdynamik mit sinnstiftenden Worten, indem er auf Lebensgesetze verweist.
Die entstehende neue Anschauung über die persönliche Entwicklung in dieser Lebensphase bis hin zu einem erweiterten Weltbild sieht Dora verdichtet und zusammengefaßt in dem Schlußteil des Traumes. Der Vater steht jetzt neben dem Vogel und sagt ganz ruhig: «Das ist das Gesetz des Lebens.» Noch ist offen, was mit diesem Gesetz gemeint ist. Beim ersten Lesen und Hören klingt es vielleicht für manchen wie ein Orakel. Für die Träumerin ist mit dem Gesetz keine Gesetzlichkeit oder ein zwanghaftes Ordnungsprinzip gemeint, sondern die Weisheit und Selbsterkenntnis, die ihr die vernarbten Wunden ihrer Weiblichkeit vermittelt. Jahrelang war sie in unbefriedigenden Liebesbeziehungen vor ihrer Weiblichkeit und vor ihrer Körperlichkeit geflohen. Nun kann sie mit dem neuen Partner Zugang dazu finden. Ihn erlebt sie als einen Menschen, mit dem sie über die geheimgehaltenen Gedanken ihres Herzens sprechen kann, sich auf erotische und zärtliche Liebesgefühle einlassen kann und die Leidenschaft der Sexualität wie einen Rausch erlebt.
Diese neuen Erfahrungen von Dora in der Zeit nach dem Traum lassen das zunächst erschreckende Bild des Vogels, der sich in die Brust hackt, bis das Blut herausspritzt, in einem neuen Lichte erscheinen. Für die Träumerin ist es ein Bild geworden, wie sie zu ihrem Herzen und zu ihrer Weiblichkeit durchdringen kann. Die in der Bildersprache des Traumes verdichtete Weisheit ihrer Narben und Wunden sagt ihr jetzt, daß es um eine blutvolle Beziehung zu sich selber wie zum Liebespartner geht. Die für Dora beglückenden Gespräche mit ihrem Freund und ihre ganzheitliche und tiefe Beziehung zu ihm machen nach etwa einem Jahr nach dem Traum offenbar, wie die positive Lebensentwicklung in der Realität fortgeschritten ist.

Als aktuelle Botschaft des Traumes zum derzeitigen Zeitpunkt und als vorläufige Deutung auf der Subjektstufe faßt Dora zusammen, was ihr der Traum zu verstehen gab: «Der Traum zeigt mir bisher unbewußte Seiten meines Lebens. Es sind besonders die Gegensätze zwischen Kopf und Herz, zwischen Verstand und Gefühlen, zwischen meiner Weiblichkeit und meiner rationalen Orientierung. Für mich erscheint die Ratio als ein Mittel zum Zweck. Damit kann ich kämpfen und mich durchsetzen, aber leider auch manchmal verletzen, wie es der Traum zeigt. Ähnlich wie der Schnabel des Vogels die Brust aufhackt, so verletze ich wohl manchmal meine Gefühle und meine Weiblichkeit durch meinen Verstand. Doch wie sonst im Leben mir die Ratio als ein wichtiges Mittel zum Zweck und zur Durchsetzung meiner Wünsche erscheint, könnte sie auch meine Brust und mein Herz öffnen, damit die Gefühle hervorkommen. Im Traum habe ich deutlich das Gefühl, daß aus der Wunde in der Brust ein volleres und reicheres Leben fließt. Dieser Prozeß ist schmerzhaft, doch es geht nicht ohne Verletzungen, ohne Blut und ohne Schreien.»

Ein wichtiger Angelpunkt im Traum ist Doras Mut, sich dem Schreckensbild des geteilten Vogels zu stellen und es bewußt anzuschauen. Das Traumich sagt: «Du bist bis jetzt immer weggelaufen, wenn es schwierig wurde. Tu das nicht wieder! Geh hin und schau dir dieses schreckliche Geschehen an!» Dann öffnet die Träumerin mutig die Türe und schaut den Vogel an. Durch die gefühlsmäßige Erschütterung ist in der Bilderwelt der Träumerin eine hilfreiche Veränderung geschehen. Als sie wieder nach dem Vogel blickt, sieht sie ihren Vater. Das Schreckensbild wird gebannt durch das, was er sagt. Es ist überwunden durch ein positives Vaterbild, das Schutz, Sicherheit und Geborgenheit vermittelt. Auf meine Bitte hin, mir einmal positive Erinnerungen und Erfahrungen mit dem Vater aufzuschreiben, teilte Dora folgendes mit: «So wie in dem Traum habe ich meinen Vater im Leben öfter erlebt. In schwierigen Situationen hat er ruhig und gelassen reagiert. Er hat mich dann auf den Boden der Tatsachen

zurückgeholt und mir wieder Perspektiven eröffnet. Seine Vorschläge haben sich hinterher immer als gut und richtig erwiesen. Das Büro meines Vaters ist ein Schutzraum. Mit dem Büro verbinde ich eine gewisse Ordnung und Organisation. Hier wird nachgedacht, geschrieben und geplant. Das sind Tätigkeiten, die mir sehr vertraut sind und mir Sicherheit geben. Vielleicht brauche ich die Flucht zum Vater, um nachzudenken. Erst dann habe ich mich bewußt entschieden, mich dem weiteren Geschehen zu stellen. Die Anwesenheit meines Vaters mit seiner Ruhe und Selbstverständlichkeit verändert meine Gefühle. Mein Entsetzen, meine Angst nehmen ab. Ich werde ruhiger, kann annehmen, was mein Vater sagt. Auf der Traumebene kann ich meinen Vater auch als meinen eigenen inneren Führer betrachten, der mit großer Überzeugungskraft eine Botschaft übermittelt und mir damit Perspektiven aufzeigt. Was der Vater im Traum sagt und für mich bedeuet, hat die amerikanische Therapeutin Ruth Cohn einmal als ‹innere Wahrheit› und als ‹inneres Jenseits› beschrieben.»
Dieser Traum vermittelt Dora als Gesetz des Lebens, blutvoll zu leben. Die innere Wahrheit des Traumes und der Wunsch, wirklich lebendig zu werden, wurden ihr kurze Zeit später durch einen sie spontan ansprechenden Text von Ulrich Schaffer verstärkt.

> Blutvoll
>
> Blutvoll: Blut pulsiert durch die Adern, und alles lebt, wie die Farbe Rot. Das Leben hat Dichte, es lohnt sich, zu leben.
> Blutvoll: verletzt, blutüberströmt, dem Tod nah. Vielleicht wäre es besser, zu sterben.
> Beides sind Wirklichkeiten. Wir aber wollen die eine ohne die andere. So haben wir am Ende nur das mittelmäßig Sichere und spüren, daß wir am Leben vorbeigegangen sind (Schaffer, S. 11).

Etwa eine Woche nach dem Traum besuchte Dora ein TZI-Seminar (Themenzentrierte Interaktion). Dort sollten Erlebnisse,

Gefühle, die zum Seminar mitgebracht wurden, in einem Bild dargestellt werden. Im Prozeß des Malens und durch die Betrachtung des Bildes danach wurde ihr der Vogel langsam anschaubarer und damit etwas verständlicher. Indem sie den aggressiven spitzen Schnabel und das aus der Brust spritzende Blut sowie die Wunde malte, verloren diese Schreckensbilder etwas von ihrer beängstigenden Wirkung. In den folgenden Wochen bewirkte die Wunde das Wunder, daß sich Dora für ein blutvolleres und tieferes Erleben öffnete, das sie insbesondere in ihrer großen Liebe zu dem neuen Freund erfuhr.

Bei der Betrachtung des Traumbildes von dem getrennten Kopf und Körper des Pinguins könnte einem der Gedanke kommen, daß diese Bilder auf einen gravierenden Zwiespalt in der Person der Träumerin hinweisen, daß sie zu diesem Zeitpunkt sogar von einer Psychose bedroht sei. Aus der genauen Kenntnis der Persönlichkeit der Träumerin kann ich jedoch sagen, daß dies nicht der Fall war und gegenwärtig auch nicht ist. Es ist vielmehr ein wichtiger diagnostischer Traum, der einerseits ein heilsames Erschrecken in Dora auslöste und andererseits positive Lebensmuster mobilisierte.

Es erscheint mir besonders wichtig, darauf hinzuweisen, daß dieser Traum – wie jeder Traum – zunächst als Momentaufnahme in einer bestimmten Lebenssituation und einer bestimmten psychischen Befindlichkeit anzusehen ist. Daher müssen wir im Hinblick auf eine weitreichende Diagnostik oder gar Festlegung auf ein endgültiges Lebensmuster äußerst zurückhaltend und vorsichtig sein. In den folgenden Wochen und Monaten nach diesem Traum hatte Dora, ähnlich wie jeder von uns, ganz andere Träume, die andere Themen und Probleme ihres Lebens widerspiegeln. Obwohl der in die eigene Brust hackende Schnabel die darin zum Ausdruck kommende Neigung, sich gelegentlich selber zu zerfleischen, darstellt, hat Dora durch den für sie erschreckenden Traum inzwischen eine andere und positivere Beziehung zu ihrem eigenen Körper und auch zu ihrer Weiblichkeit bekommen.

Bei den folgenden tiefenpsychologischen Überlegungen möchte ich vor allem auf die Motive der Wandlung, des Vogels und der Augen eingehen, die sich im Traumgeschehen und im Leben der Träumerin nach diesem Traum zeigten.

In der Traumsymbolik stellen die Vögel oftmals psychische Energien des Menschen dar, die durch geistige Arbeit an sich selber, durch therapeutische Selbsterfahrung oder Meditation sublimiert werden. Diese Verwandlung und Transformation von körperlichen und seelischen Energien in eine andere Bewußtseinseinstellung sind ein langwieriger und schwieriger Prozeß, der oftmals auch mit starken seelischen Erschütterungen einhergeht, wie wir aus Doras Traum erfahren haben. In der Bildersprache des Traumes wird die Symbolik des Vogels in drei Stufen der Wandlung und Transformation ins Bewußtsein der Träumerin gehoben.

Am Anfang des Traumes erinnert der kleine Kanarienvogel an Doras eigene Kindheit und die Geborgenheit im Elternhaus, die durch die gegenwärtige Erkrankung und den Ferienaufenthalt im Elternhaus über Weihnachten wieder aktiviert worden ist. Es ist ein Erinnerungsbild an eine schöne Kindheit mit viel geistiger Freiheit.

Die zweite Stufe der Wandlung ist im Wachstum des Vogels zu sehen, der die Form und Gestalt eines Pinguins annimmt. Während andere Vögel in den Träumen mehr die geistigen Erscheinungsformen seelischer Erlebnisse zum Ausdruck bringen können, wird mit dem stark erdverbundenen Wasservogel, dem Pinguin, die Aufmerksamkeit auf diesen Lebensbereich gelenkt. Viele werden die aufrechte Körpergestalt dieser geschickten Flossenschwimmer aus Besuchen im Zoo oder aus Filmen vor Augen haben. Während der Kanarienvogel im Luftbereich lebt, ein Symbol für die geistige Welt, lenkt der Pinguin als geschickter Taucher und vortrefflicher Schwimmer die Aufmerksamkeit der Träumerin auf dieses nasse Element in der eigenen Seelentiefe. Nach den Studienjahren und vielen geistigen Höhenflügen hat sich Dora jetzt sehr gezielt durch ihr Interesse für Tiefenpsychologie und Selbsterfahrung diesem Bereich der eigenen Seele zugewendet.

Auf der dritten Stufe des Wandlungsprozesses steht schließlich das eigene körperliche und blutvolle Erleben der Träumerin im Mittelpunkt. In der Aufteilung in den Kopf, der auf die abgetrennte Brust einhackt, und den Rumpf kehren in der Trauminszenierung die wesentlichen Aspekte der ersten und der zweiten Stufe wieder: Die kindliche Geistigkeit, die in so rührender Weise im Kanarienvogel in Erscheinung getreten und dann zu einem aggressiven Kopf mit einem eindringenden Schnabel geworden ist, wird nun bewußt und durch die durchdringenden Augen des Vogelkopfes noch verstärkt. Aber auch die erdgebundene Leiblichkeit des Pinguins kehrt auf dieser Wandlungsstufe wieder, indem Dora von nun an ihre Körpergefühle und ihre Weiblichkeit mehr wahrnehmen und dann vor allem in ihrer neuen Liebesbeziehung mehr leben kann. Daß Dora zu bisher nicht gekannten leidenschaftlichen Erlebnismöglichkeiten und zu einer tiefen Liebesbeziehung zu ihrem 18 Jahre älteren Partner gelangen kann, schrieb sie insbesondere ihren Träumen zu.

Dies ist ein Beispiel dafür, wie durch einen Traum stark verschüttete oder bisher verborgene Lebensmöglichkeiten auftauchen, dynamisch belebend wirken und zu einem ganzheitlichen Erleben führen können, zu dem, was der Vater im Traum ruhig mit den Worten umschreibt: «Das ist das Gesetz des Lebens.» Und das heißt am Ende: «So sei es in deinem Leben.» Auf der subjektiven Ebene betrachtet, bildet der Vater nicht nur ein wichtiges positives Gegengewicht zum schrecklichen Traumerlebnis, sondern ist auch das Bild für die lebensvolle Wegweisung, die Dora für sich gewinnt.

Noch eine andere Wirkung hatte dieser Traum, die aber das gewonnene Gefühl der Lebensfülle noch verstärkt verdeutlicht. Es wurde schon erwähnt, daß an dem Traumgeschehen die Augen des Vogels so besonders beeindruckend waren. Aber Dora konnte mit diesen durchdringenden Augen erst dann eine Botschaft verbinden, als der Vater beruhigend zu ihr sprach. Dadurch wurde das Geschehen zu einer ganzheitlichen Aussage. Sich die Dinge anzuschauen, sich ihren Blicken aussetzen und standhalten war wohl die Lebensweisheit, die in den Augen symbolisch verborgen war. Dora wurde motiviert, den Augen, dem Sehen, dem Anschauen und seiner Symbolik weiter zu folgen und zu fragen, was sie in ihrem Leben bedeuten könnten. Daß Augen-Blicke wichtig sein können, erfuhr sie immer mehr in ihrer neuen Beziehung. Und die nunmehr erlebbaren Liebeserfahrungen mit dem neuen Freund förderten auch ihre kreativen Fähigkeiten, so daß sie die liebevollen Augenblicke mit ihm in die folgenden Gedichtzeilen fassen konnte:

Liebevolle Augenblicke

Ich liebe die Augenblicke,
wenn in Deinen Augen und in Deinen strahlenden Blicken
etwas aufleuchtet von dem Glanz Deiner Seele.
Ich liebe jenen Blick Deiner Augen,
der mich Deine Liebe sehen läßt.

Ich liebe jene Augenblicke, wenn beim Tanz
der Glanz aus Deinen Augen strahlt
und die Bewegtheit Deines Herzens
auf Dein Angesicht malt.
Ich liebe jene Augenblicke,
wenn Deine Lider geschlossen sind
und meine Blicke Dich umhüllen,
während Deine Seele auf die Lieder im Traume hört.

Ich liebe jene Augenblicke,
wenn Du in den Höhepunkten der Liebe
Deine Glücksgefühle mich sehen läßt.
Sehe ich Dich in diesen Augenblicken
mit meiner liebenden Aufmerksamkeit,
dann spiegelt mir Dein Gesicht
für mich eine neue Sicht.

Ich liebe jene Augenblicke zwischen Dir und mir,
in denen nichts zwischen uns steht,

sondern sich Seele mit Seele berührt
und jene Berührung erzeugt,
die unsere Liebe bezeugt.

Noch viele solcher Augenblicke
wünsche ich mir zwischen Dir und mir,
damit wir als Eros und Psyche
unser Geheimnis ergründen.

Abschied vom Vater

In den letzten Jahren habe ich Frauen und Männer kennengelernt, die nach dem Sterben und Tod ihres Vaters eine tiefere und liebevollere Beziehung zu ihm leben können als zu dessen Lebzeiten. Ihre Liebe zum Vater ist staunenswert gewandelt. Deren neue Form ist zu einer umfassenderen Liebe geworden – über die Person des leiblichen Vaters und die persönlichen Beziehungen zu ihm hinausschreitend –, geweitet zu einer neuen Art von «universeller Liebe», die alle Menschen und ein jedes Geschehen umfängt und bejaht. Diese Liebe in ihrer besonderen Neuartigkeit zum Vater, und wie diese sich spiegeln kann in Gefühlen und Träumen, läßt sich nacherleben in den Erfahrungen einer Frau M., in der Lebensmitte stehend, geschieden, heute als Therapeutin tätig, nachdem sie unter großem persönlichem Einsatz sich dieses Tätigkeitsfeld als zweiten Beruf und eigentliche Berufung erarbeitet hat. Für ein Verständnis der Erscheinungsträume ihres Vaters nach dessen Tod berichtet Frau M. Erfahrungen ihrer Sterbebegleitung. «Die letzten 12 Tage am Krankenbett meines Vaters in der Klinik sind mir sehr kostbar. Weil er immer ganz bei Bewußtsein war, hatten wir bis zu seinem Heimgang innige Begegnungen und tiefe Gespräche. Ich sah es bewußt als meine Aufgabe an, ganz für den Vater dazusein. Manchmal saß ich in dieser Weise ununterbrochen vier Stunden bei ihm an seinem Bett. Ich nahm alles in mich auf, was er sprach. Oft streichelte ich seine Hände, manchmal massierte ich behutsam seine Füße, aus denen sein Leben zu weichen schien. In der letzten Nacht vor seinem Tod, als er überraschend eine Lungenentzündung hinzubekam, schwer atmete, angestrengt wie nie sonst, spürte ich, daß eine überpersönliche Kraft gegen-

wärtig war... Meine persönliche Beziehung, die Liebe von mir als Tochter zum Vater, mündete in eine neue und umfassendere Liebe.
Davon spürte auch mein mich beim Sterben des Vaters begleitender Bruder, der hinzukam und dabei war. Diese außergewöhnliche Kraft in dem Raum des Sterbezimmers ergriff auch ihn und verband uns beide, ohne daß es eines Wortes zwischen uns bedurfte. Eine Präsenz, die immer ‹da› ist, heute aber uns offenbar wurde..., uns drei umschloß. Und die in Vaters Leben eher konventionelle Religiosität eines kirchentreuen, aufrechten Katholiken und die von mir praktizierte Spiritualität, die meditatives Üben einbezieht, all das war nun un-wesentlich geworden. Gültig war allein jetzt: die ‹Präsenz›, die in dem Raum strahlte, uns einhüllte und mit spürbarer Kraft umfing.
Das letzte Wort meines Vaters – voll Sehnsucht, ganz in erwartungsvollem Bewußtsein war: ‹Heim!› Ich habe gespürt, daß er in einen anderen Seinsbereich heimgekehrt ist.»

Mein erster Traum nach dem Tod meines Vaters zeigte mir: Mein Bruder hat ein kleines Flugzeug. Er lädt mich ein, mit ihm schnell in den Himmel zu fliegen. Ich finde das verlockend, mache den Flug aber nicht, weil ich Angst habe, daß ich dann nicht mehr zurückkomme. Es zieht mich zwar schon sehr dorthin, doch habe ich nicht genug Mut zum Abflug.
Im gleichen Traum erlebe ich: Ich gehe in eine Schule, soll dort Theater üben. Der Unterricht dauert eigentlich bis zwei Uhr nachts. Doch ich gehe um ein Uhr ganz allein heim und dabei eine Straße hinunter. Da begegnet mir mein Vater. Er fragt nicht, woher ich komme, sondern geleitet mich einfach nach Hause. Er ist einfach «da», wie der «gute Hirte».

Die Träumerin schildert dazu folgende Empfindungen und Einfälle: «Als mein Vater starb, hatte ich die Vorstellung, ich könnte ‹mitgehen›. Es wäre mir leichtgefallen zu ‹gehen›. In der letzten Phase meiner Begleitung des Sterbens spürte ich eine

starke Energie: Ich empfand dies wie eine bedrängende ‹Zugkraft›, die mich zum Mitgehen veranlassen könnte. So konnte ich nicht lange an seinem Kopfende stehen und hielt mich lieber bei seinen Füßen auf. Als ich mich nach seinem Scheiden im Bereich seiner Hände aufhielt, nahm ich wahr, daß diese noch für eine lange Zeit voll Leben waren. Besonders angerührt hat mich eine warme, gütige, ‹herzliche› Ausstrahlung aus dem Bereich des Herzens meines Vaters.
Während mich bei Traumbeginn die Angst abgehalten hat, in den Himmel zu fliegen, mit dem Vater ‹mitzugehen›, sehe ich im zweiten Teil des Traumes etwas wie eine Regieanweisung für meinen weiteren Lebensweg. Ich soll ‹in eine Schule› gehen, in eine Art Lebensschule und ‹dort Theater üben›! Weil mir in meinem und dem Leben anderer Menschen manches Geschehen wie eine Art ‹Theater› erscheint, sehe ich das Leben auf dieser Erde als eine Art ‹Schule›, in der ‹fürs Leben›, für eine andere Welt und Wirklichkeit etwas zu lernen, zu ‹üben› ist, in der Erkenntnis und Wandlung zu gewinnen sind.»
In unserem Gespräch über den Traum gebe ich als Autor noch folgende Ergänzungen: «Als Sie ‹ganz allein› die Straße nach Hause hinuntergehen, begegnet Ihnen der Vater. Er fragt nicht nach dem Woher und Wohin. Er geleitet Sie ‹einfach nach Hause›. Ihr Vater unterstützt nicht Ihren verständlichen Wunsch, ihm in seine andere Wirklichkeit zu folgen, sondern er ermutigt Sie dazu, daß Sie in diesem Ihrem Leben noch weitere Schulung durchlaufen müssen. Vielleicht ist die im Traum genannte Aufgabe, ‹Theater zu üben›, ein Bild dafür, daß Sie auf der Bühne des Lebens noch Rollen einzuüben und auch darzustellen haben. Im Bildwort ‹Theater› klingt die Symbolik des Sehens an: In der griechischen Sprache hat das Wort auch die Bedeutung des Sehens. Götter und Menschen begegnen einander in der Kultfeier des Theaters der Griechen. Wer sich um umfassendere Sicht der Geschehnisse um sich selber müht, etwa indem er auf seine Träume achtet und deren Weisung beherzigt, gewinnt neue Einsichten zu einem ganzheitlichen Leben.»

Nach dem Gespräch über den Traum berichtet Frau M., daß einige Wochen nach dem Tod ihres Vaters der Therapeut Karlfried Graf Dürckheim gestorben sei, der ihr viel bedeutete. Zum Begräbnis konnte sie aus Zeitgründen nicht gehen. Am Tag nach seiner Beerdigung weilte sie an seinem Grab, und da spürte sie die gleiche umfassende Liebe wieder. Das tiefe Liebesgefühl zu dem Vater konnte auch auf den väterlichen Therapeuten Dürckheim übertragen werden. Beide erscheinen in dem folgenden kurzen Traum.

Mein Vater steht mit dem Grafen Dürckheim zusammen. Die beiden unterhalten sich und verstehen einander. Ich bin sehr glücklich darüber.

Frau M. ergänzt dieses Erleben durch folgende Anmerkungen: «In den Jahren zuvor habe ich darunter gelitten, daß mein Vater ‹nur› in einem konventionellen Leben und in der traditionellen Religiosität eines strenggläubigen Katholizismus ‹zu Hause war› und sich damit anscheinend zufriedengab. Mein Traum brachte mir zu Bewußtsein, daß mein Vater innerlich reicher war, als ich gewußt habe. Und ein Gleiches bestätigten mir Freunde und Bekannte meines Vaters bei der Beerdingung: Vielen Menschen hatte er geholfen in seiner inneren Weite und Liebe.»
Aus den weiteren Mitteilungen und Erfahrungen von Frau M., die hier aus gebotener Kürze nicht mehr mitgeteilt werden können, gewann ich den Eindruck, daß das Zusammenstehen des Vaters mit dem Therapeuten Dürckheim eine tröstliche und therapeutische Wirkung auf sie hatte. Auch bei anderen Menschen habe ich in Träumen vom Tod und Erscheinen Verstorbener häufig gesehen, daß solche therapeutische Kraft eine Beziehung und eine Gemeinschaft stiften zwischen dem verklärten Vaterbild und einem verehrten Therapeuten, mit dem sich der Träumer tief verbunden weiß. Nach der Trauerarbeit erwacht eine überpersönliche Liebe zum Vater, über den Tod hinausreichend, die bedeutsame Wirkungen auf Stimmung und Bilder-

welt der Seele des Träumers hat. Häufig erscheint ein Verstorbener mit einer Person, mit der zusammen der Träumer eine therapeutische oder spirituelle Erfahrung durchlebt hat. Zudem fügt ein solches Traumbild die persönliche und individuelle Beziehung zu diesem Verstorbenen ein in einen neuen, größeren Wirkungszusammenhang. Die daraus erwachsende therapeutische Kraft begleitet nunmehr das Leben des Träumers und vermittelt eine neue Ausrichtung.
Einen fortschreitenden Prozeß des Abschiednehmens vom Vater spiegelt folgender Traum von Frau M.:

Ich fahre mit meinem Vater in der Straßenbahn. Zwischen ihm und mir steht eine schlanke Glasvase in Tulpenform auf einem Sockel. Es sind mehrere rote Blumen darin. Sie sehen wie Gladiolen aus, deren Blüten nach oben streben. Ihre zarte rosa Farbe finde ich sehr schön. Obwohl die Straßenbahn holpert und der Blumenstrauß wackelt, fällt dieser nicht um. Mein Vater unterhält sich fröhlich mit allen Leuten in der Straßenbahn, wie er es sonst auch gemacht hat. Es ist eine sehr heitere, gute Stimmung. Die gelb aussehende Straßenbahn fährt vom Bahnhof in die Stadt hinein zu den Geschäften, zu den Menschen.

Die Blumen im Traum erinnern Frau M. an den Strauß roter Rosen, den ihr Bruder dem verstorbenen Vater in die gefalteten Hände gelegt hatte. Dadurch waren die großen, schönen Hände des Vaters, die noch lange Zeit nach dem Sterben warm und voller Leben waren, noch erhabener geworden. «Mein Traumbild vom Vater stimmt in vielem mit dessen Leben zusammen. Er war ein sehr heiterer Mann. Im Bus, in der Straßenbahn und bei Begegnungen in der Stadt konnte er sich mit vielen Menschen freundlich, freundschaftlich unterhalten. Wenn er unter Leuten war, stand er zu ihnen im regen Kontakt und freute sich am Gespräch.» In dem Gespräch teilte ich Frau M. folgende Verstehensmöglichkeit zu der Trauminszenierung mit. Indem die träumende Seele die Glasvase *zwischen* die Träumerin und den verstorbenen Vater stellt, will sie deren Trennung ausdrücken. In dem Prozeß des Abschiednehmens und der Trauerarbeit wird die Vase zu einem Symbol, das den inneren Abstand fördern kann. Die roten Blumen scheinen in diesem Zusammenhang zweierlei Bedeutung zu haben. Ihre zarte, rosa Farbe ist ein Stimmungsbild für die gefühlsmäßige Gestimmtheit der Träumerin und für ihre zärtlichen Gefühle in der Beziehung zum verstorbenen Vater. Ferner dürfte dieses Traumbild auch eine kompensatorische Funktion haben im Hinblick auf den Rosenstrauß, den der Bruder dem soeben verstorbenen Vater in die gefalteten Hände gelegt hatte. Was zu jenem Zeitpunkt Frau M. nicht möglich war, gleicht der Traum aus.

Im Traum erscheint der Vater nur noch indirekt mit der Tochter verbunden, während er in den Gesprächen in direkter Beziehung zu den Mitfahrenden steht. Indem die Träumerin sich in diese Bilder vertieft, kann sie den Vater wieder in einem größeren Beziehungssystem sehen und gewinnt Anteil an der heiteren Stimmung, die der Traum widerspiegelt.

Abschließend fasse ich die mir wesentlich erscheinenden Erfahrungen und Einsichten aus den vorliegenden Träumen zusammen und gehe dabei nach dem in der Einleitung dargestellten Raster vor.

Der biographische Ansatz zur Deutung und zum Verständnis der Träume ist in dem vorliegenden Falle von grundlegender Bedeutung. Mit Hilfe der beispielhaft ausgewählten Träume aus der Lebensphase nach dem Tod des Vaters werden der Abschied und die Trauerarbeit sehr deutlich. Die damit verbundenen Gefühle der Traurigkeit sowie der damit einhergehenden Depression und Niedergeschlagenheit lassen den psychodynamischen Ansatz zum Verständnis der Träume deutlich werden. Zugleich lassen die Traumbilder auch eine tröstliche Gestimmtheit erkennen, indem Frau M. bezeugt, daß ihr die letzten Tage der Sterbegleitung sehr kostbar waren und sie alles, was der Vater mit Worten oder an persönlicher Ausstrahlung vermittelte, aufnahm und es in sich zu bewahren versuchte.

Die objektstufige und die subjektstufige Deutung der in den Träumen sich widerspiegelnden Erfahrungen sind nach meinen Studien gerade im Umkreis des Todes kaum so zu differenzieren und zu unterscheiden, wie wir es sonst im Leben gewohnt sind. In dem Ereignisfeld des Todes scheint die leidige Subjekt-Objekt-Spaltung, die uns in vielen Lebensbereichen so zu schaffen macht, aufgehoben zu sein. Im Angesicht des Todes ist das Erschreckende und zugleich das Erhebende gegenwärtig. Der Religionswissenschaftler Rudolf Otto prägte für diese gegensätzlichen Empfindungen die Begriffe Faszinosum und Tremendum. Ähnlich wie eine Medaille eine Vorder- und eine Rückseite hat, so waren für Frau M. in der Sterbebegleitung das zutiefst Anrührende und Faszinierende unlöslich verbunden mit dem Erschreckenden des Todes.

Das Kompensatorische dieser Träume erlebte Frau M. darin, daß das Hoffnungsvolle und Tröstende für sie ein Übergewicht hatten. Sie verspürte am Sterbebett eine überpersönliche Kraft gegenwärtig und fühlte zum Vater eine neue und umfassendere Liebe, die sie so zu Lebzeiten noch nicht empfunden hatte. Die kompensatorische Funktion dieses Traumes steht in engster Beziehung mit den therapeutischen Wirkungen, die von ihm ausgehen. Neben der genannten Tröstung besteht die Wirkung des letzten Traumes insbesondere darin, daß er eine Regieanweisung für das weitere Leben gibt. Die Träumerin solle in eine Schule gehen, in eine Art Lebensschule, und dort Theater üben. Durch diese Einübung ins Leben solle sie weitere Erkenntnisse für ihre persönliche Wandlung gewinnen.

Nach den Erfahrungen von Frau M. und ihren Traumbildern scheint die therapeutische Kraft auch etwas zu tun zu haben mit der Vermittlung von überpersönlichen Kräften. Ein symbolischer Ausdruck dafür ist die Verbindung des Vaters mit dem bekannten Grafen Dürckheim, der die initiatische Therapie eingeführt hat. Im Traum ist Frau M. sehr glücklich darüber, daß ihr verstorbener Vater mit dem Grafen zusammensteht und sie sich miteinander unterhalten.

Schließlich noch einige Anmerkungen zur symbolischen Bedeutung dieser Träume und zu ihrer archetypischen Dimension. Die symbolische Verdichtung innerer Erfahrungen will ich beispielhaft verdeutlichen an der Glasvase mit den roten Blumen darin. Bereits in der einleitend genannten Selbstaussage bezeugt Frau M., daß sie während der Sterbebegleitung alles, was der Vater ausstrahlte und sagte, persönlich aufnahm, als sei sie ein Gefäß. In der Symbolgeschichte der Menschheit ist das Gefäß ein Symbol für die Weiblichkeit. Ähnlich wie in einem Gefäß Speisen, Getränke oder bestimmte Dinge aufbewahrt werden können, so sind auch unser Körper, der Kopf mit dem Gehirn und die Seele wie Gefäße, in denen wir die Erinnerungen festhalten und bewahren. Von dem Bildgehalt des Gefäßes können wir auch auf die Gefaßtheit und auf einen Behälter schließen und daran die persönliche Erfahrung von Frau M. anschließen, daß sie in Gefaßtheit den Tod des Vaters verarbeiten konnte und das Wesentliche seines Lebens in ihrer Erinnerung und in ihrem Herzen festhalten konnte. Die roten Blumen in der Vase, die wie Gladiolen aussehen, haben in ihrer zartrosa Farbe eine besondere Wirkung auf die Stimmung der Träumerin. Blumen sind häufig in den Träumen ein Ausdruck für das Gefühlsleben und in dem vorliegenden Falle insbesondere für die umfassende und universelle Liebe zwischen der Tochter und dem verstorbenen Vater.

Angesichts des Todes tut sich für Frau M. schließlich eine archetypische Dimension auf, die für viele Menschen während der normalen Lebenszeit und der Verwicklung in Beruf und alltägliche Geschäfte verschlossen erscheint. Aus der gegenwärtig weitverbreiteten Sterbeliteratur mit Erfahrungen des Sterbens und des Todes werden häufig überpersönliche Erfahrungen bezeugt, indem das Leben und die Seele eines heimgegangenen Menschen in einen größeren und kosmischen Zusammenhang aufgenommen wird. Nach meiner persönlichen Auffassung und Überzeugung werden wir dann «im Bilde sein». Mit diesem Bildwort möchte ich sagen, daß alle wesentlichen Informationen und

Erinnerungen meines Lebens aufbewahrt und aufgehoben sind im Bilde und deshalb zu gegebener Zeit wieder erscheinen können. Ähnlich wie in bestimmten Erscheinungsträumen von verstorbenen Vätern nicht nur unsere Erinnerung und Vorstellungen wieder in Erscheinung treten, sondern tatsächlich deren Bild (vgl. Hark, Träume), so kann die im Bilde verdichtete Seele eines jeden Verstorbenen wieder erscheinen, wenn die dazu notwendige Offenheit bei den Lebenden und Hinterbliebenen vorhanden ist.

Ablösung vom übermächtigen Vater

Wir haben bisher Vaterträume von Frauen kennengelernt, die einmal von den Auseinandersetzungen mit ihm im realen Leben und in der bewußten Beziehung handelten. Ein anderes Beispiel zeigte, wie der Vater bzw. sein verinnerlichtes Bild in einem beängstigenden Traum erschien und für die Träumerin Dora eine besondere Ermutigung bedeutete, sich der Situation zu stellen und nicht mehr fortzulaufen wie sonst in den Träumen oder in der Realität. Das letzte Beispiel von Frau M. und ihrem Abschied von dem sterbenden Vater gab uns Einblick in eine besondere Grenzsituation des Lebens im Angesicht des Todes.
Die folgenden Träume gewähren uns Einblick in die Auseinandersetzung eines Mannes mit seinem Vater. Auch bieten sie uns ein Beispiel dafür, welche Schwierigkeiten und Probleme sich in der Beziehung zwischen Sohn und Vater ergeben können, wenn der Vater Pfarrer ist und als solcher zugleich Repräsentant eines überpersönlichen Wertsystems. Die Beziehungsschwierigkeiten mit dem realen Vater vermögen zugleich die Beziehungen zu transpersonalen Symbolen, wie zum Beispiel dem Gottesbild, zu beeinträchtigen und zu stören. Bei meinen Studien und in der therapeutischen Praxis habe ich oftmals beobachten können, daß es vielschichtige Wechselbeziehungen und komplexe Auswirkungen gibt zwischen dem persönlichen Vaterbild und dem überpersönlichen Gottesbild sowie anderen transpersonalen Symbolsystemen, wie zum Beispiel den Archetypen oder dem Selbst.
Bei dem Träumer, dessen Träume ich vorstellen möchte, handelt es sich um einen 35jährigen Mann, der im psychosozialen Arbeitsfeld als Berater und Therapeut tätig ist. Zur Wahrung

seiner Anonymität erhält er hier das Pseudonym Herr Ger. Herr Ger hat sich gerne bereit erklärt, seine Träume und persönlichen Erfahrungen zur Verfügung zu stellen, um andere Menschen daran Anteil nehmen zu lassen, wie die Auseinandersetzung mit dem leiblichen Vater und die Entstehung und Entwicklung eines neuen Vaterbildes in den Träumen stattfinden kann.
Herr Ger hatte nach dem Abitur Germanistik, Psychologie und Theologie studiert. Durch seine psychologischen Studien und vor allem durch die vielen Beratungsgespräche mit anderen Menschen war er zu der Einsicht gekommen, daß seine seelischen Verwundungen, seine Ängste und seine Zwanghaftigkeit mit der Übermacht des Vaters und seines fortwährenden Einflusses auf ihn zu tun hatten. Obwohl der Vater bereits seit zehn Jahren tot war, erlebte Herr Ger ihn infolge des inneren Vaterbildes noch immer als gegenwärtig und wirksam in sich. Herr Ger hat sich in den letzten Jahren auf vielfältige Weise mit seinem Vaterproblem auseinandergesetzt: Er sprach in Selbsterfahrungsgruppen über seine Schwierigkeiten oder persönlich in seinen Imaginationen oder versuchte, in einem Brief an den Vater sich seine Probleme von der Seele zu schreiben. Besonders intensiv wurde im Verlaufe seiner persönlichen Analyse die Auseinandersetzung mit dem Vater in den Träumen. Etwa jede Woche oder zumindest einmal im Monat träumte er von ihm. Es wurde ihm bewußt, welch eine Wirkung der Vater bzw. sein verinnerlichtes Bild noch immer auf ihn hat. Diesen starken Einfluß des Vaters auf sein Leben faßte er einmal in die Worte: «Mein Vater, das bin ich!» Damit wollte er sagen: «Ich bin bzw. ich werde genauso wie er.» In seinem Brief an den Vater beschreibt er diese symbiotische Beziehung einmal so: «Ich habe mich lange Zeit mit Dir total identifiziert. Ich habe geliebt, was Du liebtest, und ich habe verabscheut, was Du gehaßt hast. So bin ich in meinem Inneren ein Abziehbild von Dir geworden.»
In zahlreichen Träumen bilden die Auseinandersetzungen und die Streitgespräche mit dem Vater das Thema. Sie ließen alte seelische Wunden wieder aufbrechen, über denen bisher etwas

von dem Gras des Vergessens gewachsen war. Durch wiederholte Auseinandersetzung mit den schmerzlichen Erinnerungen und den psychischen Verwundungen und durch das nochmalige Durchleben der schmerzlichen Gefühle konnte er sich in kleinen Schritten verabschieden von dem in ihm lebenden Vater. Begleiten wir jetzt Herrn Ger in die Bilderwelt seiner Träume.

Ich bin in meinem Traum in M., dem Heimatdorf meiner Kindheit, und befinde mich im Hausflur zusammen mit meiner Schwester Christa. Auch Mutti und Vati sind da, doch Vati erkennt mich/uns nicht. Das ist sehr schlimm für mich, aber ich mache mich nicht bemerkbar und bettle nicht um seine Zuwendung. Dann erscheint Herr Baron, den ich kenne und etwas frage. Er erkennt uns, Vati nicht.
Ich verspotte Vati und sage: «Sieh mal, so war es bei uns immer! Die Leute kennen uns, und du kennst sie alle, aber uns, deine Kinder, dein eigen Fleisch und Blut, erkennst du nicht!» Dann denke und sage ich: «Tu ihm bloß nicht helfen, er soll sich selber anstrengen und darauf kommen!» Ich stehe im Flur vor dem Spiegel.

Der Traum wurde von Herrn Ger als sehr aufregend erlebt. Er wurde in einer Schwellensituation geträumt, während des beruflichen Wechsels in eine überregionale Tätigkeit. Bei einer solchen Änderung werden die Fragen der beruflichen Identität sowie der persönlichen Autorität besonders aktuell. Die in diesen Wochen auftretenden Selbstzweifel, ob er den gestellten Aufgaben als Referent gewachsen sein werde, sowie die Auseinandersetzung mit einem autoritären Vorgesetzten haben das in der Seele schlummernde negative Vaterbild wieder heraufbeschworen und zeigen im Traum einen Vater, der zwar den Herrn Baron kennt, den größten Arbeitgeber in dem Dorf, in dem der Vater Pfarrer war – aber den eigenen Sohn erkennt der Vater nicht.
Wenn der Sohn am Ende des Traums vor dem Spiegel steht, so deutet dieses Bild an, daß Herr Ger sich als Sohn nicht im Vater

spiegeln und erkennen konnte, sondern sich nur in diesem unpersönlichen Spiegel spiegeln konnte. Dies ist zugleich auch ein Bild dafür, daß Kinder, die eine zu wenig liebevolle und gefühlsmäßige Beziehung zu dem Vater erlebten, sich früh an sachlichen Objekten orientieren und darin sich zu erkennen und zu spiegeln versuchen. Diese Tragik gehört zu den tiefgreifendsten Lebenskonflikten des Träumers.
Aus den negativen Erfahrungen und Enttäuschungen am Vater erwuchsen schließlich jene Aggression und das Schweigen im Traum: Herr Ger macht nicht einmal mehr den Versuch, die Aufmerksamkeit seines Vaters zu gewinnen. Es bleibt bei der Verspottung des Vaters mit dem Hinweis, daß die fremden Leute und selbst der gehaßte Baron ihn kannten, aber seine eigenen Kinder erkennt der Vater nicht. Dies ist nicht eine augenblickliche Stimmung im Traum, sondern wurde auch in der Realität oftmals ähnlich erlebt. Wörtlich sagt Herr Ger: «Ich fühlte mich oft in meinem Leben vom Vater übersehen.»
Die kritische Auseinandersetzung mit dem Vater in den Träumen begann für Herrn Ger besonders intensiv vor fünf Jahren mit dem folgenden Traum:

Ich bin ein letztes Mal zum Abschied in meinem Heimatdorf. Im Pfarrhaus brennt noch Licht. Vati ist um zwei Uhr noch auf, weil er wegen seiner Herzschmerzen nicht schlafen kann. Er tut mir leid. Ich lege ihm beim Abschied segnend die Hand aufs Herz. Morgen ist Sonntag. Die Notenständer stehen schon draußen vor der Kirche für den Posaunenchor. Ich sorge mich, daß sie rosten könnten.
Dann gehe ich über eine lange Brücke zum Nachbardorf, wo der Bahnhof ist. Es ist Nacht. Plötzlich hält mir jemand eine Pistole in den Rücken. Er will mich erschießen, drückt ab, aber ich lebe. Zuerst glaube ich, daß noch jemand anders diesen Typ, der mich bedroht, erschießen will. Dann jedoch sei ich dran. In meiner größten Angst ist da plötzlich ein alter Mann, der mich rettet, und ich kann abhauen.

In dem Traum erkläre ich dann noch, daß in den USA ein Befreiungsjubiläum stattfindet.

Die verschiedenen Traumbilder zeigen uns die derzeit wichtigen Themen des Träumers. Es geht um den Abschied vom Vater. Die Notenständer rufen positive Erlebnisse und Erinnerungen mit dem Posaunenchor sowie mit der Musik in Erinnerung. Besonders beängstigend war der Überfall durch den Killer, der ihn erschießen wollte. In dieser Schattengestalt wird der Träumer mit seiner eigenen Aggressivität und Destruktivität konfrontiert. Besonders tröstlich war das Erscheinen eines Helfers und Retters in der Gestalt des alten Mannes. Das genannte Befreiungsjubiläum in USA eröffnet eine hoffnungsvolle Zukunftsperspektive. Zu diesen verschiedenen Themen fasse ich die Einfälle und Erfahrungen von Herrn Ger jeweils zusammen.
Die Herzbeschwerden des Vaters – ausgelöst durch andauernde Differenzen mit dem Herrn Baron und Umweltfragen – waren bis zu seinem Tod vor zehn Jahren ein wichtiges Thema in der Familie. Häufig mußte dann auf den Vater Rücksicht genommen werden, und alle seelischen Aufregungen und nötigen Auseinandersetzungen mit ihm mußten vermieden werden. Keiner wollte schuldig werden am Tod des Vaters. Nach der Einschätzung von Herrn Ger dürfte es sich bei diesen Beschwerden des Vaters überwiegend um psychogene, also seelisch bedingte Funktionsstörungen des Herzen gehandelt haben. Tiefenpsychologisch betrachtet, könnte dieses Symptom auch der Ausdruck dafür gewesen sein, daß der Vater seine Gefühle und die bei ihm unterdrückte Herzlichkeit zu wenig im Leben auslebte. Wenn wir die körperlichen und seelischen Symptome als Symbol verstehen lernen, dann beginnen wir die wechselseitigen Wirkkräfte zwischen Psyche und Körper zu sehen und gewinnen damit ein neuartiges Verständnis für die psychosomatischen Prozesse in unserem Körper.
Das Traumbild von den Herzschmerzen spiegelt eine langjährige Leidenserfahrung des Vaters wider. Oftmals konnte er wegen

dieser psychosomatischen Beschwerden nachts nicht schlafen. Dennoch fand er, wie so viele Menschen mit seelisch bedingten Körperstörungen, keinen Zugang zu deren Bedeutung und keine Lösungsmöglichkeiten.

Herr Ger jedoch war mittlerweile auf den symbolischen Sinn des Symptoms aufmerksam geworden. Schon in seiner Jugend hatte er in unbewußter Identifikation mit dem Vater dessen Herzbeschwerden kopiert und entwickelte auch später in allen möglichen Streßsituationen Herzschmerzen. Inzwischen arbeitete er aktiv an der Auflösung und Beseitigung dieser seelisch bedingten Symptome. Besonders ergreifend und eindrucksvoll erscheint im Traum die Szene, wie der Sohn dem Vater zum Abschied die Hand auf das Herz legt. Dazu fallen dem Träumer Übungen in Selbsterfahrungsgruppen ein, wobei man auf schmerzende Körperstellen die Hand legen kann und sich dabei fragt, was der Körper in seiner natürlichen Weisheit mit den Symptomen sagen will.

Ich bin der Auffassung, daß ähnlich wie Herr Ger auch der Vater ohne eine Therapie oder spezielle Kenntnis sich hätte bemühen können, die Schmerzen seines Herzens zu befragen. Eine Anleitung dazu hätte ihm der ihm sicher vertraute Psalmvers geben können: «Was betrübst du dich, meine Seele, und bist so unruhig in mir?» (Psalm 42,6) Martin Buber übersetzt den hebräischen Urtext besonders fachkundig und bringt damit die Lautmalerei der Herzgeräusche noch anschaulicher zum Ausdruck: «Was versenkst du dich, meine Seele, und rauschest in mir!» Statt «rauschen» können wir auch das entsprechende Verb mit «toben» übersetzen. Als Theologe wußte der Vater sicher, daß im biblischen Sprachgebrauch die Begriffe Herz, Seele und Psyche auswechselbar sind und synonym gebraucht werden. Somit hätte er bei der existentiellen und persönlichen Anwendung dieses Selbstgespräches des Psalmbeters schließlich auch sein eigenes Herz befragen können. Menschen mit ähnlichen psychogenen Herzbeschwerden könnten sich fragen: «Was habe ich auf dem Herzen? Was wollen mir meine Herzbeschwerden sagen?»

Wenn ich in der Therapie oder in Selbsterfahrungsgruppen Körperübungen oder Imaginationen vorschlage, kommen in der Regel sehr eindrucksvolle Botschaften zur Sprache, die hilfreiche Impulse zur Wandlung der persönlichen Einstellung geben.
Zu dem Traumbild von den Notenständern und dem Posaunenchor fallen Herrn Ger viele schöne Erinnerungen aus der Kindheit und Jugend ein: an das Musizieren mit dem Vater im Posaunenchor und mit der Familie. Damals hatte er sich dem Vater, der Mutter und den anderen musizierenden Geschwistern sehr nahe und herzlich verbunden gefühlt. Doch seit die Geschwister alle aus dem Hause sind und der Vater starb, wird nicht mehr musiziert. Im Traum wird diese Situation so abgebildet, daß zwar die Notenständer bereitstehen, der Träumer sich aber sorgt, daß sie rosten. Das Traumbild besagt damit, daß die musische Betätigung eingerostet ist.
Nach dem Abschied von dem Vater geht der Träumer über eine lange Brücke zum Bahnhof. Wege zum Bahnhof und die Fahrt mit Zügen verweisen in den Träumen oft auf eine beginnende Veränderung und eine persönliche Wandlung. Und wie es in einer solchen Umbruchsphase unendlich vielen Menschen ergeht, so geschah es auch im Traum von Herrn Ger: Er begegnet einer beängstigenden und bedrohlichen Schattengestalt. Er erlebt, daß ihm plötzlich ein Gangster die Pistole in den Rücken hält und ihn erschießen will. Das Traumbild könnte zum Ausdruck bringen, daß es um keine direkte Konfrontation geht oder um eine Auseinandersetzung von Angesicht zu Angesicht, sondern daß ihm in dieser bedrohlichen Gestalt alte verdrängte Aggressionen und destruktive Lebensenergien in den Rücken fallen, die er bisher in seiner Seele und in seinem Unbewußten aufgespeichert hatte. Es war schon gesagt worden, daß mit Rücksicht auf die Herzbeschwerden des Vaters in der Familie alle aggressiven Auseinandersetzungen unterbleiben mußten. Insofern hatte der Träumer viele Jahre lang die aggressiven Impulse der Wut und des Zornes in sich aufgehäuft. Mit Hilfe seiner seelischen Zwänge, von denen später gesprochen wird, ver-

suchte er seine destruktiven Gefühle und aggressiven Impulse in Schach zu halten.

Bei der Wiederkehr der verdrängten Lebensenergien erfährt Herr Ger die Anwesenheit eines Helfers und Retters in der Gestalt eines alten Mannes. In der größten Angst und Lebensbedrohung erscheint hier nicht – wie zum Beispiel in dem Traum von Dora – der Vater als Beistand und Retter, sondern eine archetypische Gestalt aus der eigenen Seele. Wenn der reale Vater, wie bei Herrn Ger, überwiegend als bedrohlich und übermächtig erlebt wurde, erscheint er meistens in den Träumen nicht in den bedrängenden und beängstigenden Lebenssituationen. Aus vielen Beispielen ist mir bekannt, daß in dieser existentiellen Bedrängnis die Seele eines jener hilfreichen Urbilder erweckt und im Traum als Retter und Helfer erscheinen läßt. Der Dichter Hölderlin hat diese Selbsthilfe der eigenen Seele einmal in die Worte gekleidet: «Wo Gefahr ist, wächst das Rettende auch!» Während ich diese wunderbare Erfahrung beschreibe, fallen mir andere Beispiele ein, wo leider kein Retter oder Schutzengel erschien und ein Mensch in seinem schrecklichen Alptraum mutterseelenallein dastand.

Das zum Abschluß des Traumes genannte Befreiungsjubiläum in den USA erinnert Herrn Ger an einen beglückenden Studienaufenthalt in den Vereinigten Staaten. Die Trennung vom Elternhaus und die Distanz von Europa vermittelten ihm in dieser Zeit eine bisher nicht gekannte Freiheit, die seine Bemühungen um innere Freiheit hilfreich unterstützte. In dieser Zeit lernte er verschiedene therapeutische Methoden an sich selber kennen, die den seelischen Prozeß zur Ganzwerdung und Heilung förderten.

Die Wandlung des Vaterbildes und dessen Projektion auf andere väterlich erscheinende Männer spiegelt der folgende Traum. Für Herrn Ger war es ein besonders versöhnlicher Traum mit warmen Gefühlen:

Ich spreche im Traum den Leiter einer Gruppe als Vater an. Ich nenne ihn sogar Papa! Als ich es zum zweiten Male sage, bin ich erschreckt und verwundert über diese Anrede. Als ich zu dem Gruppenleiter hingehe, sieht er ganz so aus wie mein Vater. Er hat sich verwandelt in meinen wirklichen Vater. Er trägt die Falten am Hals und an der Brust, wie der Vater. Ich weine und erkenne dabei, daß in Kürze Vatis 10. Todestag ist. Noch im Traum sage ich mir: «Das habe ich nicht mehr gewußt, aber mein Unbewußtes hat es behalten.» Im Traum mußte ich weinen.

Die Anfangssituation des Traumes erinnert Herrn Ger an Erlebnisse in Selbsterfahrungsgruppen, wo er wiederholt seine Vaterproblematik auf den Gruppenleiter projizierte und dabei die Konflikte und Enttäuschungen am Vater zunehmend besser durchschaute und sich damit auseinandersetzen konnte. Auch sonst im Leben neigte Herr Ger dazu, Autoritätsfiguren mit Gefühlen und Erinnerungen zu begegnen, die früher dem Vater gegolten hatten. Ferner suchte Herr Ger bei Autoritäten oftmals Anerkennung und Zuwendung und wollte für sie etwas Besonderes sein. Zu dem ergreifenden Weinen am Schluß des Traumes fallen Herrn Ger frühere Traumbilder ein, in denen er seinen Kopf an die Brust des Vaters legte und weinte. Es war für ihn ein inniges und vertrauensvolles Gefühl. Während er in den früheren Jahren seinen seelischen Gefühlsreichtum durch seelische Zwangsmechanismen (Kontroll- und Ordnungszwänge, Waschzwänge) kontrollierte und unterdrückte, beginnt er nun mit Hilfe seiner Träume einen neuen Zugang zu seinen Gefühlen zu finden.
In späteren Träumen kommen andere Themen und Probleme zur Sprache, zum Beispiel die Beziehung zu einer Freundin oder Probleme am Arbeitsplatz. In dem folgenden Traum aber brennt das Vaterhaus von Herrn Ger ab. Nachdem die persönlichen Beziehungen zum Vater und die geschilderten Konflikte mit ihm weitgehend gelöst sind, scheint die Seele auch die weiteren Erinnerungsspuren beseitigen zu wollen. Dieser Traum lautet:

Ich bin wieder in M., meinem früheren Heimatdorf, und übernachte bei befreundeten Nachbarn. Nachts um zwei Uhr läuten die Glocken, weil es irgendwo brennt. Dann erfahre ich, daß es neben dem Pfarrhaus brennt und schließlich dieses selbst. Man kann nichts mehr rausholen und retten. Ich darf auch nicht ins Vaterhaus reingehen, weil es zusammenbrechen könnte. Es ist schlimm für mich. In meinen zwei Koffern habe ich alles Persönliche drin.
Ich will der Mutti, die bei anderen Nachbarn schläft, von dem Feuer erzählen. Beim Abschied legt mir Mutti ihre Hände auf den Kopf und segnet mich, indem sie sagt: «Der Herr Jesus segnet dich!»
Vati ist nicht zu sehen und nicht da. Ich frage den anderen Nachbarn, der bei der Feuerwehr ist, ob man noch etwas aus dem brennenden Pfarrhaus rausholen dürfe. Er sagt ganz entschieden: «Nein!»

Der Träumer spricht als erstes darüber, daß ihm gerade dieser Traum besonders wichtig sei, weil sein «Vaterhaus» abbrenne und er nicht mehr dorthin zurückkehren dürfe, um noch irgendwelche Sachen zu retten, die vielleicht an die negativen Erfahrungen mit dem Vater erinnern könnten. Dieser Traum beendet für eine Zeitlang die Auseinandersetzung mit dem Vater.
Nach einer solchen Phase der Ablösung kann offensichtlich die Mutter in positiver und segnender Weise in Erscheinung treten. Bisher befand sich die Mutter in den Träumen von Herrn Ger immer in symbiotischer Verbindung mit dem Vater, indem beide das Überich repräsentierten und vor allem jegliche Lebenslust und Sexualität verboten. Die segnende Gebärde erinnerte Herrn Ger daran, daß seine Mutter ihn tatsächlich jeden Morgen auf diese Weise gesegnet hatte, wenn er sich auf den Schulweg machte. In dieser ritualisierten Gebärde lag der einzige Ausdruck von Nähe und Zärtlichkeit in der Familie. Nachdem die Vaterproblematik in einer längeren analytischen Phase durchgearbeitet worden war, können jetzt auch positive Seiten der Mut-

ter anklingen und den Analysanden mit einem tiefen Glücksgefühl und dem Segen berühren.
Subjektstufig betrachtet, dürfte dieser Traum eine grundlegende Wandlung des Träumers anzeigen, indem etwas Altes abbrennt und stirbt, damit eine neue Behausung entstehen kann. Zu dem neuen Lebensgefühl gehört insbesondere die Entdeckung der eigenen Mütterlichkeit, auf die mit dem Segen verwiesen wird. Als persönliche Mütterlichkeit bezeichnet Herr Ger die liebevolle Zuwendung zu sich selber, eine neue Form von Selbstliebe, die er gerade zu entdecken beginnt. Das Erleben der Mütterlichkeit vermittelt ihm das Gefühl von Geborgenheit und ein neues Selbstwertgefühl, indem er sich selber und das, was er beruflich tut, als wertvoll erlebt. Den Ritus des Segnens versteht der Träumer nicht nur als eine persönliche Erinnerung an die Mutter, sondern vor allem als ein transpersonales Geschehen, das die subjektive Mütterlichkeit in einen größeren Zusammenhang stellt, aus dem ihm jetzt göttliche Lebensenergien übermittelt werden. Ähnlich wie im religiösen Bereich Priesterinnen und Pfarrer den Segen Gottes übermitteln, sind es in der symbolischen Dimension unserer Psyche positiv erlebte Personen aus unserer Lebensgeschichte, die im Traum als Personifikation erscheinen und die guten und heilenden Kräfte des Segens überbringen.
Die Erfahrung des Segnens im Traum leitet über zu einem letzten Aspekt, den ich zur Sprache bringen möchte, nämlich zur Beziehung zwischen Vaterbild und Gottesbild. Es ist schon einiges dazu gesagt worden, daß der Vater von Herrn Ger Pfarrer war und insofern nicht nur im menschlichen Bereich als Vater eine prägende Bedeutung hatte, sondern darüber hinaus auch durch den Religionsunterricht, die Jugendarbeit und die Gottesdienste sowie durch das praktizierte religiöse Leben in der Familie sehr stark auf das Gottesbild, das Gewissen und das innere Wertsystem von Herrn Ger Einfluß hatte. Ich habe bei vielen Menschen gesehen, daß die Elternbilder und insbesondere das Vaterbild einen prägenden Einfluß auf das Gottesbild und die re-

ligiöse Vorstellung haben. Wenn nun wie bei Herrn Ger der Vater zugleich auch der Vermittler von religiösen Vorstellungen und Glaubensinhalten ist, dann tragen die vielen angstmachenden Erfahrungen mit dem als übermächtig empfundenen Vater zu einem neurotisierten Gottesbild bei. Diese Verquickung und die negativen Erfahrungen mit dem Vater haben zugleich auch negative Auswirkungen auf die sinnstiftenden Symbole und die transpersonalen Vorstellungen, wie zum Beispiel auf das Gottesbild. Ein neurotisiertes Gottesbild und ambivalent erlebte überpersönliche Symbole erzeugen häufig Schuldgefühle, starke Selbstzweifel und Unwertgefühle. Derartige Ambivalenzen und Konflikte spiegeln sich auch in dem folgenden Traum:

Ich träume von Ilse, meiner früheren Mitstudentin und Jugendleiterin, die eine offene Jugendarbeit macht. Ich wehre mich gegen ihre liberalen religiösen Ansichten. Auch Mutti spricht Ilse den rechten Glauben ab.
Dann ist plötzlich der Vater da, und ich beginne eine Abrechnung mit ihm, indem ich ihm vorhalte: «Der Gott, mit dem du mich aufgezogen hast, hat mit psychisch krank gemacht. Wenn bei dir Gott und Lebenslust konträr entgegengesetzt sind, dann habe ich inzwischen erfahren, daß es auch Freude an Gott gibt. Ich meine, daß Gott glücklich machen und helfen muß, wenn man an ihn glaubt. Ich bin auf der Suche, in Gott auch Lust und Glück zu erfahren. Besonders in der Musik von Händel und Mendelssohn erlebe ich diese Freude und Lust an Gott!»

Das Erscheinen von Ilse im Traum erinnert Herrn Ger an ein Streitgespräch mit ihr vor vielen Jahren. Damals hatte sie eine fortschrittliche Religionsstunde gehalten, indem sie die Vorstellungen vom Teufel entmythologisierte. Er habe ihr vorgeworfen, daß sie dann auch die Gottesvorstellungen und das Gottesbild von Menschen entmythologisieren müsse und in ihm irgendein Abstraktum sehen müsse, zum Beispiel den unpersönlichen Beweger oder die Kraft zu allem Guten. Die Mutter taucht in diesem Traum nicht als Vermittlerin auf wie in zahlreichen anderen Träumen von Herrn Ger, indem sie hilfreiche Botschaften vermittelt oder den Träumer segnet. Hier vertritt die Mutter deutlich Vaters Meinung und seine Kritik an einer liberalen Religiosität.

Deutlich erinnert sich Herr Ger, daß er bei der Abrechnung mit dem Vater und bei der Kritik an seiner fragwürdigen religiösen Erziehung im Traum ganz angespannt gewesen und ins Stottern gekommen sei. Bei den Vorwürfen fühlt er sich schuldig und überlegt, ob er sich dafür entschuldigen solle, was er dann aber nicht tut. Der Traum enthüllt Gedanken und Reflexionen, wie Herr Ger jetzt das Gottesbild sieht und sich vorstellt. Im Gespräch mit mir äußerst er sich nochmals kritisch zu seiner seelischen Situation und seiner Neigung zur übertriebenen Selbstkritik und zu Selbstanklagen, indem er sagt: «Durch den unnachsichtigen Umgang meiner Eltern mit mir, besonders meines Vaters, wurde ich auch gegen mich selber grausam und projizierte schließlich meine negativen Gedanken auf Gott. So wurde er für mich zu einem Gott, der immer Unterwerfung und demütiges Jasagen forderte und kein Aufbegehren und Erwachsenwerden duldete. In meiner neurotisierten Gottesvorstellung sah ich nur einen Gott, der der Feind des Leibes und der Lust, des Lebens und der Freude war. Er wurde mein Todfeind, der meine Unbeschwertheit und Sexualität verdammte. Doch jetzt beginne ich ihn anders zu sehen, wie ich es im Traum dem Vater gesagt habe. Jetzt entdecke ich langsam auch positive Seiten an ihm.» Im Traum werden dazu weitere Aussagen gemacht, die ich hier nicht zu wiederholen brauche.

Zusammenfassend sei angemerkt, daß sich die Wandlung des Gottesbildes nicht einzig durch diesen Traum vollzog und dann wie ein Wunder die religiösen Vorstellungen, das innere Wertsystem und das Gewissen verwandelte, sondern daß es ein fortwährender Prozeß war, der in unterschiedlicher Intensität das seelische Erleben und Denken von Herrn Ger in den letzten zwanzig Jahren begleitete.

Wenn ich nun Herrn Gers Traumfolge nach dem in der Einleitung vorgestellten Deutungsraster bedenke, so ist dies ein Versuch, einen roten Faden aufzuzeigen in der inneren Entwicklung von Herrn Ger. Bei der komplexen Erlebnisvielfalt eines jeden Menschen können in der Deutung der Traumbilder nicht alle Aspekte berücksichtigt werden. Wegen der gebotenen Kürze werde ich deshalb die einzelnen Fragen des Rasters nicht so ausführlich beantworten und möglichst zugleich mit dazugehörigen Aspekten der anderen Fragen verbinden.
Welche Erfahrungen mit dem Vater sich in den Träumen von Herrn Ger widerspiegeln und welche Wirkungen das verinnerlichte Vaterbild haben kann, wurde bei den einzelnen Träumen bereits beschrieben. Das grundlegende Lebensgefühl von Herrn Ger und die gestörte Beziehung zum Vater zeigt sich gleich im ersten Traumbild: Der Vater erkennt ihn nicht, und der Träumer macht sich dem Vater gegenüber nicht bemerkbar. In der Familie waren Körperkontakte, Gefühle und Zärtlichkeit rar. Die Aufmerksamkeit des Vaters richtete sich nach der subjektiven Wahrnehmung des Träumers mehr auf die Gemeindeglieder als die eigenen Kinder. Die Beziehungen untereinander waren durch die strenge und teilweise fanatische Frömmigkeit des Vaters stark ritualisiert, indem eine Atmosphäre der Geborgenheit und Gefühle der Zärtlichkeit überwiegend in religiösen Formen und Formeln praktiziert wurden. Da die Frömmigkeit stark durch Gebote und Verbote bestimmt war, mußte Herr Ger häufig die als negativ bewerteten Gefühle der Aggression und Enttäuschungen, seine Sehnsüchte und seine Sexualität unterdrücken.
Dies führte dazu, daß sich während der Pubertät erste Anzeichen von seelischen Zwängen entwickelten, die während der Zeit des Abiturs durch Kontroll-, Wasch- und Ordnungszwänge verstärkt auftraten. Diese seelischen Zwangsmechanismen hatten die Funktion, die verdrängten Gefühle und Triebe in Schach zu halten, ähnlich wie die Gitterstäbe im Zoo die Menschen vor den Raubtieren schützen. Mit diesem Bild soll zugleich gesagt

werden, daß Herr Ger seinen Vater und das verinnerlichte Vaterbild durch seinen Kampf mit den Gefühlen und Trieben verzerrte und entstellte. Objektiv gesehen mag der Vater sicher ein übermächtiger Vater gewesen sein, aber subjektiv betrachtet, benötigte Herr Ger einen solchen starken Vater, um seine beängstigende und dynamische Gefühlswelt zu beherrschen. In der Pubertät und während des Abiturs wurde dann der beherrschende Vater durch die Herrschaft der Zwangsneurose abgelöst. Auch wenn dies wie ein fauler und fragwürdiger Kompromiß erscheinen mag, so war es doch ein eigener Versuch, die starken Lebensenergien zu beherrschen und zu strukturieren.

Die subjektstufige Bedeutung des Vaters und seines verinnerlichten Bildes kommt sehr eindrucksvoll zur Sprache in einem Brief an den verstorbenen Vater, den er einige Monate vor dem letzten Traum geschrieben hat. Ähnlich wie Franz Kafka in seinem berühmten Brief an den Vater rechnet auch Herr Ger darin mit ihm ab. Als Motto schrieb Herr Ger über den Brief: «Mein Vater, das bin ich!» Dann heißt es in dem Brief: «Lieber Vater! Heute ist Gedenktag für Tschernobyl, und es paßt vielleicht ganz gut als Datum für mein schmerzliches Gedenken an alles das, was über mich im Laufe meines Lebens herabgeregnet ist, mich vergiftet hat, was besonders mit Dir zusammenhängt. Obwohl Du nun schon über 10 Jahre tot bist, habe ich doch immer wieder und immer neu mit Dir zu tun. Du wirst es kaum glauben, aber ich träume fast jede Woche, mindestens einmal im Monat, von Dir. In meinen Träumen und in meinen Gedanken bist Du immer noch da. Neulich habe ich zum Beispiel von Dir geträumt und im Traum zu mir selbst gesagt: ‹Mensch, Du läßt gestorbene Leute und was sie dir angetan haben, immer wieder auferstehen!› Weißt Du, ich habe das Gefühl, ich bin mit Dir noch lange nicht fertig. Es fing schon gleich mit der Überschrift und Anrede dieses Briefes an, daß ich mir lange überlegte, ob ich schreibe: ‹Lieber Vater›, weil ich Dir noch für vieles böse bin. In meinen Gedanken und Erinnerungen, die oft von schmerzlichen Gefühlen begleitet sind, entdecke ich zunehmend mehr, wie unbarmherzig, unerbittlich und gnadenlos Du warst. Schlimmer als das Jüngste Gericht, schlimmer als die Inquisition.»

Dieser Auszug aus dem langen Abrechnungsbrief mit dem Vater, die Erinnerungen und Einfälle zu den geschilderten Träumen und vor allem die dadurch wieder wachgerufenen schmerzlichen Gefühle zeigen, welche Wirkungen der Vater in Herrn Ger hatte und in jedem Menschen haben kann. Auch das verinnerlichte Vaterbild, das weit ins Unbewußte abgesunken sein kann, bindet viele Lebensenergien, die wir zur Bewältigung der realen Lebensaufgaben benötigen. Dies gilt auch für die fortgesetzten inneren Kämpfe und Auseinandersetzungen mit dem Vater, die bei Herrn Ger besonders in den letzten 20 Jahren intensiv waren und bei vielen Menschen das ganze Leben überschatten; auch sie verzehren und zerstören wertvolle Lebensenergien. Besonders verhängnisvoll sind die Auswirkungen der negativen Erfahrungen und schmerzlichen Verletzungen dann, wenn sie unbewußt bleiben, weil sie damit nicht einer Auseinandersetzung und Auflösung zugänglich werden. Alle diese Auswirkungen werden mit dem psychodynamischen Ansatz in der Traumarbeit und in jeder Therapie beschrieben.

Eine besondere Neuentdeckung und eine hilfreiche Erfahrung wurde für Herrn Ger die Deutung und Bedeutung seiner Träume auf der sogenannten Subjektstufe. Dabei werden alle Traumfiguren als Abbilder innerpsychischer Faktoren und als subjektive Befindlichkeit des Träumers selber angesehen. Auf seiner inneren Traumbühne ist der Träumer dann der Regisseur und besetzt zugleich als Schauspieler die verschiedensten Rollen und inszeniert und projiziert damit seine bisher unbewußten seelischen Erlebnisse in die Teilpersönlichkeiten, die im Traum erscheinen.

Nach der längeren und fortdauernden Auseinandersetzung mit dem Vater gewinnt Herr Ger schließlich durch die subjektstufige Deutung seiner Träume den Zugang zur eigenen Väterlichkeit. Als Beispiel dazu erinnere ich an den zweiten mitgeteilten Traum, in dem Herr Ger seinem Vater beim Abschied segnend die Hand aufs Herz legte. Durch diesen Traum gewann Herr Ger das Gefühl, daß sich bei ihm eine neue Form von Herzlichkeit aufgetan hätte und er zu anderen Menschen väterlicher und gütiger sein könne als bisher. Andererseits werden diese väterlichen Gefühle und Verhaltensweisen oft so lange bewußt oder unbewußt blockiert bleiben, wie wir uns innerlich mit dem Vater auseinandersetzen und gegen ihn kämpfen oder ihn total ablehnen.

Ähnliche Erfahrungen mit sich machte Herr Ger im Zusammenhang mit einer neuentdeckten persönlichen Mütterlichkeit. Er versteht darunter eine neue Form der Selbstliebe und eine liebevolle Zuwendung zu anderen Menschen. Diese neue Form der Mütterlichkeit vermittelt ihm ein Gefühl von Geborgenheit und ein neues Selbstwertgefühl, indem er für sich selber und für andere Menschen gut zu sorgen versteht.

Die kompensatorische Funktion der Träume und vor allem ihre therapeutische Bedeutung können wir an dem vorliegenden Fall in folgendem erkennen. In dem ersten Traum wird der Vater durch den Baron ersetzt, und in einem weiteren Traum werden die Erwartungen und Wünsche an den Vater auf den Leiter einer Selbsterfahrungsgruppe projiziert. Diese Projektionen wiederholten sich in den folgenden Jahren, indem Herr Ger auf Autoritätsfiguren und ihm väterlich erscheinende Männer seine Gefühle und Wünsche, die er früher an den Vater hatte, übertragen konnte. Durch die therapeutische Bearbeitung in einer Gruppe und schließlich in der Einzelanalyse konnten die bisher unbewußt verlaufenden psychischen Prozesse bewußt und einsichtig gemacht werden und damit der bewußten Kontrolle und Lenkung durch das Ich unterstellt werden. Aus den Einfällen und Anmerkungen zu den ausgewählten Träumen wird hinlänglich hervorgegangen sein, daß in der Seele von Herrn Ger, wie in jedem Menschen, Selbstregulierungsprozesse walten, die darauf ausgerichtet sind, das Leben ganzheitlich zu gestalten und die Seele heil werden zu lassen.

Die therapeutischen Energien und die heilenden Wirkungen werden vor allem durch Symbole in den Träumen vermittelt.

Diese symbolbildende Funktion seiner Psyche lernte Herr Ger vor allem durch die Traumarbeit kennen. Bisher hatte er versucht, durch rationale Methoden, die er in der Schule und im Psychologiestudium kennenlernte, sein Leben zu ordnen und zu bewältigen und mußte dabei die Wirksamkeit und Wiederkehr der verdrängten Erinnerungen und Gefühle erleiden, was häufig auch als Niederlage empfunden wurde. Durch die Beachtung der Symbole in den Träumen entdeckte Herr Ger, daß die verschiedenen Seiten des Vaters und seines Vaterbildes, die bisher auseinanderklafften, wieder zusammengefügt wurden. Symbole fügen zusammen, was durch kränkende und krankmachende Erfahrungen zerrissen wurde. Als Beispiel für die symbolbildende Arbeit und Leistung der Psyche rufe ich uns das Erscheinungsbild des alten weisen Mannes in Erinnerung, der in dem Augenblick im Traum erschien, als Herr Ger von dem Gangster erschossen werden sollte. Auch die Segnung durch die Mutter ist ein solches Symbol, das Herrn Ger heilende Kräfte und positive Energien zuführt und ihn damit in einen größeren und ganzheitlichen Lebenszusammenhang stellt.

In den zuletzt genannten Beispielen erscheint zugleich auch die archetypische Dimension in den Träumen. Wenn in unseren Imaginationen und Träumen diese archetypische Dimension der Seele und des inneren Lebens in Erscheinung tritt, dann haben wir den Anschluß gefunden an die Quellen des Lebens und das Urwissen der Menschheit. Herr Ger faßt es im letzten Traum in die Worte: «Ich habe inzwischen erfahren, daß es auch Freude an Gott gibt. Ich bin auf der Suche, in Gott auch Lust und Glück zu erfahren. Besonders in der Musik von Händel und Mendelssohn erlebe ich diese Freude und Lust an Gott!»

Ein anderer Aspekt dieser archetypischen Dimension des Lebens und des seelischen Erlebens zeigt sich in der neugewonnenen Freiheit, die in dem Traum von dem Befreiungsjubiläum in USA zum Ausdruck kommt. Während des längeren Studienaufenthaltes in den USA hat Herr Ger nicht nur weitere hilfreiche therapeutische Methoden kennengelernt, sondern vor allem auch persönliche Erfahrungen mit der Weisheit der Indianer gemacht. In der Begegnung mit einem indianischen Freund und Schamanen lernte er Grundmuster und Grundstrukturen der inneren Welt und der Träume kennen, die ihm durch die analytische Therapie aufgeschlossen worden waren. Ich schließe diesen Bericht mit einer Aussage ab, die Herr Ger in einem unserer letzten Gespräche machte: «Ich bleibe und bin unterwegs zu mir selbst und zu einer Ganzheit, die vor mir steht!»

Die Verwandlung des Vaterbildes in den Träumen H. Hesses

In unseren Träumen verdichten die Seele und das Selbst häufig die persönlichen Erfahrungen zu einem ganzheitlichen Widerfahrnis. Häufig können wir uns beim Erwachen darüber wundern, wie eine ganz bestimmte Erfahrung in einer konkreten Lebenssituation oder die Begegnung mit einer Person im Traum kombiniert und verwoben wird mit neuen Zusammenhängen und Erlebnismöglichkeiten, an die wir bisher bewußt noch gar nicht gedacht haben. Wer sich selber tiefer kennenlernen möchte und Anregungen sucht zur ganzheitlichen Lebensgestaltung, dem rate ich, seine Aufmerksamkeit auf dieses «Weiterdenken» und Weiterdichten der träumenden Seele zu richten. Ich habe für diese schöpferischen Prozesse in der Seele den Begriff für die Traumdichtung vorgeschlagen und verstehe darunter die Fähigkeit und Funktion der Seele, die wesentlichen Eindrücke zu Symbolen zusammenzufügen und zu verdichten und in neue Zusammenhänge einzufügen und damit oftmals neue Lebensperspektiven zu eröffnen.
Es ist bekannt, daß viele Dichter, Maler oder andere schöpferische Menschen ihre großen Werke und genialen Leistungen häufig aus dem Urerlebnis des Träumens und der darin zum Ausdruck kommenden Weisheit der Seele schöpften. Wer die Biographien und Werke von Künstlern studiert, wird auf diese vielfältigen Beziehungen zwischen den Träumen und dem schöpferischen Gestaltungsprozeß im Unbewußten aufmerksam. Da die symbolbildende Funktion der Seele und des Selbst in jedem Traum geschieht, hat jeder Mensch Anteil an den genannten schöpferischen Prozessen seiner Seele. Besonders in den archetypischen und großen Träumen erfahren wir etwas von dem

schlummernden Dichtertum unserer eigenen Seele. Wenn Sie einen solchen bildreichen Traum einmal aufschreiben und dazu Ihre Ahnungen und Gefühle in Worte kleiden, werden Sie sicher große Ähnlichkeiten feststellen mit dem folgenden Traum des Dichters Hermann Hesse.

Ein Mann, der mir zur Seite lag, schien nicht zu schlafen. Sein Gesicht war mir unbekannt, ohne daß ich seinen Namen wußte. Er bewegte sich, stützte die Ellbogen auf, nahm eine goldene Brille ohne Ränder von den Augen und begann, sie mit einem weichen, flanellenen Tüchlein sorgfältig zu reinigen. Da erkannte ich ihn, es war mein Vater. «Wohin fahren wir?» fragte ich schläfrig. Er putzte ohne aufzublicken an seiner Brille weiter und sagte ruhig: «Wir fahren nach Asien.» Wir redeten Malayisch mit Englisch vermischt, und dieses Englisch erinnerte mich daran, daß meine Kindheit lange vorüber sei, denn damals besprachen meine Eltern ihre Geheimnisse alle englisch, und ich verstand davon nichts.
«Wir fahren nach Asien», wiederholte mein Vater, und plötzlich wußte ich alles wieder. Jawohl, wir fuhren nach Asien, und Asien war nicht ein Weltteil, sondern ein ganz bestimmter, doch geheimnisvoller Ort, irgendwo zwischen Indien und China.
Freundlich sah mich mein Vater an und sagte: «Ich lehre dich nicht, ich erinnere dich nur.» Und indem er es sagte, war er nicht mein Vater mehr, sein Gesicht lächelte eine Sekunde lang genau so, wie das Gesicht, mit welchen in den Träumen unser Führer, der Guru, zu lächeln pflegt, und im selben Augenblick erlosch das Lächeln, und das Gesicht war rund und still wie die Lotosblume und glich genau dem goldenen Bildnis Buddhas, des Vollendeten, und wieder lächelte es, und es war das reife, schmerzliche Lächeln des Heilands.
«Ich habe meinen Vater gesehen», rief ich laut, «mein Vater ist auf dem Schiff.» Ein alter englischer Offizier sah mich aus hellblauen glänzenden Augen an und sagte: «Ihr Vater ist hier und ist dort, er ist in Ihnen und außer Ihnen, Ihr Vater ist überall» (Hesse, Bd. 3).

Es ist zu vermuten, daß es sich bei diesem Traum nicht um ein Traumprotokoll im strengen Sinne handelt, sondern wie bei den meisten Träumen im Werk von Hesse um eine dichterische Bearbeitung und Gestaltung. Dennoch können wir an diesem Traum drei Wesensmerkmale von Vaterträumen verdeutlichen. Der erste Traumteil spiegelt deutlich biographische Erfahrungen mit dem Vater wider. Im zweiten Teil wandelt sich das Vaterbild in verschiedene Gottesbilder, und im letzten Traumteil kommt die wegweisende Botschaft zur Sprache.

Einige Traummotive möchte ich im Hinblick auf das Vaterbild und seine Bedeutung und Funktion für die seelische Reifung des Träumers noch näher analysierend interpretieren. Hesse war, als er diesen Text schrieb, 34 Jahre alt und Vater von drei Söhnen. Aus Therapien und aufgrund tiefenpsychologischer Erkenntnisse wissen wir, daß jeder Mensch in dieser Lebensphase die Krisen der Lebensmitte durchleiden muß. In solchen Krisen kriechen auch die verdrängten und unerledigten Geschäfte (E. Kübler-Ross) wieder in uns herauf und nötigen uns zu einer Auseinandersetzung. Zugleich ist jede Krise auch eine Chance, da sie Selbsterkenntnis bewirken und Antwort auf die existentiellen Fragen nach dem weiteren Weg und der Zukunft geben kann. Eine Wandlung, ein Wiedererkennen wird möglich. Im ersten Traumteil heißt es dazu: «Da erkannte ich ihn, es war mein Vater. ‹Wohin fahren wir?› fragte ich schläfrig.» Während in der Realität der Dialog mit dem Vater abgebrochen war, beginnt im Traum ein neues Zwiegespräch mit dem Vater, indem sie miteinander malayisch und englisch sprechen. Im Traum beginnt ein Erwachen und eine Bewußtwerdung, indem es heißt: «Und plötzlich wußte ich alles wieder.»

Alles, was wir an schwierigen Erfahrungen, ungelösten Konflikten verdrängt haben, kann in den Krisenzeiten des Lebens mit Hilfe der Träume wieder ins Bewußtsein kommen. Indem wir uns kritisch mit den Erinnerungen und vergangenen Erfahrungen auseinandersetzen, können die seelischen Wunden endlich vernarben und heilen. Die Versöhnung Hesses mit dem Vater kommt in der gefühlsmäßig ergreifenden Szene zum Ausdruck, in der sein Vater ihn freundlich ansah und sagte: «Ich lehre dich nicht, ich erinnere dich nur.» Auch in anderen Träumen vom Vater werden wir diese und ähnliche ergreifende Symbolik kennenlernen. Ich habe von einigen Träumerinnen und Träumern erfahren, daß sie niemals von ihrem leiblichen Vater freundlich und liebevoll angeblickt wurden. So blieb die Sehnsucht nach der väterlichen Bestätigung und Segnung Jahre oder Jahrzehnte lang unbefriedigt in ihrer Seele, bis ein Traum sie ähnlich wie bei Hesse mit dem Vater versöhnte.

Ein wichtiger Ausdruck des verinnerlichten Vaterbildes und eine grundlegende Bedeutung des Vaters kommt darin zum Ausdruck, daß er uns nicht nur lehrt, welche Richtlinien, Gesetze und Gebote im Leben einzuhalten sind, sondern daß er auch erinnert an das in uns schlummernde Wissen und die innere Weisheit der Seele. Wahre Erziehung sei Erinnerung! Während Hesse in seinem frommen Elternhaus und in seiner christlichen Umgebung überwiegend Belehrung erhalten hat, lernt er in der geistigen und philosophischen Welt des Ostens vor allem die Werte der inneren Welt kennen. Dort geschieht im Leben und im Glauben weniger Belehrung, sondern Er-innerung in einem tieferen Sinne, indem die Menschen an die in ihnen selber schlummernden Weisheiten und das innere Wissen erinnert werden. Diese befreiende Erfahrung gestaltet Hesse später in seiner Novelle «Siddharta». Nach der Deutung des Germanisten und Literaturwissenschaftlers Bernhard Zeller bringt Hesse mit Siddharta die Überwindung einer kleinkarierten Frömmigkeit zum Ausdruck: «Die Lebensgeschichte Siddhartas ist nicht zuletzt, wenn auch in exotischem Gewande, wiederum eine eigene Biographie, eine neue Selbstdarstellung, in der man den Versuch, sich von der pietistischen Welt der Väter zu befreien, erblicken kann. Die Dichtung ist aber zugleich auch – Hesse hat es selbst bestätigt – die Darlegung des eigenen Glaubens. Daß mein ‹Siddharta› nicht die Erkenntnis, sondern die Liebe obenan stellt, daß er das Dogma ablehnt und das Erlebnis der Einheit zum Mittelpunkt macht, mag man als Zurückneigen zum Christentum, ja als einen wahrhaft protestantischen Zug empfinden» (Zeller, S. 94).

Im zweiten Teil des Traumes geschieht eine Transformation des Vaterbildes hin zum Gottesbild. Das Gesicht des Vaters wird in das Angesicht des inneren Führers verklärt, in das goldene Bildnis Buddhas und schließlich in das reife, schmerzliche Lächeln des Heilands. Wie in Hesses Werken sich eine Wandlung so oft in drei Phasen vollzieht oder mit drei verschiedenen Begriffen beschrieben wird, so geschieht diese Verklärung des Vaters ebenfalls in drei Stufen hin zu dem Gottesbild. Der Guru, Buddha und Christus sind in der Vision des Dichters drei Aspekte, die unlöslich miteinander verbunden sind. Während das Ichbewußtsein analysiert und unterscheidet und sich auch das christliche Bewußtsein von anderen religiösen Vorstellungen ängstlich abgrenzt, verfügen die Seele und das Selbst in uns offensichtlich über eine größere religiöse Toleranz. Hesse kann in seinem archetypischen Traum die verschiedenen östlichen und westlichen Gottesbilder in eins zusammenschauen. Wie die Dichter oft das Kommende ahnen, so hat Hesse ein halbes Jahrhundert, bevor östliche Weisheiten, religiöse Vorstellungen und Meditationspraktiken zu uns nach Europa kamen, in seinem Traum und in seiner Seele das Kommende vorweggenommen. Tiefenpsychologisch betrachtet, dürften die Erfahrungen auf der Asienreise eine Art Folie sein, um die Reise nach innen zu beschreiben, die jeder Mensch im Prozeß seiner Ganzwerdung und Individuation kennenlernen kann. So betrachtet vermittelt uns der Traum die Botschaft, daß unsere persönlichen Vaterbilder auch ins Überpersönliche transponiert werden können und daß wir damit an einer ganzheitlichen Erfahrung Anteil gewinnen, in der westliche Lehren und östliche Weisheiten miteinander verbunden werden können.

Im letzten Teil des Traumes spiegelt sich eine väterliche Wegweisung wider und die Vergewisserung einer inneren Väterlichkeit, die der Traum dem alten englischen Offizier in den

Mund legt mit den Worten: «Ihr Vater ist hier und ist dort, er ist in Ihnen und außer Ihnen, Ihr Vater ist überall!» Dieser englische Offizier dürfte eine Symbolgestalt sein für ein positives Vaterbild und den inneren «Engel» im Träumer selber. Diese Annahme und Deutung schließt jedoch nicht aus, daß Hesse auf dieser Reise auch für ihn eindrucksvolle Gespräche mit einem englischen Offizier gehabt haben kann. Dennoch bleibt es wie bei vielen Trauminszenierungen ein Geheimnis, warum und vor allem wozu unsere Seele eine bestimmte Person und eine bestimmte Erfahrung aus unendlich vielen anderen Erfahrungen in den Tagen zuvor auswählt, um uns daran gerade jetzt eine wichtige Botschaft zu vermitteln, wie dies auch am Ende des Traumes von Hesse geschah.

Es soll abschließend nicht verschwiegen werden, daß Hesse, wie wir alle, nicht nur positive Träume vom Vater hatte, sondern auch furchtbare, in denen sich die Enttäuschungen am Vater und die Wut gegen ihn in Mordanschlägen Luft macht. Damit kommt auch zum Ausdruck, daß das Vaterbild eben nicht nur positive Aspekte hat, sondern auch negative, die uns das Fürchten lehren. Doch auch diese furchterregenden und dunklen Vaterbilder vermitteln uns Impulse zur Auseinandersetzung mit dem Vater. Wenn Aggression und Wut niedergehalten oder verdrängt werden, können sie sich in den Träumen gelegentlich bis zum Mordanschlag am Vater oder anderen autoritären Menschen steigern. Ein Beispiel für eine solche Phantasie ist ein Traum, den Hesse in seinem «Demian» schildert:

Der furchtbarste dieser Träume, aus dem ich halb wahnsinnig erwachte, enthielt einen Mordanfall auf meinen Vater. Kromer schliff ein Messer und gab es mir in die Hand, wir standen hinter den Bäumen einer Allee und lauerten auf jemand, ich wußte nicht auf wen, aber als jemand daherkam und Kromer mir durch einen Druck auf meinen Arm sagte, der sei es, den ich erstechen müsse, da war es mein Vater. Da erwachte ich.

Unsere Träume vom Vater zeigen uns Helles und Dunkles, Abschreckendes und Ermutigendes, wie das Leben ist. Auch wenn der symbolische Vatermord, der gelegentlich in den Träumen vorkommt, die Menschen erschreckt und viele davon abhält, auf ihre Träume zu achten, so trägt dennoch dieses symbolische Geschehen wesentlich mehr zum persönlichen Frieden und zum Frieden unter den Menschen bei als jenes erlaubte Töten und schreckliche Morden in den letzten Weltkriegen. Nach tiefenpsychologischer Erkenntnis machten die verdrängten Aggressionen und die aufgestaute Wut gegen Autoritäten und die Vätergeneration erst jenen blinden Gehorsam möglich, der Millionen von Menschen den Tod brachte. Alles, was wir in den Träumen erinnern und womit wir uns dort auseinandersetzen, ist ein Stück Lebensbewältigung, das unser reales Leben etwas ganzheitlicher und friedevoller werden läßt.

Was der Vater in Träumen bedeuten kann

Wenn Sie von Ihrem Vater träumen und diesen Traum selber deuten wollen oder bei einem «Traumfrühstück» mit Ihrem Partner oder in einer Traumgruppe besprechen, dann sollten Sie als erstes Ihren eigenen Einfällen, Gefühlen und Gedanken zum Traum einen weiten Raum geben. Es ist Ihr Traum, und Sie selber besitzen das «Urheberrecht» für die ganz persönliche Deutung und die Bedeutung Ihres Traumes.
Als nächsten Schritt der Bearbeitung und Deutung Ihres Traumes können Sie sich das eingangs vorgestellte Raster vornehmen und diese Deutungsaspekte berücksichtigen und damit weitere Verstehenshilfen für Ihren Traum erhalten. Sie müssen dabei nicht alle Gesichtspunkte berücksichtigen oder verstehen, sondern können bereits durch einige zutreffende Deutungsaspekte Ihren Traum ein Stück weit besser verstehen.
Als weiteren Schritt zur Deutung können Sie die abschließend genannte Checkliste zur allgemeinen Bedeutung des Vaters und des Vaterbildes in Träumen durchgehen und dabei Ihre eigenen gewonnenen Einsichten überprüfen und durch weitere Einfälle ergänzen. Wenn der eine oder andere Bedeutungsaspekt für Sie spontan einleuchtend ist, dann ist es meistens ein Anzeichen dafür, der persönlichen Wahrheit auf der Spur zu sein.
Als Traumsymbol verkörpert der Vater und seine verschiedensten Erscheinungsbilder alle positiven und/oder negativen Erfahrungen, die Sie mit ihm gemacht haben. Durch die Vergegenwärtigung und Bewußtmachung im Traum können Sie sich mit den verborgenen und unbewußten Erinnerungen an den Vater nochmals auseinandersetzen und sich vielleicht endlich von ihm verabschieden und schließlich einen Zugang zu Ihrer eigenen

«Väterlichkeit» leben und gestalten. Die folgenden Leitsätze fassen die wesentlichen Bedeutungen des Vaters zusammen und werden durch die Erläuterungen noch zusätzlich erklärt.

Vaterträume im Kontext der Lebensgeschichte

1. Der Vater als Gegenspieler im Generationenkonflikt. – Wenn Sie als Träumerin oder Träumer ein junger Mensch sind oder sich in der Lebensmitte bis Ende 30 befinden, dann werden Sie sich in Ihren Träumen vom Vater häufig mit ihm kritisch auseinandersetzen, um die eigene Identität zu finden. Häufig spiegelt der Vater in dieser Entwicklungsphase die vielfältigen Generationskonflikte.

2. Der Vater prägt das Männerbild der Männer. – Das persönliche und das kollektive Männerbild – sei es bewußt oder unbewußt – sowie die verschiedenen Rollen des Mannes und sein Selbstverständnis werden entscheidend durch den Vater geprägt. Durch die Vergegenwärtigung und Verinnerlichung des Vaters im Traum können wir uns dieses Lebensmuster bewußt machen, uns mit seinem Einfluß auseinandersetzen, um schließlich die eigene Väterlichkeit zu gestalten.

3. Der Vater prägt die Liebesfähigkeit der Frau. – Ähnlich wie der Vater in den kleinen Mädchen die erste Verliebtheit hervorlockt, so erweckt im weiteren Leben der Vater durch seine Ausstrahlungen in der Realität und durch sein Erscheinungsbild in den Träumen die Liebesfähigkeit, den Eros und die Beziehungsmöglichkeiten der Tochter und prägt dadurch ihre Begegnungsmöglichkeiten mit dem Partner.

4. Der Vater als «Schatten» in der eigenen Seele. – Bei den unzähligen positiven wie negativen Erfahrungen mit dem Vater sollten wir seinen «Schatten» in unserer Seele nicht übersehen. In den Träumen erscheint sein Bild dann bedrohlich und beängstigend, wie zum Beispiel in Gestalt von Einbrechern, Räubern oder als gewalttätiger oder vergewaltigender Mann. Manchmal legt er auch seine Hände auf unseren Genitalbereich und blockiert damit unsere Sexualität.

Die kompensatorische Funktion und psychodynamische Wirkungen der Vaterträume

5. Der Vater und seine Erscheinungsbilder stärken unsere Identität und das Selbstwertgefühl. – Nach den vielfältigen Auseinandersetzungen mit dem Vater und der Ablösung von ihm beginnen die Vaterbilder oder die Erscheinungsbilder von väterlichen Personen unsere Identität zu fördern und unser Selbstwertgefühl zu steigern. So tragen die in uns weiterwirkenden Elternbilder dazu bei, ein eigenständiger und selbstverantwortlicher Mensch zu werden.

6. Die positiven Vaterträume fördern unsere natürliche Autorität und steigern unsere Überzeugungskraft. – Ähnlich wie in der Realität die Väter und andere Autoritätspersonen entweder etwas Autoritäres oder eine positive Autorität darstellen, so können wir durch die positiv wirkenden Vaterbilder in unseren Träumen in unserer natürlichen Autorität gefördert werden. Da von den Träumen eine psychodynamische Wirkung auf unser Erleben und unsere Stimmungen ausgeht, können die positiven Vaterbilder auch unsere Überzeugungskraft verstärken.

7. Durch den Vater finden wir unseren Platz im Leben und in der Geschichte. – Ähnlich wie ein guter und hilfreicher Vater seine Kinder begleitet auf den vielfältigen Wegen ins Leben, können sich diese Erfahrungen durch das verinnerlichte Vaterbild in den Träumen fortsetzen, und zwar ein Leben lang in positiver wie in negativer Weise. Besonders bei der Generation ohne Väter und in der «vaterlosen Gesellschaft» (Mitscherlich) ist die Kompensation der Väter in den Träumen lebensnotwendig, damit die Beziehungen zur Tradition und Geschichte nicht abreißen.

8. Beobachten und studieren Sie die Entwicklung und Wandlung Ihrer Vaterbilder in Ihrer Traumserie. – Sicher werden Sie im Verlaufe Ihres Lebens wiederholt vom Vater träumen und dabei kleine oder gewichtigere Entwicklungen der verschiedenen Vaterbilder entdecken. Diese Wandlung des Vaterbildes verwandelt in kleinen Schritten Ihre realen Beziehungen zum Vater und/oder begleitet die Wandlungsprozesse in Ihrer Seele.

Die Symbolik des Vaterbildes in Träumen

9. Väterlich erscheinende Männer können das persönliche Vaterbild ergänzen. – Unsere Arbeit am Vaterbild und das Bemühen um die eigene Väterlichkeit erscheint häufig projiziert, indem wir von väterlich erscheinenden Männern träumen, wie zum Beispiel Arzt, Lehrer, Pfarrer, Professor, Philosoph etc.

10. Der Vater als Symbolgestalt für Normen und Werte. – Wenn Sie vom Vater träumen, muß es nicht immer um reale Beziehungen zu ihm gehen, sondern er kann zu einem Sinnbild für die Entwicklung individueller Normen und das persönliche Wertsystem werden. Gerade in einer Zeit, in der viele Menschen durch kollektive Normen unserer Gesellschaft gesteuert werden, kann durch das Vaterbild das persönliche Selbstwertgefühl gefördert werden.

11. Das archetypische Vaterbild in der Seele ersetzt den persönlichen Vater. – Wer seinen Vater nicht kennt oder überwiegend negative Erfahrungen mit ihm gemacht hat, kann auf das Erscheinen eines eingeprägten und ein-gebildeten Vaterbildes in den Träumen hoffen. Nach der Archetypentheorie von C. G. Jung können die unzähligen Erfahrungen mit Vätern aus den vorausgegangenen Generationen im kollektiven Unbewußten gespeichert werden und in existentiellen Lebenskrisen in uns Gestalt gewinnen und als hilfreiches Vaterbild erscheinen.

12. Das Vaterbild kann auch durch nicht-personale Symbole repräsentiert werden. – Viele Träumer und Träumerinnen erleben die geistige Welt des Vaters auch in nicht-personalen Symbolen, wie zum Beispiel besonderen Steinen, Obelisken, Denkmälern oder Gesetzestafeln, von denen eine wegweisende oder erleuchtende Wirkung ausgeht. Auch die Besteigung eines Turmes oder Berges sowie der Weg in die Höhe oder ein Flug in den Himmelsraum können in das Wirkungsfeld des Vater führen. Darüber hinaus können Sie Ihre ureigenen ganz persönlichen Vatersymbole entdecken, wenn Sie dies in Ihren Träumen beachten.

Botschaften und therapeutische Wirkungen der Vaterträume

13. Akzeptanz und Erlaubnis durch den Vater. – Erspüren Sie, ob Ihr Vater im Traum akzeptiert, was Sie tun oder entscheiden. Auch das Erteilen von Erlaubnis oder Wohlwollen können Ihnen neue Wege in die persönliche Freiheit eröffnen.

14. Durchbruch zur eigenen Väterlichkeit. – Wenn der Vater in lebensbedrohlichen Traumsituationen als Helfer oder Retter erscheint, geschieht meistens ein Durchbruch zur persönlichen Väterlichkeit. In anderen Traumbildern kann es zu einem furchterregenden «Vatermord» kommen, indem der Vater zum Beispiel getötet oder zerstückelt wird und Teile des Vaters integriert oder sogar «gegessen» werden.

15. Das Vaterbild als Selbst- und Gottesbild. – Ein positives Erscheinungsbild des Vaters fügt einen weiteren Anteil in Ihr Selbstbild ein, ähnlich wie die Zusammensetzung eines Puzzles. Schließlich kann der Vater auch zu einem Sinnbild werden für die höchsten und transpersonalen Symbole, wie zum Beispiel die Gottesbilder.

16. Aus der Vielfalt der Erscheinungsbilder des Vaters und aus der Vieldeutigkeit des Vaterbildes können Sie Ihre persönlichen Erkenntnisse aus Ihren Vaterträumen ableiten. – Es können hier nicht alle Bedeutungsaspekte des Vaters aufgezählt werden, weil die individuelle Bedeutungsvielfalt unermeßlich ist. Dennoch können Sie aus der allgemeinen Bedeutung des Vaters für Sie selber Verstehenshilfen ableiten für die Traumsymbolik des Vaterbildes. Da uns die Träume in einen psychodynamischen Prozeß der Ganzwerdung und der Selbstverwirklichung verwickeln, ist es gut, wenn Sie auf Ihre persönlichen Entwicklungsmöglichkeiten achten und die Ihnen angemessenen Schritte tun.

Anmerkungen

[1] Die genannten Fachbegriffe werden auf den folgenden Seiten erläutert. Interessierte Leser und Leserinnen finden weitere Erläuterungen im «Lexikon Jungscher Grundbegriffe».

[2] «Das Aufritzen der Brust, die Seitenwunde und der Martertod sind Parallelen zur Schlachtung, Zerstückelung, Abhäutung usw. und gehören wie diese zu dem Durchbruch und der Offenbarung des inneren Menschen» (Jung, GW 13, S. 97, Anm. 145).

[3] Wer selber einmal seinen Persönlichkeitstypus testen möchte, kann dies mit dem Jungschen Typentest durchführen, den ich im Anhang meines Buches «Religiöse Neurosen» abgedruckt habe.

Literatur

Carotenuto, Aldo: Sabina Spielrein, Tagebuch einer heimlichen Symmetrie. Freiburg: Kore 1986

Drewermann, Eugen: Tiefenpsychologie und Exegese. 2 Bände. Olten und Freiburg im Breisgau: Walter 1984 und 1985

Hark, Helmut: Jesus der Heiler. Vom Sinn der Krankheit. Olten und Freiburg: Walter 1988

–: Religiöse Neurosen. Ursachen und Heilung. Stuttgart: Kreuz 1984

–: Träume vom Tod. Trauerarbeit und seelische Wandlung. Stuttgart: Kreuz 1987

Hesse, Hermann: Aus Indien, in: Gesammelte Werke, Band 3. Frankfurt am Main: Suhrkamp 1987 (= st 1600)

–: Demian. Die Geschichte von Emil Sinclairs Jugend. Frankfurt am Main: Suhrkamp 1987 (= st 206)

Jung, C. G.: Erinnerungen Träume Gedanken. Aufgezeichnet und hrgs. von Aniela Jaffé. Olten und Freiburg im Breisgau: Walter 1971

– Gesammelte Werke [GW]. 20 Bände, hrsg. von Lilly Jung-Merker, Elisabeth Rüf und Leonie Zander. Olten und Freiburg im Breisgau: Walter 1971 ff.

Lexikon Jungscher Grundbegriffe. Mit Originaltexten von C. G. Jung. Hrsg. von Helmut Hark. Olten und Freiburg im Breisgau: Walter 1988

Otto, Rudolf: Das Heilige (1917).

Schaffer, Ulrich: Entdecke das Wunder, das du bist. Der Wunsch, wirklich lebendig zu sein. Stuttgart: Kreuz, 3. Aufl. 1987

Simon, F. B. und *Helmut Stierlin:* Die Sprache der Familientherapie. Stuttgart: Klett-Cotta 1984

Stein, Murray: Leiden an Gott Vater. C. G. Jungs Therapiekonzept für das Christentum. Stuttgart: Kreuz 1988

Stern, P. J.: C. G. Jung Prophet des Unbewußten. München und Zürich: Piper 1977

Zeller, Bernhard: Hermann Hesse. Reinbek: Rowohlt 1976 (= bildmonographien 85).